ESTRUTURA URBANA E ECOLOGIA HUMANA

A escola sociológica de Chicago
(1915-1940)

OBRAS COEDITADAS PELO PROGRAMA DE PÓS-GRADUAÇÃO EM SOCIOLOGIA DA FFLCH-USP:

Antônio Flávio Pierucci e Reginaldo Prandi, *A realidade social das religiões no Brasil* (Hucitec, 1996)

Brasilio Sallum Jr., *Labirintos: dos generais à Nova República* (Hucitec, 1996)

Reginaldo Prandi, *Herdeiras do axé* (Hucitec, 1996)

Irene Cardoso e Paulo Silveira (orgs.), *Utopia e mal-estar na cultura* (Hucitec, 1997)

Antonio Sérgio Alfredo Guimarães, *Um sonho de classe* (Hucitec, 1998)

Antônio Flávio Pierucci, *Ciladas da diferença* (Editora 34, 1999)

Mário A. Eufrasio, *Estrutura urbana e ecologia humana* (Editora 34, 1999)

Leopoldo Waizbort, *As aventuras de Georg Simmel* (Editora 34, 2000)

Irene Cardoso, *Para uma crítica do presente* (Editora 34, 2001)

Vera da Silva Telles, *Pobreza e cidadania* (Editora 34, 2001)

Paulo Menezes, *À meia-luz: cinema e sexualidade nos anos 70* (Editora 34, 2001)

Sylvia Gemignani Garcia, *Destino ímpar: sobre a formação de Florestan Fernandes* (Editora 34, 2002)

Antônio Flávio Pierucci, *O desencantamento do mundo* (Editora 34, 2003)

Nadya Araujo Guimarães, *Caminhos cruzados* (Editora 34, 2004)

Leonardo Mello e Silva, *Trabalho em grupo e sociabilidade privada* (Editora 34, 2004)

Antonio Sérgio Alfredo Guimarães, *Preconceito e discriminação* (Editora 34, 2004)

Vera da Silva Telles e Robert Cabanes (orgs.), *Nas tramas da cidade* (Humanitas, 2006)

Glauco Arbix, *Inovar ou inovar: a indústria brasileira entre o passado e o futuro* (Papagaio, 2007)

Zil Miranda, *O voo da Embraer: a competitividade brasileira na indústria de alta tecnologia* (Papagaio, 2007)

Alexandre Braga Massella, Fernando Pinheiro Filho, Maria Helena Oliva Augusto e Raquel Weiss, *Durkheim: 150 anos* (Argvmentvm, 2008)

Eva Alterman Blay, *Assassinato de mulheres e Direitos Humanos* (Editora 34, 2008)

Nadya Araujo Guimarães, *Desemprego, uma construção social: São Paulo, Paris e Tóquio* (Argvmentvm, 2009)

Vera da Silva Telles, *A cidade nas fronteiras do legal e ilegal* (Argvmentvm, 2010)

Heloisa Helena T. de Souza Martins e Patricia Alejandra Collado (orgs.), *Trabalho e sindicalismo no Brasil e na Argentina* (Hucitec, 2012)

Christian Azaïs, Gabriel Kessler e Vera da Silva Telles (orgs.), *Ilegalismos, cidade e política* (Fino Traço, 2012)

Ruy Braga, *A política do precariado* (Boitempo, 2012)

OBRAS APOIADAS PELO PROGRAMA DE PÓS-GRADUAÇÃO EM SOCIOLOGIA DA FFLCH-USP:

Ruy Braga e Michael Burawoy, *Por uma sociologia pública* (Alameda, 2009)

Fraya Frehse, *Ô da rua! O transeunte e o advento da modernidade em São Paulo* (Edusp, 2011)

Mário A. Eufrasio

ESTRUTURA URBANA E ECOLOGIA HUMANA

A escola sociológica de Chicago
(1915-1940)

Universidade de São Paulo
Faculdade de Filosofia, Letras e Ciências Humanas
Programa de Pós-Graduação em Sociologia

editora 34

EDITORA 34

Editora 34 Ltda.
Rua Hungria, 592 Jardim Europa CEP 01455-000
São Paulo - SP Brasil Tel/Fax (11) 3811-6777 www.editora34.com.br

Universidade de São Paulo
Faculdade de Filosofia, Letras e Ciências Humanas
Programa de Pós-Graduação em Sociologia
Av. Prof. Luciano Gualberto, 315 Cid. Universitária CEP 05508-900
São Paulo - SP Brasil Tel. (11) 3091-3724 Fax (11) 3091-4505

Copyright © Editora 34 Ltda., 1999
Estrutura urbana e ecologia humana © Mário A. Eufrasio, 1999

A FOTOCÓPIA DE QUALQUER FOLHA DESTE LIVRO É ILEGAL E CONFIGURA UMA
APROPRIAÇÃO INDEVIDA DOS DIREITOS INTELECTUAIS E PATRIMONIAIS DO AUTOR.

Edição conforme o Acordo Ortográfico da Língua Portuguesa.

Capa, projeto gráfico e editoração eletrônica:
Bracher & Malta Produção Gráfica

Revisão:
Alexandre Barbosa de Souza
Nina Schipper

1ª Edição - 1999, 2ª Edição - 2013

Catalogação na Fonte do Departamento Nacional do Livro
(Fundação Biblioteca Nacional, RJ, Brasil)

Eufrasio, Mário A.
E81e   Estrutura urbana e ecologia humana: a escola
sociológica de Chicago (1915-1940) / Mário A. Eufrasio.
— São Paulo: Programa de Pós-Graduação em Sociologia
da FFLCH-USP/Editora 34, 2013 (2ª Edição).
304 p.

ISBN 978-85-7326-132-5

1. Ecologia humana. 2. Urbanismo. 3. Escola
sociológica de Chicago. I. Universidade de São Paulo.
Programa de Pós-Graduação em Sociologia. II. Título.

CDD - 304.2

ESTRUTURA URBANA E
ECOLOGIA HUMANA
A escola sociológica de Chicago (1915-1940)

Introdução 9

Parte I
O SURGIMENTO DA SOCIOLOGIA
AMERICANA E A FORMAÇÃO DA
ESCOLA SOCIOLÓGICA DE CHICAGO 15

1. O surgimento da ciência social
e da sociologia nos Estados Unidos 18

2. O desenvolvimento da
escola sociológica de Chicago 27

Parte II
A CONCEPÇÃO ECOLÓGICA
DA ESTRUTURA URBANA 45

3. O programa de estudo da cidade
de Park em 1915 48

4. O esquema conceitual da estrutura urbana
proposto por McKenzie em 1921 60

5. A emergência da concepção ecológica
no tratado de Park e Burgess de 1921 65

6. A formulação inicial da teoria da
estrutura urbana por Burgess em 1922 75

7. O conceito de ecologia humana na
escola sociológica de Chicago 95

8. As críticas de Alihan
à concepção da ecologia humana 130

9. Os elementos da concepção
ecológica clássica da cidade 138

10. A versão final da teoria da
estrutura urbana por Burgess em 1929 153

Parte III
A CONCEPÇÃO SOCIOECONÔMICA
DA ESTRUTURA URBANA 185

11. A análise dos padrões irregulares
das áreas urbanas feita por Davie em 1937 189

12. A interpretação socioeconômica
dos índices espaciais da estrutura urbana
proposta por Quinn 200

13. A teoria dos setores da estrutura urbana
proposta por Hoyt 209

14. A teoria dos núcleos múltiplos da
estrutura urbana de Harris e Ullman 228

15. O desenvolvimento das interpretações ecológicas
e socioeconômicas da estrutura urbana 238

Parte IV
TRADIÇÕES DE PESQUISA, TEORIAS E
EXPLICAÇÕES DA ESTRUTURA URBANA:
UMA ANÁLISE METODOLÓGICA 247

16. O esquema das reconstruções metodológicas nas
ciências sociais e a ideia de tradição de pesquisa 251

17. A ecologia humana como uma tradição de pesquisa
sociológica e a teoria da estrutura urbana 272

18. Os requisitos teórico-metodológicos
das explicações da estrutura urbana 280

Conclusão 287

Bibliografia 289

ESTRUTURA URBANA E ECOLOGIA HUMANA

A escola sociológica de Chicago
(1915-1940)

INTRODUÇÃO

Na construção histórica de uma disciplina científica ocupa um lugar central a formulação e o desenvolvimento de estratégias de trabalho intelectual, que se concretizam em programas de investigação com dimensões empírica, teórica e metateórica. No processo de sua constituição como campo de conhecimento autônomo, a ciência social empreende um confronto interpretativo e crítico com uma dupla realidade: com a realidade social de que se pretende uma reconstrução teórico-conceitual e com os produtos discursivos de processos de investigação anteriores que visavam dar conta daquela realidade social. Complementarmente, a história de uma disciplina é também a história social, política, econômica e geográfica das comunidades de investigadores; dos meios de divulgação e discussão de resultados e inquietações; dos centros de pesquisa e ensino; dos esforços pragmáticos de utilização de conclusões e descobertas; e a biografia das equipes e dos investigadores bem-sucedidos. As "escolas", correntes ou tradições de investigação disciplinares, mais ou menos relativamente complexas, englobam em diferentes proporções elementos dessas duas ordens e a dificuldade de sua caracterização advém da intrincada diversidade estrutural — intelectual e institucional — com que se apresentam.

Em sociologia se alude com frequência a "escolas sociológicas" (a Escola de Frankfurt, a Escola Durkheimiana, a Escola Paulista...) e em todos os casos se está em presença de diferentes constelações de realidades intelectuais e históricas. A chamada Escola de Chicago, na sociologia norte-americana, representa um desses contextos que, na evolução da disciplina, se reveste de especial interesse pelas teorizações originais, as técnicas de pesquisa empírica e os temas de investigação que introduziu; incorporadas ao patrimônio da sociologia, essas conquistas fazem parte em graus variados da formação dos sociólogos ainda hoje e merecem uma consideração retrospectiva.

Este volume é um estudo expositivo, analítico e interpretativo do aspecto mais central e característico da escola de Chicago da sociologia americana, representado por uma sociologia urbana complexa e original — de fato, a primeira *escola* de sociologia urbana na história da disciplina — que se desenvolveu entre as duas guerras mundiais da primeira metade do século XX. Embora tenha sido a área mais diligenciada por seus criadores, a sociologia urbana dos sociólogos de Chicago aglutinou em torno do seu desenvolvimento outros interesses temáticos, teóricos e de pesquisa e até uma visão peculiar da natureza, alcance e objetivos da sociologia e constituiu-se mesmo num dos impulsos decisivos para o amadurecimento da sociologia americana numa época em que a ciência social europeia sofria a crise provocada pela situação histórica que resultou na II Guerra Mundial. Nas primeiras décadas deste século a própria sociedade americana passou por transformações e entrou numa grave crise econômica: as condições de vida nas grandes cidades sofreram o impacto dessas circunstâncias e a sociologia urbana se desenvolveu como uma subdisciplina em grande parte em função das preocupações que tal situação motivou. O que se pretendeu neste estudo foi apreender um aspecto desse processo, tal como se apresentou na teoria sociológica.

O procedimento adotado ao longo do trabalho foi, fundamentalmente, o da técnica de análise conceitual, instrumento desenvolvido pela tradição analítica de metaciência; mais do que um ferramental retórico ou um estilo de reflexão, é um procedimento operativo de trabalho sobre discursos científicos que tem como meio básico de ação a realização de distinções conceituais a partir das quais outros procedimentos e operações podem ser empreendidos. A análise conceitual é, em metodologia, um método de trabalho que consiste numa busca de identificação e de representação explícita da organização hierárquica dos termos conceituais, proposições e argumentos que compõem as formulações das ciências sociais. A matéria-prima da análise conceitual é constituída pelos discursos científicos que são os produtos de atividades de investigação anteriores. O procedimento é o de identificação, caracterização e avaliação da ocorrência das expressões linguísticas encontradas nos produtos discursivos da ciência social. O objetivo é estabelecer a identidade e avaliar a estrutura dos discursos da ciência social e a função que tem em seu interior cada uma de suas partes componentes. A reconstrução metodológica resultante viabiliza uma análise lógico-epistemológica precisa, isto é, capaz de permitir fixar um ponto de vista de interpretação metateórica fundamentado em argumentação explícita — e foi isso que se teve em mente neste estudo. Para que não haja mal-entendidos, cabe destacar que a orientação delineada não entra em conflito com análises que efetuem críticas culturais, históricas, sociológicas e psicológicas das teorias e tradições científicas; pode-se dizer que são necessárias para um trabalho mais exaustivo sobre as tradições de pesquisa sociológica. Todavia, a análise da estrutura e do desenvolvimento internos de formulações como a que aqui se encontrará cumpre um papel imprescindível e pode representar um momento de um projeto de exame crítico global de tradições científicas. Evita, além disso, que se opere num nível intuitivo, que a familiaridade alegadamente, porém nem sempre de fato, permitiria amadurecer, e o uso de recursos explícitos de análise metodológica evita os perigos da imprecisão e com isso os equívocos, as omissões e até mesmo as prestidigitações na investigação metateórica.

* * *

Originalmente apresentado como tese de doutoramento junto ao Departamento de Sociologia da Faculdade de Filosofia, Letras e Ciências Humanas da Universidade de São Paulo, este estudo, aqui publicado com certo número de modificações, representa uma etapa numa sequência de preocupações ligadas à análise metateórica relacionada ao estudo das teorias das cidades nas ciências sociais.

O capítulo 2 e trechos do capítulo 1 e desta introdução são aqui apresentados em parte com base em versão reelaborada publicada em *Plural*, n° 2 (1° Semestre de 1995); sou grato aos seus editores e à Coordenação do Curso de Pós-Graduação em Sociologia da USP por permitirem a utilização desse material neste volume. Os demais capítulos tiveram modificações em diversas passagens, que não alteram, porém, seu espírito original.

Na Parte I deste estudo visa-se esboçar os elementos mais gerais que caracterizaram o desenvolvimento da sociologia nos Estados Unidos e a formação e o desenvolvimento da Escola Sociológica de Chicago; na Parte II se empreende uma exposição e análise das formulações teóricas que caracterizam essa tradição, explicitando o conteúdo de sua principal linha de investigação, que se constituiu numa teoria ecológica da estrutura urbana; na Parte III se realiza uma análise das teorias não ecológicas da estrutura urbana que se sucederam na ciência social americana até os anos da II Guerra Mundial. A Parte IV, por fim, propõe uma avaliação metodológica, que se pretende conclusiva em determinado aspecto, da teoria ecológica da estrutura urbana da Escola de Chicago.

Registro meus agradecimentos ao saudoso Prof. Oracy Nogueira, a quem devo indicações e informações valiosas e com quem tive a honra de ministrar em conjunto, em seus últimos anos de vida, uma disciplina no Curso de Pós-Graduação em Sociologia da USP sobre a escola de Chicago e sua influência no Brasil, e também ao Prof. José Jeremias de Oliveira Filho, cujo conceito de "reconstrução metodológica", proposto no contexto de uma perspectiva metateórica muito própria, é uma ideia extremamente rica e fértil, tendo já numerosos trabalhos dele derivado contribuições originais; este estudo é em grande parte um resultado dessa orientação e procura ser uma demonstração — ainda que pálida — do tipo de análise de fundamentos e de formulações teórico-conceituais que possibilita.

Devo consignar aqui meu reconhecimento ao CNPq, por uma bolsa de produtividade que tornou possível a revisão da versão original deste trabalho para publicação, entre outras atividades. Quero ainda deixar registrado meus agradecimentos à Profa. Maria Arminda do Nascimento Arruda, ao Prof. Reginaldo Prandi e ao Prof. Brasilio Sallum Jr., cujas gestões à frente do Programa de Pós-Graduação em Sociologia criaram condições para que este trabalho viesse finalmente a ser publicado.

Aos amigos e familiares que de alguma forma incentivaram e ajudaram para que este trabalho fosse concretizado renovo meus agradecimentos.

Mário A. Eufrasio
São Paulo, fevereiro de 1999

Parte I

O SURGIMENTO DA SOCIOLOGIA AMERICANA E A FORMAÇÃO DA ESCOLA SOCIOLÓGICA DE CHICAGO

Na primeira metade do século XIX, a vida intelectual e o próprio cenário da ciência e da cultura humanista nos Estados Unidos eram bastante simples e restritos, em grande parte dominados por uma ideologia religiosa rural e comercial — apesar de conservar componentes laicos progressistas que haviam contribuído para a Independência em 1776 —, exceto pela atuação de notáveis intelectuais isolados que se destacavam em seus campos.

Na segunda metade daquele século, entretanto, a situação mudou completamente: entre 1860 e 1900, os Estados Unidos passaram da condição de pequeno país agrícola para a de uma grande nação industrial, com a principal economia do mundo. Com menos de 3,9 milhões de habitantes e 2,7 milhões de km^2 em 1783, o país passou a ter 8,1 milhões de km^2 em 1854 — então ocupados em menos de um terço — e mais de 75 milhões de habitantes em 1900. O crescimento demográfico num período de intensa industrialização redundou num processo de urbanização acelerada e sem precedentes que, aliado à construção de vastas redes ferroviárias e ao desenvolvimento do comércio interno e de exportação, rapidamente avançou em direção ao oeste, atravessando o continente; tais transformações indicam o vigor que aí assumiu o desenvolvimento capitalista e a complexidade de que se revestiu a sociedade americana.

Refletindo e expressando essa mudança estrutural, surgem e se desenvolvem as ciências sociais nos Estados Unidos, sob inspiração, em numerosos aspectos, das que emergiam na Europa, mas já representando uma tomada de consciência e uma tentativa de interpretação da realidade social do país e da época.

Os dois capítulos que compõem a primeira parte deste estudo representam um conjunto de apontamentos e indicações acerca da história inicial da sociologia nos Estados Unidos e do aparecimento da escola de sociologia de Chicago; constituem um roteiro expositivo desses temas, no qual o leitor interessado poderá encontrar referências de leituras de caráter interpretativo e crítico mais aprofundadas.

1.
O SURGIMENTO DA CIÊNCIA SOCIAL E DA SOCIOLOGIA NOS ESTADOS UNIDOS

Durante os oitenta e quatro anos em que viveu o sociólogo William I. Thomas, entre 1863 e 1947 (e que incluem os oitenta anos da vida de seu colega Robert E. Park, entre 1864 e 1944), os Estados Unidos saíram de uma Guerra Civil que deixou o país arruinado economicamente para virem à condição de principal potência econômica e política do globo, após a II Guerra Mundial.

Foi durante esse período que a sociologia americana surgiu e, de uma forma embrionária de sociologia filosófica, com múltiplas e diversificadas orientações e preocupações, se desenvolveu e se firmou como uma ciência social amadurecida, com um conjunto de temáticas e tradições próprias. Os cientistas sociais americanos não criaram a sociologia, mas deram a ela, em seu país, feições e abordagens peculiares. Embora inicialmente a sociologia americana tenha partido de reflexões e problemas tirados da sociologia europeia, veio mais tarde a rivalizar com esta e, na fase de aguda crise da sociedade europeia que culminou com a II Guerra Mundial, chegou mesmo a superá-la.

Durante essa fase de transformação da sociedade americana ocorreram mudanças sociais importantes, com a consolidação da burguesia industrial, financeira e comercial, a expansão das classes média e trabalhadora, esta última se ampliando nas grandes cidades pelo afluxo de grandes massas de imigrantes, e se formou um diversificado ambiente intelectual, no qual evoluíram as ciências sociais, fortemente marcado pelas tendências culturais e também ideológicas que sucessivamente se confrontaram. A sociologia que se desenvolveu nesse período reteve, em muitas de suas temáticas, preocupações, concepções e tratamentos, as marcas dessas incidências ideológicas e de todo o contexto da cultura intelectual da época. Numa avaliação ampla, Hawthorn propõe a polêmica interpretação de que, não tendo os Estados Unidos passado pela longa e convulsionada fase de transição do feudalismo para o capitalismo que a Europa conheceu, o pensamento social americano incorporou as concepções do Iluminismo de um modo literal e, se foi "com frequência vigoroso e crítico e mesmo radical", foi também "em seu próprio radicalismo literalmente conservador e definidamente a-histórico, conduzindo sempre a prescrições mais técnicas do que verdadeiramente intelectuais" (Hawthorn 1976: 196).

Numa precisa síntese histórica, Saint-Arnaud[1] assinala que, em meio aos movimentos sociais desse período — operários, agrícolas, progressistas, socialistas e o movimento do Evangelho Social —, atuou um conjunto de ideologias políticas e sociais: de um lado, o liberalismo econômico (ou conservadorismo, ou *"laissez-faire"*) dos grandes empresários detentores do poder econômico, apoiado por intelectuais conservadores, através de um certo uso do evolucionismo e do darwinismo social, e por importante parte do clero protestante. De outro lado, e em oposição a ele, um

---

[1] Várias exposições parciais da história da sociologia americana são disponíveis, como Coser *1980*, Mitchell *1973*, Hawthorn 1976, Shils 1970, Odum 1951, Faris *1947*, entre outros. A parte IV (de modo especial os capítulos 18 a 20) de House 1936 constitui um roteiro clássico. Num texto bastante didático acessível em português, Coser trata das origens religiosas dos primeiros sociólogos americanos, do seu reformismo, de sua vinculação com o "serviço social" e seu interesse pelos "problemas sociais" e pelas bases científicas da sociologia; Coser tenta caracterizar a luta do *"laissez-faire"* de Sumner contra o melhorismo e a refutação daquela doutrina por Ward, o aparecimento de uma sociologia crítica com Ross e Veblen, da psicologia social pragmatista com Cooley e Mead e da sociologia de Chicago com Thomas e Park, oferecendo ainda um breve roteiro bibliográfico (Coser *1980*: 379-420). Já Hawthorn 1976 é um ensaio mais audacioso cujo acompanhamento exige pré-requisitos de certo grau de profundidade e detalhe.

O surgimento da sociologia nos Estados Unidos

conjunto de correntes representou sua contestação a nível social e econômico: a dos evangelistas sociais, que defendiam uma reforma baseada na cooperação cristã; a dos operários industriais e dos trabalhadores agrícolas, que se associaram numa reivindicação de obtenção de apoio pelo Estado; a dos socialistas, que reivindicavam a propriedade coletiva dos meios de produção e distribuição sociais — e que, com isso, colidiam com um individualismo tradicional bastante arraigado — e que passou, após 1900, a apoiar reformas dentro da ordem existente; a do progressismo (o mais eficaz movimento reformista entre 1860 e 1920), aparecido por volta de 1900, que pragmaticamente queria a concretização dos princípios do *welfare state* mediante medidas jurídicas e sociais e que conseguiu fazer a posição do Estado favorecer os interesses populares (Saint-Arnaud 1984: 26-8).

Destaca também a importância da atuação de certas personalidades, reforçando de maneira bastante acentuada o reformismo da época, como Henry George, no movimento do "imposto único"; Edward Bellamy, defensor da nacionalização das indústrias como base da igualdade econômica; Henry Lloyd, opositor das grandes empresas, do darwinismo social, do "*laissez-faire*" e do clero protestante, ao mesmo tempo em que defendia a estatização dos monopólios. Apresentaram concepções nem sempre realistas, mas que sensibilizaram a classe média para a necessidade de uma reforma social urgente e estimularam uma opinião pública favorável a mudanças (*ibid.*: 28).

Afirmando que "a ciência se desenvolve num espaço já delimitado por opções e posicionamentos de ordem ideológica", Saint-Arnaud propõe-se a indicar as componentes de um tal contexto no caso das ciências sociais americanas: de modo especial, elas se desenvolveram a partir da Guerra Civil num ambiente intelectual em que o mecanicismo tradicional deu lugar ao evolucionismo ou darwinismo, que revolucionou as concepções biológicas e as ideias sociais. Depois, já no século XX, vieram a se acrescentar mais duas doutrinas, surgidas por derivação do darwinismo: o pragmatismo e o behaviorismo (*ibid.*: 30). Outros autores têm ainda sugerido a presença de certo positivismo no pensamento americano de fins do século XIX; é o caso de lembrar, com muito mais razão, o movimento filosófico do "novo realismo" que, na passagem do século, testemunha considerável grau de vigor e sofisticação nas preocupações filosóficas no país. Foi neste contexto de reformulação das ciências sociais e do pensamento filosófico que se originou a sociologia americana.

O desenvolvimento da sociologia nos Estados Unidos na segunda metade do século XIX e inícios do século XX pode ser traçado a partir de diversas origens, que se combinam com uma desigual influência da sociologia que se desenvolvia no decorrer do século XIX na Europa associada às transformações políticas, econômicas, sociais e culturais que caracterizavam o surgimento da sociedade moderna. Certos aspectos da formação da sociologia assumiram nos Estados Unidos formas originais: uma motivação inicial filantrópica e favorável à reforma social, de feição progressista, e sua disputa contra os argumentos conservadores tirados da economia política clássica e do evolucionismo e do darwinismo social; o uso pioneiro de materiais sociográficos; a influência do evolucionismo de Spencer e do darwinismo social no desdobramento da discussão intelectual de um conjunto de ideias da época (entre 1850 e 1900) e os inícios do ensino universitário da sociologia em diversas instituições de ensino e pesquisa universitárias que foram criadas nas últimas décadas do século XIX. Deve-se também citar as contribuições fundamentais de certo número de autores, dentre os quais se destacam os seis "pais fundadores" da sociologia americana, cujas obras merecem uma consideração especial: William Graham Sumner, Lester Ward, Albion Woodbury Small, Franklin Henry Giddings, Charles Horton Cooley e Edward Alsworth Ross (além de alguns outros, como Thorstein Veblen e Charles Colby) (v. House 1936: 228-45, 273, 283, *passim*).

A partir de 1865 começaram a surgir, nos colégios e faculdades, cursos de ciências sociais, a maior parte dos quais "voltados para o que hoje chamaríamos de 'problemas sociais': pobreza, criminalidade, alcoolismo, relações inter-étnicas etc.". Essa ciência social, conquanto marque um empenho dos diversos intelectuais da época em compreender os componentes e as práticas efetivas da sociedade, "permanecia uma pseudociência, mistura de observações empíricas e de explicações impregnadas de moralismo e juízos preconcebidos" (Saint-Arnaud 1984: 53-4).

Foi durante o último quarto do século XIX que nasceu oficialmente a ciência da sociedade, pela ação combinada de vários fatores. O primeiro deles foi a entrada no país de novas obras científicas escritas na Europa, especialmente na Inglaterra e na França, facilitada pela evolução da sociedade norte-americana após a Guerra Civil; entre os autores lidos, os mais notáveis foram Comte e Spencer.

"A sociologia americana no fim do século XIX se inspirou no pensamento britânico", mais do que em qualquer outra influência. "De modo específico, os princípios evolucionistas de Darwin, Malthus e Spencer forneceram os fundamentos do 'naturalismo evolucionista' que todos os fundadores da sociologia americana defenderam. Essa doutrina, enquanto aplicada ao campo da sociologia, concebia as estruturas sociais como produto das interações dos indivíduos agindo a partir de um desejo de satisfazer necessidades humanas universais de natureza orgânica ou quase orgânica. As sociedades e os indivíduos não socialmente organizados de modos funcionalmente compatíveis com essas necessidades irão eventualmente perecer quando forçados a competir por recursos com aqueles mais harmoniosamente adaptados, oferecendo assim o impulso evolutivo para a história social humana. Apesar das várias disputas internas, os mais importantes sociólogos americanos do período 1880-1900 adotaram esses princípios fundamentais do darwinismo social" (Lewis & Smith 1980: 4). Partindo dele, Sumner, numa versão conservadora, e Ward, numa versão reformista, foram sociólogos da época que seguiram estreitamente Spencer nas suas concepções da sociologia.

Também os intelectuais fora da Universidade saudaram Spencer como "um campeão do individualismo, da livre concor-

22   A formação da escola sociológica de Chicago

rência e, em resumo, de toda a ideologia do capitalismo burguês" (*ibid.*: 5).

"Todavia, a filosofia da história de Spencer era por demais materialista para atrair de modo irrestrito os sociólogos americanos, muitos dos quais com profundos compromissos humanistas", vindos de laços anteriores, de parentesco ou de carreira, com o ministério religioso. Assim, "preferiram uma filosofia que preservasse os vagos enunciados naturalistas e individualistas", ao mesmo tempo em que admitiam "a possibilidade e a necessidade, de fato, de uma reforma social melhorista inteligentemente orientada" (*ibid.*).

A estruturação e o desenvolvimento das ciências sociais americanas ocorreram em seguida a uma importante transformação pela qual passou o ensino superior no país. Até inícios da década de 1870, a instituição típica do ensino nos Estados Unidos ainda era "a faculdade (*college*), pequena e sectária, ocupando alguns edifícios apenas, empregando seis a oito professores regulares, normalmente membros do clero, e titulares de diversas matérias" (Oberschall 1972, citado *in* Saint-Arnaud 1984: 59).

"Em 1876 essa tradição foi rompida com a fundação da Universidade Johns Hopkins, uma instituição progressista que privilegiava uma formação dita avançada sob direção de um presidente hábil e influente, Daniel Gilman." Foi a primeira de uma série de iniciativas inovadoras no mundo universitário, durante o último quarto do século XIX: em 1880 a Universidade Columbia modernizou seu ensino inaugurando uma escola superior de ciência política, no que foi seguida em 1881 pela Universidade de Michigan; depois a Universidade da Pensilvânia introduziu um curso superior no setor de finanças etc. A competição que se abriu entre as principais universidades do país, novas ou antigas, públicas ou privadas, trouxe uma expansão dos estudos superiores e um maior recrutamento tanto de professores competentes como de estudantes. A disponibilidade de recursos financeiros e as práticas empreendedoras dos presidentes das universidades — sobretudo das novas — foram, segundo Saint-Arnaud, fatores decisivos nessa competição (cf. Saint-Arnaud 1984: 59).

O surgimento da sociologia nos Estados Unidos

Este rápido desenvolvimento do ensino superior americano refletiu um processo de secularização geral e de modernização da cultura, ligado à entrada da nação na era industrial, e teve diversas implicações. No plano acadêmico, levou muitos estudantes americanos, a partir de 1880, a preferirem prosseguir seus estudos universitários no próprio país, em vez de no estrangeiro, sobretudo na Alemanha, como era hábito até então. E, além disso, o clero docente sofreu uma perda de status e de prestígio na universidade e de liderança intelectual e moral, e foi sendo substituído por uma nova geração de acadêmicos orientados por concepções seculares, adquiridas de interpretações provenientes das ciências humanas nascentes. No plano institucional, a grande concorrência entre as universidades favoreceu uma melhor situação para a carreira de professor, ao qual se proporcionou possibilidades de mobilidade e ascensão, uma melhoria geral dos salários e oportunidades para introdução de aprimoramentos pedagógicos e inovações em diversos níveis. E com o aumento da demanda de professores qualificados, muitas instituições de alto nível contrataram figuras de espírito radical, não ortodoxas em suas ideias e práticas, que em outras circunstâncias jamais teriam encontrado emprego na universidade, como Edward Ross na Universidade Stanford, Richard Ely na Universidade Wisconsin e Thorstein Veblen na Universidade de Chicago. Num plano mais geral, a instrução superior ampliou a mobilidade social e reforçou o processo de afirmação da nova classe média americana: permitindo a emergência de uma cultura clássica nos Estados Unidos, propiciou a formação individual para o exercício de carreiras. E houve também a criação, inspirada na experiência inglesa, por volta de 1880, "do sistema de extensão universitária, ou seja, do ensino voltado para os que não fizeram estudos superiores, através de conferências públicas e cursos por correspondência" (*ibid.*: 61): a primeira foi pela Universidade Johns Hopkins, seguida logo depois por outras, inclusive a Universidade de Chicago. Assim, operou-se uma aproximação entre a elite instruída e as pessoas comuns; em retorno, por outro lado, a ciência social americana começou a adquirir duas características "que viriam a se destacar na década de 1920: uma atenção metódica pela vida social e a coleta de dados por imersão direta na vida das comunidades" (*ibid.*: 63).

Em suma, desde seu início, o desenvolvimento da sociologia americana pode ser dividido em cinco fases: na primeira, de *surgimento*, durante as duas últimas décadas do século XIX, introduziram-se cursos de sociologia em diversas universidades como nas de Boston, Indiana, Wyoming, Brown, Chicago e Cornell, entre 1883 e 1893; numa segunda etapa, de *difusão*, entre 1900 e 1920, a sociologia se difundiu entre as universidades e faculdades dirigidas às humanidades e às letras e em 1905 foi criada a *American Sociological Society* (cf., por exemplo, Shils 1970 e Mitchell 1973: 323-4). Tal quadro indica que a institucionalização, em termos profissionais, da disciplina ocorreu na virada do século e que foi seguida pelo seu desenvolvimento intelectual acadêmico; de fato, após a I Guerra Mundial, a sociologia já era ensinada "em muitas faculdades e universidades, tanto a nível de graduação como de pós-graduação, e progrediu muito como resultado do desenvolvimento da Escola de Chicago, primeiro com Park, depois com Burgess e mais tarde com Everett Hughes"; surgiram as primeiras revistas especializadas e as primeiras equipes de pesquisa. Numa terceira fase, de *consolidação*, entre 1920 e 1935, foram criadas linhas originais de trabalho nos mais importantes centros de ensino e pesquisa de sociologia no país, que se firmaram em tradições próprias, e paralelamente à ampliação do ensino a nível de graduação e de pós-graduação, multiplicaram-se as revistas especializadas e os contatos internacionais e ocorreu o desenvolvimento de subdisciplinas especializadas e a formação de novas equipes de pesquisa (*ibid.*: 332-3). Nesse período veio a predominar a orientação que se desenvolveu em Chicago, caracterizada por uma ecologia humana e uma psicologia social sociológicas, e secundariamente a orientação surgida em Columbia; na década de 1930, pelo prestígio e a importância que ganhou dentro e fora dos círculos acadêmicos, a sociologia veio a ser conhecida como "a ciência americana", se difundindo e influenciando a sociologia de outros países. Seguiu-se um quarto período, de maior diversificação inicial, mas no qual acabaria por vir a exercer a influência mais importante o *funcionalismo* de Harvard, secundado pelo interacionismo simbólico, surgido em parte em Chicago. Na década de 1960 emergiu o movimento da chamada "sociologia crítica", impulsionado sobretudo pela obra de Charles Wright Mills, originando uma quinta etapa, que se afirmou com uma grande *diversidade* de orientações teórico-metodológicas e na qual se consolidou a proeminência internacional da sociologia americana (Marsal 1977 e outros).

A sociologia que surgiu ainda no século XIX nos Estados Unidos assumiu um duplo caráter que a dominou por três décadas, até a I Guerra Mundial, voltando-se, primeiro, para o estudo específico dos "problemas sociais", como a caridade pública e a recuperação de "desencaminhados", as condições de habitação, a economia doméstica, o saneamento e a delinquência, geralmente excluídos das disciplinas sociais mais antigas; depois preocupou-se com o crescimento das classes pobres marginalizadas e com os aspectos patológicos da sociedade que o liberalismo evangélico encarava a partir de suas concepções de saúde física e mental, de probidade moral e do desenvolvimento de uma sociedade baseada num alto grau de cooperação. Com isso fixou-se o pressuposto de que a sociologia era uma ciência prática voltada para a ação e a reforma sociais. Por outro lado, uma preocupação geral ou sistemática com a sociedade como um todo veio a sugerir que se definissem e estabelecessem categorias apropriadas para a explicação da estrutura da sociedade global e das relações entre os grupos humanos unidos por laços comuns. Até pouco antes do início do período de predomínio da Escola de Chicago a sociologia norte-americana conservou esse caráter duplo.

2.
O DESENVOLVIMENTO DA
ESCOLA SOCIOLÓGICA DE CHICAGO

Em 1800 havia apenas alguns poucos milhares de pioneiros no território que veio a constituir o Estado de Illinois, que foi criado em 1818. "No início e em meados do século XIX, Chicago era um posto avançado da civilização americana na frente de expansão do país para o oeste" (Bulmer 1984: 12). Insignificante em 1840, entre 1850 e 1890 Chicago tornou-se uma grande cidade de mais de um milhão de habitantes — a segunda maior do país — e nos quarenta anos seguintes, cresceu três vezes, atingindo em 1930 quase 3.400.000 habitantes. A tabela abaixo mostra seu enorme crescimento demográfico:

População e área de Chicago, 1840-1930
(fontes: Burgess & Newcomb 1931: 5 [seg. Bulmer 1984: 13]
e Halbwachs 1932: 12-3)

Ano	Número de habitantes	Percentual de aumento	Números relativos (1860=100)	(1900=100)	Área em km^2	Números relativos
1840	4.470		5			
1850	29.968	570,3	26			
1860	102.260	264,6	100		46,5	100
1870	298.977	173,6	276		90,0	194
1880	503.185	68,3	405		92,0	198
1890	1.099.850	118,6	1.020		440,0	950
1900	1.698.575	54,4	1.570	100	490,0	1.060
1910	2.185.283	28,7	2.020	129	490,0	1.060
1920	2.701.705	23,6	2.500	159	520,0	1.120
1930	3.375.329	24,9	3.110	198		

O desenvolvimento das ferrovias foi decisivo para o crescimento de Chicago, que, em 1860, era um entroncamento de grandes linhas que seguiam para o oeste e, com isso, se tornou o centro comercial do meio-oeste. A partir dessa época, vieram os armazéns, os atacadistas, as indústrias e os migrantes das áreas rurais. Em 1871, quando contava com uma população de 300.000 pessoas aproximadamente, a "velha cidade" de casas de madeira foi em grande parte destruída por um enorme incêndio, sendo em seguida reconstruída com construções de alvenaria. No fim do século chegaram os imigrantes estrangeiros em busca de trabalho: alemães, escandinavos, irlandeses, italianos, judeus, checos e outros, que trouxeram uma impressionante diversidade étnica à cidade. "Por volta de 1900, Chicago tinha o maior número de poloneses, suecos, boêmios, noruegueses, holandeses, dinamarqueses, croatas, eslovenos, lituanos e gregos encontrados em qualquer cidade americana" (Matthews 1977: 126); nessa época, metade dos seus 1.700.000 habitantes havia nascido fora dos Estados Unidos. E vieram os negros do sul, que "eram 2% da população da cidade em 1910 e passaram a ser 7% em 1930" (Bulmer 1984: 13).

Nos anos que antecederam a eclosão da I Guerra Mundial, a expectativa geral era de que a cidade se tornaria a futura metrópole dos Estados Unidos; a importância que adquiriu pode ser atestada pelo fato de que "por volta de 1925, 7,4% de todos os bens manufaturados nos Estados Unidos eram produzidos em Chicago" (Matthews 1977: 126).

A elite econômica que se formou em Chicago mostrou-se bastante sensível desde o século XIX à filantropia e a empreendimentos assistenciais ou de interesse social da comunidade; deu apoio também a iniciativas de caráter artístico-cultural e custeou ou colaborou decisivamente em certo número de atividades e na criação de instituições como a Orquestra Sinfônica em 1891, o Instituto de Artes em 1879 e várias outras. Teve igualmente importante papel em propiciar condições para o desenvolvimento da escola de Chicago de arquitetura, a qual "não somente contribuiu com o arranha-céu para a civilização urbana americana como também criou o primeiro estilo arquitetônico urbano coerente e próprio do continente" (Bulmer 1984: 14). Uma primeira Universidade de Chicago, pequena, religiosa e provinciana, foi criada em 1856, mantida por contribuições dos homens de negócios locais. Atingida pelo incêndio de 1871, nunca se recuperou e funcionou precariamente até 1885, quando fechou por falência financeira.

A atual Universidade de Chicago foi criada em 1890 e admitiu seus primeiros alunos em 1892; é uma fundação batista que recebeu o apoio da contribuição filantrópica de John Rockefeller, o magnata do petróleo, só fundada "após substanciais promessas de que lhe seria dado apoio financeiro pela comunidade local" (Bulmer 1984: 14). Seu primeiro presidente, William Rainey Harper, antigo professor de grego e hebraico na Yale University, "quando seu colega de fé batista John D. Rockefeller lhe ofereceu um milhão de dólares para fundar uma instituição acadêmica, respondeu que lhe seria necessário quinze milhões para criar uma universidade verdadeiramente digna desse nome. Recebeu, de fato, trinta milhões de dólares e cumpriu sua promessa num prazo notavelmente curto" (Oberschall 1972: 192, citado *in* Saint-Arnaud 1984: 59). Rockefeller, "na passagem do século, possuía provavelmente um bilhão de dólares" (Link *1965*: 27); Bulmer conta que "recusou-se a dar seu nome à Universidade ou a envolver-se em sua direção, apesar de inteligentemente instado por Harper para gigantescas subvenções; [...] num período de duas décadas, Rockefeller deu à Universidade 35 milhões de dólares no total em dotações e para cobrir despesas correntes, antes de autorizar em 1910 uma subvenção final de 10 milhões de dólares" (Bulmer 1984: 16 e 21). O campus da nova Universidade de Chicago situou-se ao longo do lado norte da Midway, uma larga avenida da parte sul da cidade, diante da qual foi montada a Feira de Chicago de 1893. "Com a concordância dos curadores, os primeiros edifícios foram colocados nas extremidades de um grande quadrilátero, em vez de em locais contíguos" (Faris *1970*: 23).

O desenvolvimento da escola sociológica de Chicago 29

Harper empenhou-se em fundar uma universidade voltada à pesquisa básica e ao ensino em nível de pós-graduação. Tinha em mente, além disso, uma escola de pós-graduação que combinasse trabalho acadêmico original e prestação de serviços à comunidade. Dentro de um curto período e com o apoio de grandes contribuições de industriais proeminentes de Chicago e dos líderes de sua elite política e intelectual, ele a tornou uma das principais universidades dos Estados Unidos. Harper estabeleceu uma escala de salários em torno do dobro dos que predominavam no país — porém Bulmer afirma que, mais que os altos salários, o que atraiu os professores universitários a se integrarem ao corpo docente da nova fundação foi "a liberdade de pesquisa e a inovação didática que oferecia. E, para encorajar as equipes em todos os níveis a se concentrar na pesquisa e a publicar, oferecia-se os meios de publicação: estabeleceu-se a editora da universidade como parte orgânica da instituição, antes mesmo de admitidos os primeiros estudantes [...]. Cada departamento foi encorajado a criar sua própria revista acadêmica e uma série departamental, em que seriam publicados os resultados das pesquisas da equipe" (Bulmer 1984: 15 e 16). Faris conta que uma das inovações de Harper foi a "divisão do ano acadêmico em quatro trimestres, em vez de nos tradicionais dois semestres separados por um longo e ocioso verão", com o que introduziu um trimestre de verão que tornava possível acelerar o progresso dos estudantes na conclusão dos cursos e ainda "um professor podia lecionar em quaisquer três dos quatro trimestres do ano, ou lecionar também no quarto, com um pagamento extra, ou optar por lecionar em três trimestres de verão sem pagamento para ter um ano inteiro de afastamento remunerado" (Faris 1970: 24).[2]

---

[2] A propósito, o papel dos reitores da Universidade teve certo peso, também, sobre as condições de trabalho nos departamentos de ciências sociais. Assim, a gestão de Harper (entre 1890 e 1906) permitiu se estabelecerem em bases sólidas. Já a de Harry Judson (1906-23), descrito como um tradicionalista inflexível, foi muito negativa, como, por exemplo, pela demis-

Em 1892, Harper convidou Albion Small (1854-1926), então presidente do Colby College, para fazer parte da Universidade e para ser o chefe de um departamento de história, mas Small sugeriu a criação de um departamento de sociologia (que Harper aceitou) e em pouco tempo colocou no departamento George E. Vincent e William I. Thomas, ambos da primeira turma a concluir a pós-graduação no departamento; sem consultar Small, Harper contratou Charles Richmond Henderson e assim o departamento original ficou completo (cf. Faris 1980, xiii).

Há relatos em português da criação e do desenvolvimento da sociologia de Chicago em Coser *1980*: 409-11, e de modo mais sumário em Timasheff *1960*: 309-13, por exemplo. Mellor 1977 dedica todo o capítulo 6 ("The Chicago School: urban experience") a uma interpretação geral do desenvolvimento histórico das orientações dessa escola. Esboçaremos aqui apenas o quadro mais geral desse desenvolvimento, para situar o trabalho assumido por Park e Burgess e por seus colaboradores e discípulos. Cabe esclarecer que o departamento de Small, desde 1892, era de "Sociologia e Antropologia" e — sem contar as contribuições antropológicas de Thomas e depois, em menor medida, de Park — teve apenas um único antropólogo, Frederick Starr, que se aposentou em 1923; após isso, apesar da tendência do presidente Burton de retirar a antropologia, Ellsworth Faris conseguiu trazer Ralph Linton por algum tempo e depois Fay-Cooper Cole para substituí-lo e ainda acrescentar Edward Sapir (em 1925) e

---

são de William Thomas e pelo cerceamento da carreira do notável cientista político Charles E. Merriam (que em certa ocasião quase foi para Columbia), ao assumir a reitoria sem deixar a chefia do departamento de Ciência Política. A de Ernest Burton, que se iniciou em 1923, permitiu correções e adequações; a de Max Mason (que se demitiu repentinamente em 1928) e a de Frederick Woodward, embora breves, foram favoráveis; a longa gestão de Robert Hutchins (antes deão da escola de direito de Yale) iniciada em 1929, pelo contrário, propiciou um lento e contínuo declínio das ciências sociais em Chicago até a época da II Guerra Mundial.

Robert Redfield. Em 1929, quando os departamentos de ciências sociais ficaram reunidos no novo prédio (o *Social Science Research Building*) da East Fifty-Ninth Street nº 1126, foi criado um departamento de antropologia autônomo e Cole ficou sendo o seu chefe.

Por duas décadas o departamento permaneceu numa atmosfera intelectual típica do século XIX, em que foi criado, sem alterações notáveis; como chefe e figura central, Small contribuiu em muito para nele articular e manter uma orientação teórica própria. Henderson e Vincent compartilharam com ele do desejo de tornar a sociologia acadêmica mais sensível às questões sociais e morais; todavia, se envolveram pouco no desenvolvimento de perspectivas teóricas abstratas e, assim, foi a atuação de Small que dominou este período (Cf. Lewis & Smith 1980: 155). Seu êxito em tornar o departamento o primeiro em qualquer universidade do mundo a oferecer ensino em graduação e em pós-graduação num padrão alto contrastou com a atuação dos outros cinco grandes sociólogos americanos da época (Ward, Sumner, Giddings, Ross e Cooley), mais isolados e que, com a exceção parcial de Giddings, não deixaram nenhum legado institucional nem uma influência decisiva de suas ideias, o que, para Bulmer, "é de certa importância para a compreensão da preponderância" que a sociologia de Chicago assumiu na década de 1920 (Cf. Bulmer 1984: 8).

Small talvez tenha sido quem mais contribuiu para o estabelecimento da sociologia nos Estados Unidos; além de sua atuação como chefe do Departamento de Sociologia de Chicago, a fundação do *The American Journal of Sociology* sob sua direção em julho de 1895 (antes do *L'Année Sociologique* de Durkheim) e a criação, que promoveu, da *American Sociological Society*, em 1905, sob a presidência de Lester Ward, representaram importantes marcos na história da sociologia naquele país. E foi Small quem trouxe Max Weber e Gustav Ratzenhoffer para o Congresso de Artes e Ciências de 1904, em Saint Louis.

Desde 1894, quando Giddings assumiu a cátedra de sociologia na Universidade de Columbia, em Nova York, Chicago, principalmente, e Columbia, em grau menor, passaram a dominar a sociologia americana, "convertendo-se nos principais centros de investigação e estudo a nível universitário" e nos principais núcleos responsáveis pela formação dos professores de sociologia do ensino superior em todos os Estados Unidos (Cf. Mitchell *1973*: 325 e Odum 1951: 87).

A Figura 1 mostra o período em que fizeram parte do Departamento de Sociologia de Chicago os professores que nele ingressaram até meados da década de 1920. Em Faris 1970, cap. I, e em Bulmer 1984, em especial no cap. 3, encontram-se exposições sucintas da atuação da maioria dos integrantes da fase dos "anos de formação" e dos "anos dourados" de predomínio da Escola de Chicago.

Figura 1
Os integrantes do Departamento de Sociologia de Chicago
durante os anos de apogeu da Escola
(fontes: Bulmer 1984, Matthews 1977, Kurtz 1984 *et al.*)

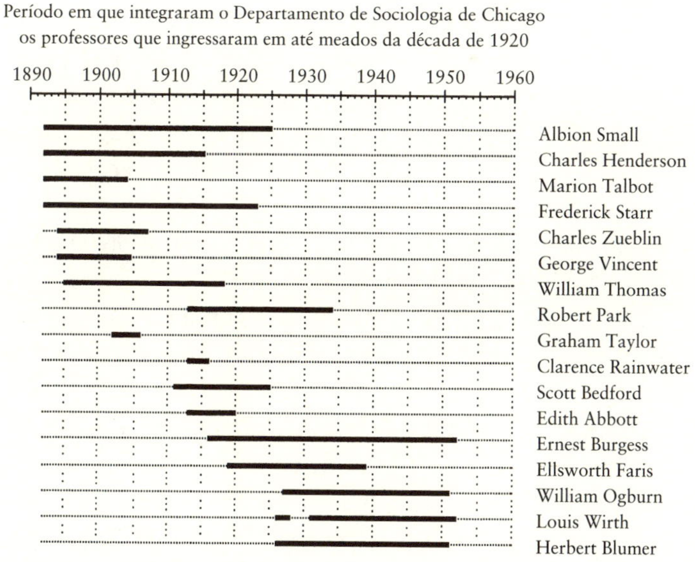

Período em que integraram o Departamento de Sociologia de Chicago
os professores que ingressaram em até meados da década de 1920

O desenvolvimento da escola sociológica de Chicago   33

O esquema de trabalho acadêmico que se implantou em Chicago proporcionou condições para desenvolvimentos originais. A sociedade americana era uma fonte estimulante de problemas para a investigação sociológica e a própria cidade revelou-se igualmente fértil em sugerir indagações e em inspirar programas e temas; as pesquisas empreendidas propiciaram interpretações, procedimentos e resultados novos. O trabalho dos pesquisadores e até dos estudantes de pós-graduação foi frutuoso e relativamente contínuo; se no início foi mais ingênuo, logo amadureceu e resultou em estudos cujo interesse ainda permanece e na criação de linhas teóricas e de interpretação novas e até de importantes técnicas de pesquisa pioneiras.

O domínio estudado pela sociologia de Chicago até 1930 foi bastante amplo. "Além dos estudos urbanos, ecológicos e outros, se pesquisou a respeito de movimentos sociais, revoluções, seitas, comportamento de massas e multidões, opinião pública, relações raciais, psicologia social, várias formas de patologia social incluindo crime e delinquência e teoria sociológica e história da sociologia" (Faris 1980, xiv).

Apesar das diversas perspectivas criadas em torno dessa multiplicidade de interesses, para Bulmer "é um erro de interpretação histórica identificar a Escola de Chicago de modo muito restrito à sociologia dos problemas sociais, ou à psicologia social sociológica, ou à obra de George Herbert Mead ou a um embrião do interacionismo simbólico", pois "a orientação do departamento em relação à sociologia era variada e eclética e sua força residia em sua diversidade" (Bulmer 1984: 3).

Existe atualmente uma literatura já considerável tentando avaliar e apreciar criticamente a "escola de Chicago" como uma matriz de pensamento sociológico, representada pela produção dos integrantes do departamento e seus seguidores, em seus já mais de cem anos de existência. Além de obras de norte-americanos, como as de Faris, Matthews, Bulmer e Kurtz já citadas, existe a enorme coletânea de Burgess & Bogue 1964, que faz uma apresentação das contribuições e do desenvolvimento dos temas investigados na sociologia urbana de Chicago; em português é notável a coletânea de Pierson *1970*, de muito bom padrão. Há também algumas obras inglesas e francesas; entre os autores ingleses, Harvey 1986 historia e analisa a sociologia de Chicago, numa tentativa de avaliar concretamente uma "escola" característica da sociologia e de refutar alguns "mitos" que com frequência são associados aos sociólogos de Chicago (os de que seriam "melhoristas", "etnógrafos", "quantitativistas" e pesquisadores empíricos radicalmente empiristas e ateóricos); Smith 1987 faz uma apreciação histórica de amplo alcance, destacando os desdobramentos posteriores à Ecologia Humana e ao Interacionismo Simbólico. Entre os trabalhos franceses cabe assinalar a útil coletânea de Grafmeyer & Joseph 1984, da qual o ensaio introdutório e certas soluções de tradução podem merecer algumas reservas, mas que tem o mérito de explorar acertadamente a vertente da sociologia urbana associada à concepção da ecologia humana dos investigadores de Chicago; por outro lado, Coulon 1992 representa um roteiro didático introdutório que deixa de lado aspectos teóricos importantes, mas contém um interessante capítulo sobre as técnicas de pesquisa desenvolvidas pelos sociólogos de Chicago.

Há, na realidade, várias "escolas de Chicago", cada uma com feições próprias e mesmo completamente divergentes em aspectos fundamentais: a de filosofia, a de sociologia, a de ciência política, a de economia, para citar apenas algumas vinculadas à Universidade de Chicago.[3] Ao se falar na escola sociológica de

---

[3] O Departamento de Geografia da Universidade de Chicago, fundado em 1903, foi o primeiro nos Estados Unidos; seu primeiro chefe foi o geólogo Rollin D. Salisbury, até 1919, quando foi sucedido por Harlan H. Barrows, até 1942, e este por Charles C. Colby, até 1950. Mais tarde, Chauncy D. Harris foi seu sexto chefe, entre 1967 e 1969. Salisbury, durante sua gestão, conseguiu contratar em tempo parcial Ellen Churchill Semple, que a partir de 1906 lecionou regularmente até 1924, quando foi contratada pela Clark University (Cf. Dickinson 1976: 231 e 263-6, *passim.*). Barrows publicou em 1923 um artigo que se tornou famoso no qual explicitava uma concepção

Chicago se nomeia, mais ou menos ampla e vagamente, um conjunto de linhas de interesses e de desenvolvimento de temas, de orientações teóricas e de tradições de posturas de investigação e de tratamentos e procedimentos de pesquisa que, oriundos do Departamento de Sociologia de Chicago, na sociologia americana certamente se diferencia da produção desenvolvida em outros centros ou por outros grupos de investigadores, por um certo "ar de família" cujas características, no entanto, não será objetivo nosso tentar precisar aqui. É possível mesmo assinalar uma tendência a negar qualquer especificidade histórica a uma escola de Chicago de sociologia, que podemos ilustrar através de Lewis & Smith 1980. Tentando traçar uma história intelectual da sociologia de Chicago entre 1892 e 1935, usaram como critério para classificar os mais importantes sociólogos de Chicago suas vinculações às distintas categorias de nominalismo ou realismo: "Small, Thomas Cooley, Elwood e Blumer seriam nominalistas no sentido de James e Dewey; Hayes, Faris e Bodenhafer seriam realistas, seguindo as posições de Peirce e Mead; Park, como Cooley, é muito difícil de classificar, devido às inconsistências de sua postura metateórica, geradas por seus esforços (necessariamente) abortivos de associar elementos do realismo europeu (por

---

da geografia como ecologia humana (Barrows 1923), sem porém relação direta com a concepção de ecologia humana proposta antes na sociologia, de forma diferente, por Park & Burgess 1921, e que viria a ser precisada por Park, Burgess e McKenzie nos anos seguintes. Barrows adiantava pontos de vista que marcariam o desenvolvimento da geografia nos Estados Unidos até a II Guerra Mundial e mesmo certa convergência de perspectivas entre a sociologia e a geografia humana, décadas depois (v., por exemplo, Mayer 1979). Colby, por sua vez, publicou em 1933 um importante ensaio que trouxe a atenção da geografia para a análise da cidade. Harris foi autor, com Ullman, de importante reformulação da teoria da estrutura urbana que aqui merecerá uma análise detalhada. Assim, embora partindo de uma concepção ambientalista da geografia, os geógrafos de Chicago se voltaram para um conceito de localização que veio a se situar no centro da tradição mais forte e original que caracteriza a geografia do século XX.

exemplo, Simmel e Durkheim) à tradição totalmente nominalista da psicologia social americana. Desta perspectiva, os sociólogos de Chicago não constituiriam uma tradição unificada ou uma comunidade intelectual" (Lewis & Smith 1980: 25). No prefácio do livro, Faris diria ainda: "como afirmam Lewis & Smith, não há uma 'escola de Chicago' de pensamento, embora autores de outras universidades frequentemente se refiram a uma" (Faris 1980, xiv). Todavia, é o caso de ressaltar que o escopo da escola de Chicago de sociologia cobre um âmbito amplo, no qual se destaca a orientação ou perspectiva de teorização da ecologia humana, que durante muitos anos foi seguida em seu interior e incentivou grande número de estudos empíricos, centrados sobretudo na cidade de Chicago; no período em que vigorou, as formulações que contemplaram de modo mais específico a temática da estrutura espacial da cidade — por vezes denominada de "ecologia urbana" e que constitui, hoje em dia, um capítulo próprio da sociologia urbana — formam o núcleo de um desenvolvimento muito inspirado e que levou a descobertas originais; e o estudo das relações entre os diferentes grupos culturais, étnicos e raciais, no qual se salienta a situação dos negros nos Estados Unidos, em especial nas grandes cidades do norte do país, introduzido por Thomas e continuado por Park, teve grande relevo na sociologia americana.

O interesse pelo estudo da cidade, no Departamento de Sociologia da Universidade de Chicago, começou ainda no século XIX, com Henderson e Zueblin. Bulmer chega mesmo a dizer que haveria, da parte dos sociólogos de Chicago, uma "tradição de envolvimento social" com a comunidade local, que se manifestou desde o início, estaria no ponto de partida "dos estudos urbanos da escola de Chicago de sociologia e que tornou a relação entre a universidade e a cidade diferente daquela de Nova York ou Boston" (Bulmer 1984: 25). Entre esses estudos são notáveis pelo menos uma dezena dentre as teses defendidas nas duas primeiras décadas do Departamento, listadas por Faris 1970; nas duas décadas seguintes este número no mínimo triplicou.

O desenvolvimento da escola sociológica de Chicago

Charles Henderson (1848-1915), o ministro batista que Harper recrutou, tinha sido um ativista do movimento pela reforma social nas décadas de 1870 e 1880; na Universidade, combinou a atividade de capelão com a de professor e pesquisador; especialista em administração de instituições de beneficência, lecionou e escreveu sobre organização da caridade, problemas trabalhistas e de seguridade social, classes delinquentes e dependentes e se envolveu em muitas organizações e comissões locais. Adotando uma abordagem empírica dos problemas sociais, baseada em profunda fé religiosa, já nos primeiros anos do novo departamento enviava regularmente estudantes de pós-graduação para fazerem observações em diversas áreas da cidade. Com seu moralismo, foi importante em reforçar laços entre a universidade e a cidade, no campo do bem-estar social, e em estimular a curiosidade pela vida urbana em pesquisadores mais jovens como Thomas e Burgess. Tornou-se professor pleno em 1897 e chefiou um departamento separado de sociologia prática, a partir de 1904 (cf. Bulmer 1984: 33 e 35; Matthews 1977, *passim*).

Charles Zueblin, que Harper contratou em 1894, ficou em Chicago até 1907; lecionou sobretudo no Departamento de Extensão da Universidade. Muito interessado na reforma das comunidades, ficou popular lecionando essa matéria, mas não era a rigor um sociólogo. Porém, seu interesse, como o de Henderson, pelos problemas urbanos contemporâneos ajudou a abrir o caminho para a orientação de pesquisa que mais tarde caracterizou o departamento (cf., p. ex., Bulmer 1984: 35).

George E. Vincent foi um entusiasta da educação ampla e geral e um homem preocupado com a unidade do conhecimento humano que a especialização crescente ameaçava romper. Contratado em 1896, ajudou a fixar um comprometimento da sociologia com a pesquisa empírica da realidade social e nos anos em que se dedicou ao ensino deu grande incentivo aos alunos para que empreendessem seus próprios estudos empíricos na cidade de Chicago. Colaborou com Albion Small no livro-texto *An Introduction to the Study of Society* (1894), dedicado aos estudantes de sociologia como um "guia de laboratório", o qual seria a própria sociedade norte-americana. O livro reservava um quinto de seu volume para o tema da origem e escopo da sociologia e o restante a uma longa série de análises práticas, tentando mostrar "a sociologia em ação"; uma longa seção é destinada à "história natural" de uma realidade social que consiste numa localidade rural que, de um estágio agrícola pioneiro, chega à fase de uma moderna cidade americana da época, um cenário de situações econômicas, sociais e políticas novas, dividida pela segregação que expressa diferenças étnicas, raciais e de classe econômica. O objetivo é o de estimular a pesquisa empírica detalhada e ilustrar como a sociedade opera em suas condições de existência e na satisfação dos desejos humanos que motivam a interdependência e as relações sociais. Pode-se reconhecer nesse esquema uma formulação inicial da orientação que a sociologia de Chicago viria a seguir depois da I Guerra Mundial. A carreira de Vincent deslocou-se progressivamente para a administração acadêmica, tendo chegado a ser Reitor da Universidade de Minnesota em 1911 e, entre 1917 e 1929, presidente da Fundação Rockefeller (Faris 1970: 13-4 e Bulmer 1984: 35-6).

Além do papel de Henderson, Zueblin e Vincent em despertar o interesse pelo estudo das condições de vida social da cidade de Chicago e das cidades de modo geral, é preciso destacar também o de Bedford e de Thomas. Scott Bedford, professor associado que deu cursos entre 1911 e 1925, principalmente de Sociologia Urbana, foi, com Henderson e Zueblin, um dos precursores da sociologia urbana que se desenvolveu com Park e Burgess. Mais tarde, em 1927, publicou um dos primeiros livros de sociologia urbana nos Estados Unidos. A obra de Thomas, original, vigorosa e inspirada, incorporou aspectos importantes dessa preocupação, ainda que numa ótica mais próxima da psicologia social mesclada a uma antropologia urbana ou a uma sociologia urbana cultural, que viria a ser desenvolvida depois por Park e se conservaria como um aspecto claramente presente nas elaborações de Burgess.

O desenvolvimento da escola sociológica de Chicago

O próprio Burgess foi aluno de Henderson, Zueblin e Thomas, em disciplinas que abordavam assuntos urbanos. E quando passou a lecionar no departamento em 1916, coube-lhe uma disciplina que Henderson antes ministrava, sobre "Comunidades Modernas"; nela introduziu, então, novos materiais estatísticos e procedimentos de mapeamento.

Recorde-se que a sociologia americana surgiu com um caráter duplo: de uma ciência prática voltada para a ação e a reforma sociais, por um lado, e por outro de uma ciência sistemática voltada para a explicação da realidade social global através de categorias gerais. Em Chicago, Henderson representou a primeira ênfase e Small a segunda: a sociologia de Chicago, em sua primeira fase ou seus "anos de formação", viveu esse duplo aspecto da sociologia americana até a I Guerra Mundial. Thomas, primeiro, e depois Park e Burgess conseguiram ampliar esse quadro inicial e criaram um padrão de trabalho novo e aprimorado que por fim o superou (cf. Matthews 1977: 91-4, *passim*).

Thomas foi um dos primeiros sociólogos americanos que uniu a teoria à pesquisa de campo, "forjando um molde" no qual Park e Burgess dirigiram a sociologia de Chicago na década de 1920. "Thomas trouxe Park para a profissão; com Simmel, foi uma das duas mais importantes influências nas teorias de Park e transmitiu a seu colega uma concepção da relação apropriada da teoria sociológica com a pesquisa empírica" sociológica (Matthews 1977: 91-7, *passim*).

Nascido na zona rural do Russell County, na Virgínia, William Isaac Thomas (1863-1947) em 1880 começou a estudar literatura inglesa e línguas modernas na Universidade do Tennessee; em 1886 ganhou a primeira bolsa de pós-graduação dessa universidade e foi indicado instrutor; completado o mestrado, passou a lecionar grego e história natural e, por sugestão da Universidade, foi à Alemanha em 1888-89 estudar psicologia social e etnologia, em Göttingen e Berlim. De volta, passou a lecionar inglês na Oberlin College, onde ficou até 1895; nessa época interessou-se pelas ciências sociais e pela sociologia de Spencer. Em

1893-4 matriculou-se no curso de pós-graduação em sociologia da recém-criada Universidade de Chicago e em 1894 foi convidado para dar um curso. A partir de 1895, passou a lecionar como instrutor em tempo integral; em 1896, completado o doutoramento, passou a professor assistente, em 1900 a professor associado e em 1910 a professor pleno. Publicou em 1907 *Sex and Society* e *A Source Book for Social Origins* em 1909. Quando se iniciava a publicação de *The Polish Peasant* (que escreveu em colaboração com o sociólogo polonês Florian Znaniecki, resultado de um trabalho iniciado em 1908 e que se tornou um clássico da sociologia americana), foi demitido da Universidade de Chicago, não mais conseguindo, após isso, trabalho fixo por muito tempo em nenhum lugar, embora tenha publicado *The Unadjusted Girl* (1923), *The Child in America* (1928) — que escreveu entre 1926 e 1928 com uma bolsa concedida pela *Laura Spelman Rockefeller Memorial* — e *Primitive Behavior* (1937), além de ter escrito *Old World Traits Transplanted* (1921), publicado na época apenas sob a autoria de Park e H. Miller, que participaram secundariamente em sua elaboração. A demissão de Thomas da Universidade de Chicago pelo presidente Judson, com quem tinha desavenças anteriores desde 1906, deu-se em decorrência de um incidente, rumoroso na época, que é relatado pelo *The New York Times* entre 13 e 22 de abril de 1918 (*apud* Matthews 1977: 224) — entre outras fontes possíveis. Após certo tempo, Thomas passou a ser referido elipticamente e sem menção direta aos fatos ocorridos e a sua solução (Thomas foi inocentado das três pesadas acusações que lhe foram imputadas); tornado uma não pessoa, os registros da passagem de Thomas por Chicago foram quase totalmente destruídos. O incidente só foi claramente relatado 48 anos depois por Janowitz 1966 e, se prejudicou a carreira de Thomas, hoje cobre de ridículo a bizarra figura do septuagenário irritável e intolerante que veio a se associar ao reitor Judson.

Mais do que qualquer outra obra, *The Polish Peasant in Europe and America*, de Thomas e Znaniecki, "marca a ascensão da sociologia de Chicago a uma posição de liderança nacio-

O desenvolvimento da escola sociológica de Chicago

nal e internacional". Bulmer acredita mesmo que "a primeira fase da sociologia americana terminou com a publicação de *The Polish Peasant* em 1918-20, que, embora tenha coincidido com a saída de Thomas da Universidade, assinalou o advento da escola de Chicago" (Bulmer 1984: 3 e 11; cf. Thomas & Znaniecki 1918-20).

Por seus escritos a respeito das condições de vida dos camponeses e da mentalidade dos negros, Thomas despertou a atenção de Robert Ezra Park (1864-1944), que em pouco tempo leu tudo o que já havia escrito e conseguiu convidá-lo para uma conferência em 1911 em Tuskegee, onde trabalhava com Booker Tagliaferro Washington no *Tuskegee Institute* (cf. Thomas 1973 e Park 1973). O próprio Park, que nascera em Harveyville, na Pensilvânia, e estudara filosofia e alemão na Universidade de Michigan, após trabalhar vários anos como jornalista e voltar a estudar filosofia e psicologia em Harvard, foi à Alemanha, primeiro a Berlim (onde estudou um semestre com o filósofo e sociólogo Georg Simmel) e depois a Estrasburgo (onde estudou com o geógrafo Alfred Hettner) e a Heidelberg, para estudar sob a orientação do filósofo neokantiano Wilhelm Windelband, com quem obteve seu doutoramento em 1904. De volta aos Estados Unidos nesse mesmo ano, encontrou-se na casa de seu sogro com Small, que lhe ofereceu uma experiência como professor no trimestre de verão em Chicago, que rejeitou. Após participar de um movimento contra a brutal colonização do Congo pelo rei da Bélgica, vinculou-se ao empreendimento de educação profissional em Tuskegee, no Macon County, no Alabama, e a cada ano, entre 1906 e 1912, lá passava entre seis e nove meses, como um secretário executivo e assessor de imprensa de Booker Washington.

O encontro entre Thomas e Park foi marcante para ambos e a amizade e o mútuo respeito intelectual resultantes levaram Thomas a indicar Park para um curso de pós-graduação sobre "O Negro na América", no trimestre de outono de 1913, em Chicago. Park foi aceito e teve seu contrato renovado a cada ano para o trimestre de verão, dado o seu sucesso, para aulas regulares e depois também para orientação de pesquisas em pós-graduação.

A remuneração de Park era de 500 dólares por semestre — dos quais passou a enviar, por algum tempo, 300 para Tuskegee — até 1918 e 1.000 dólares daí até 1923, quando Small, que já o tinha persuadido a ficar em 1918, conseguiu com o novo presidente Burton sua nomeação como professor pleno em tempo integral, situação em que permaneceu até aposentar-se em 1934; sua posição foi então exercida por seu discípulo Louis Wirth até falecer em 1952.[4]

Em 1916 a Universidade contratara, para substituir Henderson, que falecera, Ernest Watson Burgess (1886-1966), canadense de Tilbury, em Ontário, que havia sido pós-graduando entre 1908 e 1912 e, após concluir o doutorado em 1913, foi lecionar na Universidade de Toledo (em 1912-13), na de Kansas (em 1913-14) e na de Ohio (em 1915-16). Nos anos que se seguiram, Burgess revelou uma enorme capacidade de trabalho e um alto padrão acadêmico, permanecendo ligado ao Departamento de Sociologia até 1952, quando se aposentou.

Entre 1913 e 1915, o jovem canadense de Carmen (em Manitoba) Roderick Duncan McKenzie (1887-1940) frequentou o curso de pós-graduação de sociologia em Chicago; nos anos seguintes elaborou um trabalho de doutoramento sob o título *A Vizinhança*, que publicou em 1921-22, quando foi para Seattle e depois para outras universidades, porém mantendo sempre uma linha de interesse associada àquela que era desenvolvida em Chicago por Park e Burgess desde então.[5]

---

[4] É de se notar que apesar das constantes relações do departamento de sociologia com outros departamentos de Chicago, só na década de 1940 se iniciaram relações diretas com geógrafos, quando Wirth solicitou preleções de Ullman, ainda pós-graduando, em seu curso de Ecologia Humana e, reconhecendo a importância e a originalidade de sua análise da distribuição dos lugares centrais, publicou no *AJS* seu artigo de 1941 (cf. Harris 1978: 66, 68 e 72).

[5] Janowitz 1966 traz uma biografia de Thomas. Para biografias de Park, veja-se Matthews 1977 e Bulmer 1984, *passim*. A melhor biografia de Bur-

O desenvolvimento da escola sociológica de Chicago   43

Da confluência de um amplo conjunto de interesses, motivações, reflexões e *insights* sustentados por esses sociólogos, que se gestou e desenvolveu no período entre o início da I Guerra Mundial e os anos da Depressão iniciada em 1929, vieram a tomar forma as temáticas a respeito da ecologia humana, da sociologia da estrutura urbana, das relações raciais, da psicologia social e da cultura urbanas, que seguramente mais do que quaisquer outras marcaram de modo central o período de predomínio da Escola de Chicago como a primeira corrente própria e madura da sociologia dos Estados Unidos. O conteúdo do desenvolvimento teórico-conceitual das principais dessas temáticas será em grande medida submetido a análise detalhada na parte seguinte deste volume.

---

gess que pudemos encontrar é a que se acha no volume de Burgess 1973; a única de McKenzie é a de Hawley 1968.

Parte II
A CONCEPÇÃO ECOLÓGICA DA ESTRUTURA URBANA

É possível discernir, no desenvolvimento dos estudos da organização espacial da cidade, duas linhas de ênfase: uma em que se ressalta os aspectos dos processos espaciais que promovem um determinado quadro de relações entre áreas diferenciadas particulares da cidade, concebidas em constante estado de transformação; identifica-se as forças da dinâmica espacial e descreve-se seu movimento real até a recriação do quadro espacial que se quer apreender; essa linha tende a proporcionar uma análise interpretativa destacadamente empírica de áreas ou comunidades urbanas e a estabelecer generalizações e explicações de modo mais alusivo que direto e preciso. Na outra linha se ressalta os aspectos da estrutura espacial que se configura num conjunto definido de categorias de áreas diferenciadas na cidade num determinado momento, concebidas como dotadas de relativa estabilidade; tenta-se identificar os fatores atuantes dos processos que originaram essa estrutura e, pela consideração de determinadas conjugações dessas forças ou o destaque da importância da atuação de algumas dessas forças presentes, demonstrar o quadro espacial considerado como seu resultado; essa perspectiva tende a apresentar explicações por princípios gerais das estruturas das áreas e relações espaciais urbanas de modo claro e isento de ambiguidade. A primeira linha caracterizaria a orientação presente sobretudo na obra de Park e em certa medida na de muitos de seus seguidores; a segunda caracterizaria um estilo de procedimento presente em Burgess, Hoyt e outros.

Essas diferenças de ênfase já se apresentavam nos dois principais textos de sociólogos de Chicago que faziam referência à questão da organização espacial da cidade, antes do surgimento da ideia de ecologia humana: Park 1915 e McKenzie 1921-22.

3.
O PROGRAMA DE ESTUDO DA CIDADE
DE PARK EM 1915

O interesse pelo estudo da cidade não era novo, como vimos, no Departamento de Sociologia de Chicago, quando Park lá chegou em 1913. O artigo que publicou no número de março de 1915 do *American Journal of Sociology* marcou o seu engajamento na corrente de interesse pelo tema na sociologia de Chicago, mas só no volume de Park & Burgess de 1921 é que viria a aparecer claramente formulada pela primeira vez a perspectiva da ecologia humana pela qual este tema viria a ser abordado por sua equipe e que viria a caracterizar uma tradição de pesquisa própria.

Será nosso interesse identificar quais reflexões e elementos de uma concepção da estrutura urbana ainda inicial já estariam presentes no artigo de 1915. Pode-se considerar o artigo de Park de 1915 como constituindo o enunciado de um programa de estudo da cidade no qual se incluem aspectos relativos à estrutura urbana, que estão presentes fundamentalmente na seção I, "O Plano da Cidade e a Organização Local" (pp. 578-84).[6]

---

[6] Para uma leitura adequada, é necessário recorrer à versão original deste artigo, tal como foi publicada no *AJS*, vol. 20, n° 5, em março de 1915, às páginas 577 a 612; devemos alertar para o fato de que o texto transcrito no volume II (*Human Communities*) dos *Collected Papers* de Robert Park corresponde ao de uma segunda versão, com modificações e acréscimos, feito para inclusão na coletânea *The City* (Park, Burgess e McKenzie 1925: 1-46). A transcrição desta versão em *Human Communities* traz erroneamente a informação de que a primeira publicação do artigo (sem ressaltar que era uma primeira versão) foi editada no número de março de 1916 [sic], quan-

A concepção ecológica da estrutura urbana

O artigo de Park 1915 é, na listagem de Matthews 1977, o terceiro texto que Park publicou em periódicos especializados de ciências sociais e o segundo que publicou no *American Journal of Sociology*. Nele, o tema do comportamento humano é retomado de um livro que Park publicou neste mesmo ano: *The Principles of Human Behavior* (Zalaz, Chicago: 1915); mas há, já, uma influência de Thomas e, em menor grau, de Cooley e Sumner, além de Simmel e Durkheim.

O tema da cidade, pelo qual já se mostrara interessado em seus trabalhos jornalísticos, reaparece nessa nova fase acadêmica da vida de Park sob a ótica do ambiente urbano e assim permanecerá entre os temas de seu interesse até seus últimos escritos da década de 1940, quando já aposentado.

Na seção introdutória inicial, Park atribui à cidade o caráter de uma instituição, que deve ser pensada como tal e "não como um mero agregado de pessoas e organizações [*arrangements*] sociais" (p. 577).[7]

A cidade (ou seja, "o lugar e as pessoas, com toda a maquinaria, sentimentos, costumes e recursos administrativos que as acompanham, a opinião pública e os trilhos de bondes nas ruas, o homem individual e as ferramentas que ele usa") pode então ser pensada como "alguma coisa mais do que uma mera entidade coletiva"; pode ser pensada "como um mecanismo —

---

do o correto é 1915, do *AJS*, o que tem levado a inúmeros enganos, até por pesquisadores sérios e criteriosos, não apenas na referência à data da publicação do texto, mas sobretudo ao seu conteúdo.

[7] Park tem em mente a concepção de Sumner, para quem uma instituição se forma de uma ideia ou conceito explícito, que se associa a uma estrutura material. "A estrutura apoia o conceito e fornece os meios para trazê-lo ao mundo dos fatos e da ação, de maneira a servir aos interesses dos homens em sociedade" (*Folkways...*, p. 54). Park retém a ideia de que "uma instituição é uma parte da natureza humana associada, mais a maquinaria e as utilidades [*instrumentalities*] através das quais a natureza humana opera" (Park 1915: 577).

um mecanismo psico-físico — no qual e através do qual os interesses privados e políticos encontram expressão associada [*corporate*]". Grande parte do que comumente se considera como a cidade "— sua legislação, organização formal, edifícios, trilhos nas ruas e assim por diante — é, ou parece ser, mero artefato. Todavia, só quando, e na medida em que, por uso e costume, essas coisas se associam [...] às forças vitais que residem nos indivíduos e na comunidade, é que assumem a forma institucional. Como um todo, a cidade é uma produção. É o produto não intencional [*undesigned*] do trabalho de sucessivas gerações de homens (pp. 577-8).

Assim, a cidade integra tudo, desde elementos físicos — sua estrutura física — a manifestações espirituais — sua ordem moral —; se estrutura por uma certa associação entre seus elementos e resulta de um processo.

As quatro seções que constituem o corpo do artigo são uma análise mais detalhada de cada um desses elementos:

1. O plano da cidade e a organização local;
2. A organização industrial e a ordem moral;
3. As relações secundárias e o controle social; e
4. O temperamento e o ambiente urbano.

Só nos interessará neste trabalho analisar o conteúdo ligado à estrutura urbana, pelo que nossas observações se centrarão na primeira seção. Park sustenta que a cidade possui uma organização física e uma ordem moral, que interagem mútua e caracteristicamente, para se moldarem e modificarem uma à outra. A organização física "tem sua base na natureza humana, da qual é uma expressão" (p. 578); surgida "em resposta às necessidades de seus habitantes, uma vez formada se impõe a eles como um fato externo bruto e os forma de acordo com a intenção e os interesses que incorpora" (*ibid.*).

A estrutura física de uma cidade, destaca Park, pode apresentar uma forma geométrica; "o plano da maioria das cidades americanas, por exemplo, é um tabuleiro de xadrez" e "a unidade de distância é o quarteirão". Esta estrutura física, tal como a ordem moral, passa por modificações, que podem ser inclusive arbitrárias (ou seja, intencionalmente induzidas), dentro de certos limites, dados pelo caráter de instituição da cidade.

Park assinala que o plano da cidade, "por exemplo, estabelece marcos e limites, fixa de modo geral a localização e o caráter das construções da cidade e impõe uma organização ordenada, dentro da área da cidade, aos edifícios erguidos" ou por particulares ou pela autoridade pública. Porém, "os processos inevitáveis da natureza humana" operam continuamente para dar um caráter difícil de controlar a essas regiões e a esses edifícios. E além do mais, "num sistema de propriedade individual", não se pode "de antemão determinar a concentração de população de qualquer área" da cidade ou fixar os valores do solo: fica para as iniciativas das empresas privadas "determinar os limites da cidade e a localização dos distritos residenciais e industriais" e "para os gostos e conveniências pessoais e os interesses profissionais e econômicos [...] segregar e, assim, classificar as populações das grandes cidades. Desse modo, a cidade adquire uma organização que não é nem intencionada nem controlada" (p. 579).

Vários fatores agem para estruturar o plano urbano: primeiramente, seus contornos mais gerais são determinados antecipadamente pela geografia física, pelas vantagens naturais e pelos meios de transporte. Depois, no processo de crescimento, "à medida em que a cidade aumenta de população, as influências [...] da simpatia, da rivalidade e da necessidade econômica tendem a controlar a distribuição da população" (p. 579).

Como efeito disso, o que antes era um mero agregado de pessoas, uma expressão geográfica de concentração de população, "se torna uma vizinhança, uma localidade com sentimentos, tradições e uma história próprios", e de algum modo, dentro de cada vizinhança, "se mantém a continuidade dos processos históricos": o passado se impõe sobre o presente e a vida de cada uma se altera com certa força e ritmo próprios, com certa independência do círculo maior de vida e dos interesses em seu redor.

Assim, está presente em Park 1915 a ideia de que a cidade possui uma organização física que em sua escala mais ampla exibe o plano da cidade, uma forma geométrica em cujos contornos mais gerais a cidade está estruturada; entidade dotada de uma organização espacial, a cidade é um conjunto de áreas: setores, "regiões" ou distritos de diferentes composição, função e caráter (residenciais, comerciais, industriais); cada uma dessas comunidades, por sua vez, ostenta em seu interior o elemento espacial social mais fundamental, a vizinhança. Esta é mais que o elemento mais simples da estrutura urbana — que seria, antes, geometricamente, o quarteirão —; é uma entidade que precede e da qual parte a formação da cidade (e dos outros tipos de comunidades) como estrutura organizada.

Baseada na proximidade e no contato entre vizinhos ("A vizinhança [...] se baseia na contiguidade, na associação pessoal e nos laços comuns de humanidade" (p. 586)), a vizinhança é a forma mais simples e elementar de associação da organização da vida urbana; "é a menor unidade local na organização social e política da cidade" (p. 580) e existe sem organização formal. "Há vizinhanças nascentes e há vizinhanças em processo de dissolução", e estão sujeitas "a forças que tendem a quebrar as tensões, interesses e sentimentos que dão às vizinhanças seu caráter individual" (p. 581), representadas por tudo que tenda a tornar a população instável, a dividir e concentrar atenções sobre objetos de interesse amplamente separados. Assim, "sob as complexas influências da vida da cidade", chegou-se a "muitos tipos incomuns de comunidades locais" (pp. 580-1).

Por outro lado, "certas vizinhanças sofrem de isolamento [...]: nas colônias de imigrantes que estão agora bem estabelecidas em toda grande cidade, as populações estrangeiras vivem em [...] isolamento" (p. 596). Também onde indivíduos da mesma raça ou profissão vivem juntos em grupos isolados, o sentimento de vizinhança tende a fundir-se com os antagonismos raciais e os interesses de classes. Desse modo, as distâncias físicas e sentimentais se reforçam e as influências da distribuição local da população participam com as influências de classe e raça na evolução da organização social.

"Toda grande cidade tem suas colônias raciais [...] e a maioria das cidades tem seus distritos de vício segregado"; e "toda grande cidade tem seus subúrbios ocupacionais [...] e seus subúrbios residenciais [...], cada um dos quais tem o tamanho e o caráter de uma aldeia, vilarejo ou cidade completa separada, exceto em que sua população é selecionada" (p. 582). São "cidades dentro das cidades, cuja característica mais interessante é a de que são compostas por pessoas de mesma raça ou de mesma classe social" (pp. 582-3). Há entre estas as que são "uma cidade de uma só classe, mas dentro dos limites dessa cidade a população é segregada mais uma vez por interesses raciais e profissionais" (p. 583).

No ambiente da cidade, a vizinhança tende a perder grande parte da importância que possuía em formas mais simples e primitivas de sociedades. O que destrói a intimidade e a permanência da vizinhança são "os fáceis meios de transporte e de comunicação, que possibilitam ao indivíduo distribuir sua atenção e viver ao mesmo tempo em mundos sociais bastante diferentes".

As vizinhanças, as comunidades raciais e as áreas segregadas da cidade existem no interior das grandes cidades ou em sua margem externa.

Também a organização da vida econômica influencia a organização da cidade: "A cidade moderna [...] é fundamentalmente uma conveniência do comércio e deve sua existência à praça do mercado em torno da qual a população cresceu. A concorrência industrial e a divisão do trabalho [...] só são possíveis sob a condição da existência de mercados, de dinheiro e de outros recursos que facilitam o intercâmbio e o comércio" (p. 584). "[...] Cada recurso que facilita o comércio e a indústria prepara o caminho para uma divisão ulterior do trabalho e assim tende a especializar mais as tarefas em que os homens encontram suas profissões" (p. 586).

A partir desta altura, Park deixa cada vez mais as considerações sobre a organização física para centrar-se exclusivamente nas ligadas à ordem moral das cidades, fazendo apenas algumas vezes observações acerca de sua organização espacial. No início da seção III, sobre "As Relações Secundárias e o Controle Social", assinala que "os métodos modernos de transporte e comunicação urbanos — o bonde elétrico, o automóvel e o telefone — silenciosa e rapidamente mudaram, nos anos recentes, a organização social e industrial da cidade moderna. Foram os meios da concentração do tráfego nos distritos comerciais; e mudaram todo o caráter do comércio varejista, multiplicando os subúrbios residenciais e tornando possível a loja de departamentos. Essas mudanças na organização e na distribuição da população foram acompanhadas por mudanças correspondentes nos hábitos, nos sentimentos e no caráter da população urbana" (p. 593). Assim, indaga, sugerindo a investigação: "Em que regiões e classes certos gêneros de crimes são endêmicos?" (p. 595).

Mais adiante, numa indagação, aparece a ideia de região moral: "Qual é o caráter do apelo dos partidos [políticos] nas diferentes regiões morais de que a cidade é formada?". Essa sugestão de pesquisa procede do fato de que "a máquina política [...] fundamentou sua ação organizada nos interesses locais, pessoais e imediatos, representados pelas diferentes vizinhanças e localidades [...]" (pp. 604-5).

Um pouco adiante, assinala: "Na cidade, todo grupo social tende a criar seu próprio *milieu* e, à medida em que essas condições se tornam fixas, os costumes tendem a se acomodar às condições assim criadas [...]". E nota que "uma grande parte das populações de grandes cidades, incluindo aquelas que têm seus lares em apartamentos de prédios de aluguel, vivem em grande parte como vivem as pessoas num grande hotel, se encontrando mas não se conhecendo umas às outras. O efeito disso é substituir pela relação fortuita e casual as associações mais íntimas e permanentes da comunidade menor [...]. Não somente o transporte e a comunicação, mas a segregação da população urbana tendem a facilitar a mobilidade do homem individual. O processo de segregação estabelece distâncias morais, que tornam a cidade um mosaico de pequenos mundos que se tocam, mas que não se interpenetram. Isto torna possível aos indivíduos passarem rápida e facilmente de um *milieu* moral a outro e encoraja o fascinante mas perigoso experimento de viver ao mesmo tempo em muitos mundos diferentes, contíguos, talvez, mas amplamente separados [...]" (pp. 607-8).

Cabe ainda salientar como Park caracteriza a região moral: É inevitável que indivíduos que buscam as mesmas formas de empolgação [*excitement*] (sejam corridas de cavalos ou óperas) [...] devam se encontrar de tempos em tempos nos mesmos lugares. O resultado disso é que, na organização que a vida da cidade espontaneamente assume, se manifesta uma disposição da população para se segregar, não meramente de acordo com seus interesses, mas de acordo com seus gostos ou seus temperamentos. A distribuição da população resultante deve ser provavelmente muito diferente daquela trazida por interesses ocupacionais ou condições econômicas" (p. 610).

"Toda vizinhança, sob as influências que tendem a distribuir e segregar as populações da cidade, pode assumir o caráter de uma 'região moral'. Tais são, por exemplo, os distritos de depravação [*vice*], que são encontrados na maior parte das cidades. Uma região moral não é necessariamente um lugar de residência. Pode ser um mero local de encontro, um lugar de diversão". Há forças pelas quais "em toda grande cidade tendem a se desenvolver esses *milieus* separados [...]" (*ibid.*).

"As causas que dão origem ao que aqui se descreve como 'regiões morais' devem-se em parte às restrições que a vida urbana impõe; em parte à licença que essas mesmas condições oferecem". Tem-se de considerar não só "as tentações da cidade", mas também "os efeitos das inibições e supressões de impulsos e instintos naturais sob as condições alteradas da vida metropolitana [...]" (p. 611).

Então, "precisamos aceitar essas 'regiões morais' e as pessoas mais ou menos excêntricas e excepcionais que as habitam, em certo sentido, pelo menos, como parte da vida natural, se não da vida normal, de uma cidade" (p. 612). Assim, por outro lado, as "regiões morais" não são lugares ou sociedades necessariamente criminosos ou anormais, mas "regiões em que as pessoas que a habitam são dominadas [...] por um gosto ou por uma paixão ou por algum interesse que tem suas raízes diretamente na natureza original do indivíduo. [...] Tal região diferiria de outros grupos sociais pelo fato de que seus interesses são mais imediatos e mais fundamentais. Por esta razão, suas diferenças devem ser provavelmente devidas a um isolamento moral mais que intelectual" (*ibid.*).

Em suas palavras finais: "[...] Uma grande cidade tende a ampliar e a revelar à vista do público de uma maneira compacta todos os caracteres e traços que comumente são obscurecidos e suprimidos em comunidades menores. Em resumo, a cidade mostra o bem e o mal da natureza humana em excesso". É isso que faria ser, para Park, "a cidade um laboratório ou clínica em que a natureza humana e os processos sociais podem ser estudados mais conveniente e proveitosamente" (p. 612).

Tal é o conteúdo que, da nossa perspectiva de privilegiar os aspectos da organização espacial da cidade, interessa destacar no artigo pioneiro de Park, que durante pelo menos duas décadas veio a ser um ponto de partida para numerosas pesquisas empíricas e reflexões teóricas. O primeiro trabalho importante que explorou essas linhas mestras de preocupação, que cabe destacar em nosso campo de interesse, foi o de McKenzie 1921-22; Burgess (1924) 1925 constituiu uma elaboração que representaria já um passo mais adiante.

Antes, porém, de passarmos à consideração dos elementos de nosso interesse que ocorrem naquele texto, cabe destacar uma interessante passagem de um artigo que Park publicou em 1918 e que não tem chamado a atenção dos autores que abordam as origens da concepção da ecologia humana na sociologia americana: é um trecho que consideramos revelador de quando e como vinham evoluindo as preocupações e reflexões de Park e que marca um passo decisivo do estabelecimento da relação entre sociedades humanas e comunidades vegetais e animais. Trata-se de um segmento[8] da primeira seção de Park 1918; nela, Park compara as formas inferiores de unidade do grupo social à das comunidades das plantas: "Nessas comunidades a relação entre as espécies individuais que as compõem parece à primeira vista totalmente fortuita e externa. A cooperação e a comunidade, na medida em que existem, consistem meramente no fato de que dentro de uma dada área geográfica, certas espécies se encontram meramente porque acontece a cada uma proporcionar, por sua presença, um meio ambiente no qual a vida da outra é mais fácil" e segura do que se vivessem em isolamento. E destaca que, como em outras formas de vida, essa vida comunitária das plantas associadas realiza um ciclo de vida, "uma série típica de mudanças que correspondem a crescimento, decadência e morte. A comunidade das plantas adquire existência, amadurece, envelhece e eventualmente morre" (p. 261). A própria morte da comunidade vegetal proporciona "um meio ambiente em que outra forma de comunidade encontra seu habitat natural", pelo que "cada comunidade precede e prepara o caminho para sua sucessora" e assim "a própria sucessão das comunidades individuais assume o caráter de um processo vital" (p. 262).

Park ressalta que "todas essas condições e forças" estão também presentes no caso das sociedades animais e humanas, mas há "alguma coisa mais": numa comunidade animal, além de proporcionarem um para o outro um meio ambiente físico em que todos podem viver, "os membros da comunidade são organicamente pré-adaptados uns aos outros" (o que não acontece com os membros das comunidades vegetais), pelo que suas relações assumem "um caráter muito mais orgânico": assim, "a organização da sociedade animal é quase inteiramente transmitida por herança física" (*ibid.*).

---

[8] Esta passagem foi posteriormente transcrita em Park & Burgess 1921, às páginas 200-3, com o título "A Unidade do Grupo Social".

E nas sociedades humanas há, além disso, "um grande corpo de hábitos e acomodações, que são transmitidos na forma de herança social". Certamente há algo como uma tradição social já nas sociedades animais, como o aprendizado por imitação, ocorrendo até sua variação "com mudanças no meio ambiente"; contudo, "na sociedade humana, em grande parte como resultado da linguagem, existe uma comunidade de propósitos consciente". Mais que apenas *folkways* — que por extensão também "poderiam ser atribuídos aos animais" — "temos também costumes e padrões formais de conduta" (*ibid.*).

Mais adiante, assinala: "a transmissão da tradição social se dá de pais para filhos. As crianças nascem numa sociedade e assumem seus costumes, hábitos e padrões de vida simples e naturalmente, sem conflitos. Mas [...] a vida física da sociedade nem sempre é continuada e mantida deste modo natural, i.e., pela sucessão de pais e filhos" (p. 263). A conquista e a imposição de um povo sobre outro forma novas sociedades; nesses casos "surge um conflito de culturas" do qual resulta um lento e muitas vezes incompleto processo de fusão: "novas sociedades também são formadas frequentemente por colonização", quando novas culturas são transplantadas em culturas mais velhas — o trabalho dos missionários age essencialmente nesse sentido. E há por fim as sociedades que surgem por imigração, como nos Estados Unidos: os "imigrantes, vindos de todas as partes do mundo, trazem consigo fragmentos de culturas divergentes. Aqui, mais uma vez, o processo de assimilação é lento, frequentemente doloroso, nem sempre completo" (*ibid.*).

Após essas reflexões Park dá um grande salto e passa a desenvolver considerações sobre diferenças raciais e a situação do negro na sociedade americana em suas origens e desenvolvimento. Numa conclusão, afirma: "Quando a sociedade cresce e é perpetuada por imigração e adaptação, se segue, como resultado de miscigenação, uma quebra do complexo de qualidades biologicamente herdadas que constitui o temperamento da raça. Esta mais uma vez inicia mudanças nos costumes, tradições e eventualmente

58   A concepção ecológica da estrutura urbana

nas instituições da comunidade". As mudanças advindas de modificações do temperamento racial modificam em muito pouco as formas externas das tradições sociais, mas provavelmente "mudarão de modo profundo seu conteúdo e significado". Outros fatores, como "competição individual, a formação de classes e em especial o aumento da comunicação", cooperam para tornar mais complexa a situação e "modificar os efeitos que seriam produzidos por fatores raciais operando isoladamente" (p. 283).

A importância dessas reflexões ficará mais evidente no capítulo 5, em que abordamos a concepção da ecologia humana que será pela primeira vez exposta no volume de Park & Burgess de 1921. Cabe, antes de examiná-la, considerar a principal tentativa até aquele momento de pôr em prática o programa de estudo da cidade de Park, representada pelo estudo de McKenzie sobre "A Vizinhança".

4.
O ESQUEMA CONCEITUAL DA ESTRUTURA URBANA PROPOSTO POR McKENZIE EM 1921

Publicado como um longo artigo em cinco números do *American Journal of Sociology*, entre setembro de 1921 e maio de 1922, o trabalho intitulado "A Vizinhança: Um Estudo da Vida Local na Cidade de Columbus, Ohio" constitui, na realidade, a tese de doutoramento de McKenzie, defendida em 1923 junto ao Departamento de Sociologia da Universidade de Chicago; é o primeiro texto publicado por McKenzie constante de sua bibliografia levantada por Hawley em 1968.

A primeira parte, dedicada à "Vida Local no Interior da Cidade", se inicia com um capítulo sobre "A Estrutura da Cidade"; no resumo que McKenzie fez desse capítulo, se destaca, quanto à nossa linha de interesse pela organização espacial da cidade, o tratamento das seguintes ideias:

"• Valorização do solo nas formas de utilizações comerciais, industriais e residenciais determinam de modo amplo a estrutura da cidade moderna.

• Toda cidade tem seu distrito comercial central, localizado próximo ao centro geográfico da cidade.

• Subdistritos comerciais tendem a se formar em cruzamentos de ruas de tráfego de automóveis e em torno de instituições de vizinhanças.

• As indústrias básicas comumente se localizam em torno da periferia da área da cidade, enquanto que os estabelecimentos manufatureiros que empregam mulheres comumente se localizam perto do centro da cidade.

• Os valores dos imóveis distribuem a população de uma

cidade em vários setores residenciais de status econômico e social diferentes.

- Laços raciais e de nacionalidade tendem a subagrupar a população no interior das várias áreas econômicas." (p. 145)

Neste texto, pela primeira vez entre os sociólogos de Chicago, McKenzie menciona uma estrutura espacial relativamente bem definida para as cidades e indica alguns processos que correspondem a essa estrutura e ao desenvolvimento urbano que dela parte; apresentamos a seguir seus principais elementos.

A maioria das cidades americanas tem, para McKenzie, a forma circular ou de estrela, a não ser quando modificada por peculiaridades geográficas (Columbus, por exemplo, tem a forma de uma cruz grega, devido em grande parte à junção dos dois rios, Scioto e Olentangy, que a atravessam).

A estrutura urbana é pelo menos em parte determinável em termos de algumas semelhanças entre as grandes cidades: pode-se identificar grandes áreas urbanas (AU) distintas e separadas, caracterizadas por classes de utilização do solo (comercial, industrial, residencial) e subdivididas internamente:

AU.1) O *centro comercial*, ponto de convergência das vias de transporte local, com igual facilidade de acesso de todas as partes da cidade.

AU.2) Uma *área "desintegrada"*, circundando o setor comercial central, ocupada por atacadistas, hotéis ruins, lojas e diversões baratas e por prédios de apartamentos; habitada por trabalhadores diaristas e imigrantes, é também onde se alojam viciados e criminosos.

As demais áreas não têm uma localização determinada ou precisa dentro da cidade, podendo variar de posição em cada caso, conservando, entretanto, o caráter de conjunto de áreas diferenciadas e discerníveis:

AU.3) *Áreas de localização de indústrias*: as indústrias mais pesadas se situam junto à periferia, ao longo de rios e ferrovias e as indústrias mais leves em terrenos baratos em qualquer parte da cidade, perto de linhas de bondes, podendo tender a se aproximar do centro comercial, onde estão as lojas que abastecem.

AU.4) *Áreas de residências*: as áreas que concentram as residências mais finas se appropriam das partes com mais vantagens agradáveis ou naturais da cidade; as que concentram residências de padrão médio situam-se ao lado de grandes avenidas e rodovias com maiores facilidades de transporte e de ferrovias com serviço suburbano; e as áreas de imóveis residenciais de aluguel ficam próximas a áreas de indústrias e em bolsões entre linhas férreas e junto ao centro.

AU.5) *Subcentros comerciais*: surgem em cruzamentos de vias de tráfego de automóveis, pontos de transferência ou baldeação onde se encontram correntes ou fluxos diários de transeuntes, que criam oportunidades para lojas, e em torno de instituições de vizinhanças.

Pode haver ainda, localmente, áreas de comunidades independentes ou de subcomunidades em torno de qualquer centro importante etc.

McKenzie identifica quatro tipos de processos (P) e fatores a eles associados (de que destacaremos apenas um conjunto, F) responsáveis pela formação e desenvolvimento da estrutura urbana:

P.1) A *distribuição* do comércio, da indústria e da população é determinada pela ação de forças econômicas que tendem a produzir estruturas semelhantes no interior das grandes cidades.

F) Há fatores de distribuição das valorizações [dos imóveis, das rendas etc.] pelas áreas da cidade que atraem ou repelem várias utilizações de solo: se para residências, ausências de transtornos, acessibilidade e facilidade de transporte etc.; se para lojas varejistas, ruas com trânsito de passagem e proximidade de residência dos fregueses etc.

P.2) "O *crescimento* da cidade consiste em deslocamento a partir do ponto de origem e é de dois gêneros: central (em todas as direções) e axial (ao longo dos cursos d'água, ferrovias e postos de pedágio que formam a estrutura da cidade." (*apud* Hurd 1903)

P.3) Devido ao crescimento, há distritos que passam por uma *transição*, de residenciais para industriais ou comerciais: com isso, aumenta o valor dos terrenos e diminui o valor dos aluguéis, com o que advém a desintegração da área residencial, a mudança de seus ocupantes pela venda para a nova finalidade e a mudança gradativa do tipo de utilização da área, que muda de caráter.

P.4) A população de qualquer cidade se distribui de acordo com o status econômico em áreas residenciais de vários valores de aluguéis e imóveis; a renda familiar tende a levar à *segregação* da população em diferentes distritos econômicos. "Haverá tantas vizinhanças residenciais numa cidade quantos forem os estratos sociais" (cf. Richard Hurd). A população de diferentes áreas econômicas da cidade tende a se subagrupar em divisões sociais mais íntimas, devido a sentimentos raciais e nacionais.

É interessante notar que, ao reproduzir a citação de Bennett de que as áreas industriais "se disseminam por todas as partes da cidade, forçando seu caminho de todas as direções em cunhas" quase até o centro comercial, McKenzie associa a ideia de crescimento central (que Burgess viria a chamar de radial) — e em certa medida ao processo de desintegração da área ao redor do centro comercial — a uma tendência de movimentação de áreas de sentido centrípeto, que não estará presente como princípio geral na teoria da expansão radial da cidade proposta por Burgess em 1922-25.

O esquema da estrutura urbana de McKenzie em 1921

Nota-se que já há neste texto de McKenzie certo número de ideias organizadas sobre a natureza, a formação e o desenvolvimento da estrutura urbana, em primeiro esboço próprio, que sintetiza várias contribuições anteriores mais ou menos isoladas. McKenzie se preocupa em apresentar os fatos referidos nesta parte do trabalho como regidos por princípios gerais e usa mesmo uma linguagem causalista em certas passagens. Mas nem no trecho que nos interessou, nem naqueles em que considera os problemas de mobilidade associados ao desenvolvimento da vida moderna na cidade ou em que empreende o esclarecimento do conceito de "vizinhança" e o exame histórico e dos elementos que formam essas unidades de áreas, ou ainda quando adentra na exposição e na interpretação empíricas da vizinhança que estudou, mesmo ao se apoiar, como o faz com frequência, em Park 1915, não há ainda qualquer menção ou tratamento que implique uso de concepções e interpretações da cidade de uma perspectiva da ecologia humana. É só em Park & Burgess 1921 que essa ideia iria aparecer.

5.
A EMERGÊNCIA DA CONCEPÇÃO ECOLÓGICA
NO TRATADO DE PARK E BURGESS DE 1921

Durante muitos anos, desde 1916-17 até Park aposentar-se em 1934, Burgess e Park ministraram a disciplina introdutória de sociologia: "Em Chicago, o Dr. Park e eu ministramos o primeiro curso, 'Princípios de Sociologia'. [...] Tínhamos de dar este curso seis vezes durante o ano, porque os estudantes vinham de todas as partes da universidade para ouvir o Dr. Park. Foi durante esse período que escrevemos o nosso *Introduction to the Science of Sociology* [...]" (Burgess 1964: 3). Burgess é que teria começado a trabalhar no livro, a partir de um conjunto de textos mimeografados que distribuíam para leitura aos alunos; "pedidos dos estudantes estimularam Park e Burgess a produzir um texto regular" (Faris *1970*: 38); quando, instado por Small, Park iniciou sua colaboração, o projeto avançou mais rapidamente. Após terem discutidos os capítulos, Park revisava os primeiros manuscritos de Burgess; reescreveu seções inteiras, incluiu várias leituras e por fim Burgess fez a revisão final. Park teria passado a ser o membro principal do par e que "fez as contribuições mais definitivas para o caráter sistemático do livro" (*ibid.*); grande parte do esquema teórico, das leituras escolhidas e até do estilo final reflete seus interesses. No início de 1921, Small "se referia aos manuscritos como 'Burgess & Park', mas pela época da publicação ele se tornara 'Park & Burgess'" (Matthews 1977: 130; Bulmer 1984: 95).

O prefácio foi concluído em 18 de junho de 1921 e em setembro ficou pronta a primeira edição. A boa receptividade e sua adoção em outras faculdades permitiram, apesar do tamanho do livro, uma segunda edição, cuja primeira impressão se realizou em outubro de 1924, num volume de 1.064 páginas[9] sempre encadernado em cor verde em todas as reimpressões.

A obra é composta por quatorze capítulos, todos eles, com exceção do primeiro, contendo uma "introdução" de cinco a dez páginas, uma seção de "materiais" composta de trechos transcritos de diversas fontes (partes de artigos ou capítulos de livros de sociólogos, outros cientistas sociais, biólogos, de filósofos, jornalistas até literatos e memorialistas); segue-se uma seção de discussão dos temas assim apresentados, sob o título de "investigações e problemas", geralmente com não mais de dez páginas e uma seção final contendo uma listagem da "bibliografia selecionada", em alguns casos comentada, uma relação de "tópicos para temas escritos" e outra de "questões para discussão". É uma estrutura que revela um esquema relativamente simples, afinal, mas capaz de apresentar fontes, distinções conceituais básicas e um tratamento sistemático introdutório, e apontando já para elementos de complexidade média para os temas e problemas abordados, pelo que o livro foi usado para turmas de graduação e também com proveito por alunos de pós-graduação.

---

[9] O volume que compulsamos é uma reimpressão dessa edição. No prefácio à segunda edição, de 26 de agosto de 1924, os autores salientam que não foram feitas alterações importantes e que só "Um parágrafo sobre o tópico 'Invenções' foi acrescentado, o que nos autoriza a supor que o conteúdo principalmente do terceiro e do oitavo capítulos está conforme a primeira edição, de 1921. (Por exemplo, quando, à página 559, os autores discorrem sobre "Competição e Ecologia Humana", iniciando pela frase: "A concepção ecológica da sociedade é aquela de uma sociedade criada por cooperação competitiva", suporemos que isto já estava dito na edição de 1921.) Por outro lado, cabe lembrar que o trabalho de McKenzie 1921-22 teria sido concluído em 1920-21 e foi defendido como tese em 1923 (seg. o prefácio da edição em livro; cf. Faris 1970 e Hawley 1968) e que começou a ser publicado no número de setembro de 1921 do *AJS*; assim, temos elementos que comprovam serem trabalhos contemporâneos, de publicação quase simultânea e cujo término deve ter diferido em alguns meses, provavelmente não mais do que um ano.

Os títulos dos capítulos são: 1. A Sociologia e as Ciências Sociais; 2. A Natureza Humana; 3. A Sociedade e o Grupo; 4. Isolamento; 5. Os Contatos Sociais; 6. Interação Social; 7. Forças Sociais; 8. Competição, 9. Conflito; 10. Acomodação; 11. Assimilação; 12. Controle Social; 13. Comportamento Coletivo; 14. Progresso. Proporcionam uma ideia do modo de tematizar e de dar uma visão geral e ampla da sociologia, bem como da direção que tomou o detalhamento e aprofundamento da discussão do campo da disciplina de forma a englobar os conhecimentos e noções básicas que qualquer estudante deveria dominar para poder avançar no seu estudo.

Não será o caso de empreendermos aqui uma caracterização mais detalhada do tratado de Park & Burgess de 1921. Faris *1970* dedica-lhe todo o capítulo terceiro, "O Texto de Park e Burgess" (pp. 37-50); nele, entre as páginas 41 e 50, faz um relato bastante sintético de cada capítulo, situando em linhas rápidas e gerais os principais temas abordados e as perspectivas adotadas pelos autores.

Matthews opina que "a *Introduction* de Park e Burgess foi, junto com o ensaio 'The City', provavelmente o mais influente dos escritos de Park"; podemos dizer que, junto com o artigo "The Growth of the City", representaria o mesmo com relação a Burgess. "Por quase duas gerações de estudantes de Chicago e de muitas outras universidades, veio a simbolizar a nova disciplina: entre 1921 e 1943, foram vendidos 30.000 exemplares e durante este período foi a 'Bíblia' de sociologia para os doutores de Chicago que a promoviam em seu próprio ensino" (Matthews 1977: 130). Esse papel só começou a ser alterado com o surgimento de *The Study of Man* (1936) de Ralph Linton e de *The Structure of Social Action* (1937) de Talcott Parsons, que viriam a estabelecer novas posturas, problemas e tratamentos nos vinte anos que se seguiram.

Faris avalia o livro como "um dos mais influentes já escritos na sociologia", tendo contribuído muito para "uma adequada padronização da matéria" entre os compêndios didáticos e que ajudou "a estabelecer a orientação e o conteúdo da sociologia americana após 1921" (Faris *1970*: 37). Também contribuiu para impulsionar as pesquisas que se seguiram: as sugestões que trazia davam base para um amplo domínio de interesses sociológicos, proporcionando a eles um esquema geral e cobrindo quase todo campo da disciplina. Para os que se iniciavam no estudo e na pesquisa em sociologia, "dava significado e um lugar possível numa ampla teoria unificada a tópicos de pesquisa propostos de diversos gêneros", além de "um sentido de território próprio para a sociologia, de modo que se podia trabalhar com bom grau de convicção de que seu interesse pertencia ao campo e que sua pesquisa produziria descobertas que podiam ser cumulativas e organizadas" (*ibid.*: 38).

Braude sugere que "o texto definiu a sociologia como uma disciplina interacionista e espacial, interessada tanto na ordem como na mudança e dirigida para o teste de preposições sobre a vida social humana, enquanto distinto do desenvolvimento de esquemas explicativos inteiramente abrangentes" (Braude 1970: 1; cf. ainda Kurtz 1984: 95-6).

Nessa visão geral que proporcionam da sociologia como campo científico organizado e sistematizado, há uma contextualização dos estudos de comunidades e uma primeira formulação da ideia de uma ecologia humana. Destacando apenas algumas passagens mais representativas, pode-se encontrar, por exemplo, na seção sobre "Sociologia e Pesquisa Social" do capítulo primeiro, escrito por Park, uma caracterização dos "Tipos de Grupos Sociais":

"Supondo, então, que cada grupo social possa, presumivelmente, ter seus próprios problemas: (a) administrativos, (b) legislativos e (c) de natureza-homem, estes problemas podem ser adicionalmente classificados com referência ao tipo de grupo social. A maioria dos grupos sociais incidem naturalmente em uma ou outra das seguintes classes:

    a) A família.

    b) Grupos linguísticos (raciais).

c) Comunidades locais e territoriais: (i) vizinhanças, (ii) comunidades rurais, (iii) comunidades urbanas.

d) Grupos de conflitos: (i) nacionalidades, (ii) partidos, (iii) seitas, (iv) organizações trabalhistas, (v) *gangs* etc.

e) Grupos de acomodação: (i) classes, (ii) castas, (iii) grupos vocacionais, (iv) grupos denominacionais." (Park & Burgess 1921: 50)

Mais além, na seção "A Sociedade, a Comunidade e o Grupo", da introdução do terceiro capítulo, escrita por Burgess, tem-se o anúncio dos elementos de uma "abordagem ecológica normativa" que, vista retrospectivamente, "parece primitiva e difusa em comparação com os escritos que apareceriam apenas alguns anos depois, em 1925. Os anos de 1920 a 1925 foram aqueles do real avanço neste campo. O foco foi inicialmente sobre a base territorial da comunidade e sobre os mecanismos pelos quais as ordens ecológica e normativa se engajavam em mútua influência" (Hunter & Goldman, na Introdução da Primeira Parte de Burgess 1973: 6).

As passagens de Burgess que nos parecem significativas são as seguintes: "Os termos sociedade, comunidade e grupo social são agora usados pelos estudiosos com certa diferença de ênfase, mas com muito pouca diferença de significado. Sociedade é o termo mais abstrato e inclusivo, e a sociedade é formada por grupos sociais, cada um possuindo o seu próprio tipo específico de organização, mas tendo, ao mesmo tempo, todas as características gerais da sociedade em abstrato. Comunidade é o termo aplicado a sociedades e grupos sociais onde são considerados do ponto de vista da distribuição geográfica dos indivíduos e instituições de que são compostos. Segue-se que toda comunidade é uma sociedade, mas nem toda sociedade é uma comunidade" (Park & Burgess 1921: 163). Assinala logo depois uma ambiguidade persistente: "[...] Uma vantagem do termo 'grupo' está no fato de que pode ser aplicado tanto às menores quanto às maiores formas de associação humana" (p. 164).

Depois, estabelece uma classificação: "[...] Do ponto de vista da distribuição territorial dos indivíduos que a constituem, a comunidade mundial é composta de nações, colônias, esferas de influência, grandes cidades, cidades pequenas, comunidades locais, vizinhanças e famílias" (p. 164). E mais além explica:

"Os materiais deste capítulo pretendem mostrar: (1) o caráter fundamental das relações que se estabeleceram entre os indivíduos através da comunicação; (2) a gradual evolução dessas relações nas sociedades animais e humanas. Com base no princípio assim estabelecido, é possível elaborar uma classificação racional dos grupos sociais.

Espinas define a sociedade em termos de ação associada. Onde quer que indivíduos separados ajam em conjunto como uma unidade, onde cooperam como se fossem partes do mesmo organismo, aí ele vê a sociedade. [...] A comunidade vegetal oferece o exemplo mais simples e menos qualificado de comunidade. A vida das plantas, de fato, oferece uma ilustração de uma *comunidade* que *não é uma sociedade* [...] porque é uma organização de indivíduos cujas relações, se não totalmente externas, são, em certa medida, 'associais' na medida em que não há consenso. A comunidade vegetal é interessante sobretudo porque exibe, na abstração mais simples, o caráter de *cooperação competitiva*, o aspecto da vida social que constitui parte do objeto especial da ciência econômica.

Essa luta pela existência [...] é de fato essencial para a existência da sociedade. Competição, segregação e acomodação servem para manter as distâncias sociais, para fixar os status e preservar a independência do indivíduo na relação social. [...] Os processos de competição, segregação e acomodação destacados na descrição da comunidade vegetal são perfeitamente comparáveis aos mesmos processos nas comunidades animais e humanas. Uma aldeia, uma pequena ou grande cidade, ou uma nação podem ser estudadas do ponto de vista de adaptação, da luta pela existência e da sobrevivência dos seus membros individuais no meio ambiente criado pela comunidade como um todo.

[...] O *consenso*, ainda mais que a *cooperação* ou a *ação associada* é a marca distintiva da sociedade humana" (*ibid.*: 165-6). Os autores incluem, como leituras sobre "Sociedade e simbiose", um texto de Espinas tirado de *Sociedades Animais* (1878), outro de Wheeler: "Simbiose (literalmente: 'A vida conjunta')", extraído de *As Formigas: sua Estrutura, Desenvolvimento e Comportamento* (1910); e sobre "Comunidades Vegetais e Sociedades Animais", textos de Warming de *Ecologia das Plantas* etc.

Na seção sobre "Investigações e Problemas" do mesmo capítulo, ao explicarem os *surveys* de comunidades, fazem um pequeno balanço dos estudos sociológicos de comunidades até aquele momento:

"O historiador e o filósofo introduziram o sociólogo no estudo da sociedade. Mas foi o reformador, o especialista em serviço social e o homem de negócios que o compeliram a estudar a comunidade. [...] Recentemente o impacto dos problemas sociais levou ao estudo intensivo das comunidades modernas. A obra monumental de Charles Booth, *Life and Labour of the People in London*, é uma descrição ampla das condições de vida social em termos da comunidade. [...] Para a investigação sociológica, mais promissoras que o *survey* são as diversas monografias que procuram fazer uma análise social da comunidade, como *An American Town*, de Williams, ou *The Social Anatomy of an Agricultural Community*, de Galpin. Com o devido reconhecimento desses começos auspiciosos, deve-se confessar que não há nenhum volume sobre as comunidades humanas comparável aos diversos trabalhos sobre as comunidade vegetais e animais" (pp. 211-2).

Mais adiante, entre os "Tópicos para Exercícios Escritos" indicados a propósito do capítulo, lê-se:

"[...]
   3. Comunidades Vegetais
   4. Sociedades Animais: A Colônia das Formigas, A Colmeia das Abelhas
   5. Comunidade Animais ou Estudos de Ecologia Animal

6. Comunidades Humanas, Ecologia Humana e Economia
7. As Áreas Naturais da Cidade [...]" (p. 223).

E entre as "Questões para a Discussão", estão algumas como as seguintes:
"[...]
4. Que ilustrações de simbiose na sociedade humana lhe ocorrem?
5. As mudanças resultantes da simbiose humana são mudanças (a) de estrutura, ou (b) de função?
6. Quais são as semelhanças e as diferenças entre simbiose social na sociedade humana e na das formigas?
[...]
10. Quais são as semelhanças entre uma comunidade vegetal e uma humana? Quais são as diferenças?
11. Qual a diferença fundamental entre uma comunidade vegetal e uma sociedade de formigas?
12. Quais são as diferenças entre sociedades humanas e animais?
13. A formiga tem costumes? E cerimônias? [...]" (pp. 223-4).

Outros trechos, como às páginas 271, 328-9, 331 etc., poderiam ser igualmente apontados, contendo elementos da visão que se fixava do estudos das comunidades associado à ideia de ecologia humana.

Porém, vale a pena ainda destacar o que afirmam Park & Burgess na "Introdução" ao capítulo oitavo, no item 2, "Competição, um Processo de Interação":

"A organização econômica da sociedade, na medida em que é um efeito da livre competição, é uma organização ecológica. Existe uma ecologia humana, assim como há uma ecologia vegetal e uma ecologia animal."

"Se devemos supor que a ordem econômica é fundamentalmente ecológica, ou seja, criada pela luta pela existência, uma organização como aquela da comunidade das plantas em que as relações entre os indivíduos são, concebivelmente pelo menos, totalmente externas, pode ser muito apropriadamente colocada a questão de por que a competição e a organização que ela criou deva ser considerada como absolutamente social" (p. 508).

É digno de nota que, apesar do caráter holista das considerações anteriores, fica clara a presença de um certo individualismo metodológico persistente no pensamento de nossos autores: "[Existe o] aspecto distributivo da sociedade. A sociedade é formada de indivíduos espacialmente separados, territorialmente distribuídos e capazes de locomoção independente" (*ibid.*).

Às páginas 543-5, Park e Burgess transcrevem como leitura um trecho de um artigo do historiador Gras sobre "O Desenvolvimento da Economia Metropolitana na Europa e na América" que ressalta a existência de um centro comercial em cada aldeia, cidade ou metrópole e indica na progressão dessas comunidades "uma maior especialização e maior divisão geral do trabalho"; faz ainda um esboço da "estrutura da unidade econômica metropolitana" (p. 543) e de sua hinterlândia e destaca suas funções. Propõe que se "visualize o mecanismo metropolitano em seu todo [...] como uma teia com a aranha dominadora no centro. A concentração e irradiação de um tal padrão estão em marcado contraste com a duplicação e o paralelismo da alternativa do tabuleiro de xadrez. A economia de materiais, trabalho e administração é enorme; de outra forma, a aranha não teria construído sua teia assim" (p. 544).

"Se desejamos visualizar o crescimento metropolitano, só temos de examinar a própria metrópole. O setor varejista pode representar a economia da cidade velha. O distrito atacadista é a prosaica recordação da primeira fase da economia metropolitana. O subúrbio industrial contém a maior parte do que foi deixado da manufatura metropolitana depois do período da descentralização. Os atracadouros e os terminais ferroviários mostram onde o comércio extenso e metropolitano se encontram dentro da metrópole. E o distrito financeiro com sua casa da moeda, bolsa de valores, bancos, escritórios de seguros e corretores constitui o ponto mais sensível no centro nervoso metropolitano" (*ibid.*).

E faz ainda a especificação de que "A metrópole desempenha um conjunto de tarefas, a hinterlândia outro. Ambas são industriais, financeiras e comerciais, mas a metrópole é preeminentemente comercial e financeira" (*ibid.*: 545).

Na seção de "Investigações e Problemas" do capítulo oitavo, no item 3, "Competição e Ecologia Humana", Park e Burgess postulam: "A concepção ecológica da sociedade é a de uma sociedade criada por cooperação competitiva." Em seguida, após associarem a ideia de competição às obras de Adam Smith e David Ricardo, introduzem esse curioso e elucidativo parágrafo:

"As doutrinas anarquistas, socialistas e comunistas, às quais se faz referência na bibliografia, devem ser consideradas como fenômenos sociológicos elas próprias, sem referência a seu valor como programas. Estão baseadas em concepções ecológicas e econômicas da sociedade, nas quais a competição é o fato fundamental e, de nosso ponto de vista dessas doutrinas, o mal fundamental da sociedade. O que é sociologicamente importante nessas doutrinas são os desejos que expressam. Exibem, entre outras coisas, em certa medida, o caráter que as esperanças e os desejos dos homens assumem, neste vasto, novo e agitado mundo, a Grande Sociedade, em que os homens encontram-se a si mesmo, mas em que eles ainda não são, e talvez nunca venham a ser, livres" (p. 559).

Assim, não há ainda um tratamento da estrutura urbana em Park & Burgess 1921; mas está presente a ideia inicial, já bastante nítida, da ecologia humana e a sugestão de alguns conceitos importantes, cuja trama não deixa de apresentar vigor.

6.
A FORMULAÇÃO INICIAL DA TEORIA DA ESTRUTURA URBANA POR BURGESS EM 1922

> "Para muitas pessoas as cidades parecem
> ser uma caótica mistura, sem nenhuma lei governan-
> do seu crescimento, antes de Burgess ter formulado
> sua teoria, muitos anos depois de Richard M. Hurd,
> em 1903, ter desenvolvido os princípios central e
> axial do crescimento urbano." (Hoyt 1964: 92)

Não há palavras mais adequadas e exatas que as de Hoyt para introduzir a análise da teoria de Burgess da estrutura da cidade. A importância do artigo de Burgess, concebido em 1922 e só publicado em 1924, é a de trazer, pela primeira vez, o enunciado da estrutura da cidade por ele concebida, que foi bem acolhida por Park e, em parte, por McKenzie, e adotada pelos estudiosos de áreas da cidade como uma referência básica. Burgess foi um sociólogo com uma consciência muito aguda de que, em sua época, a sociologia americana "estava se transformando de uma filosofia social em uma ciência da sociedade" (Burgess 1926, ix). Foi um dos criadores da escola de Chicago, com Park, com quem colaborou estreitamente durante quase vinte anos. Teve um papel de projeção intelectual desde a década de 1920 até quando já aposentado, aos setenta e oito anos, publicou com Bogue um alentado volume de retrospecto de resultados de pesquisas da sociologia urbana de Chicago, sobretudo na realização de um programa de cuja a liderança participou ativa e intensamente. Burgess não considerava a ecologia humana como o único tema central de seu interesse, mas adotava-a como "um ponto de vista fundamental" que supria as necessidades de um quadro geral da organização da sociedade ao qual referir as análises de aspectos sociais específicos, sobretudo em torno dos estudos de Chicago. Interessado "nas presentes descobertas da investigação sobre a cidade" e "pelas decorrências práticas que os estudos teóricos têm sobre os problemas práticos da vida da cidade" (*ibid.*), se incorporava à "tendência [...] de pensar a cidade como viva e crescendo; como um organismo" (*ibid.*: viii) e compartilhava da busca "de uma compreensão mais fundamental da cidade como um produto da interação de forças econômicas e culturais" (*ibid.*).

Burgess passou a fazer parte do corpo docente do departamento de sociologia de Chicago em 1916; em 1964, contou que, entre outros, "tinha alunos em meu curso de 'Patologia Social' fazendo mapas de todos os tipos de problemas sociais para os quais podíamos obter dados. A partir disso começou a emergir a compreensão de que havia um padrão e uma estrutura definidos na cidade e que muitos tipos de problemas sociais se correlacionavam entre si" (Burgess 1964: 3-4). Esses não foram os primeiros estudos de campo levados a efeito na universidade, mas as pesquisas urbanas dessa época na sociologia deram ênfase "à ciência e à importância de se compreender os problemas sociais em termos dos processos e forças que os produziam" (*ibid.*: 4). O desenvolvimento da pesquisa urbana no departamento se orientou "por uma ambição de compreender e interpretar as forças sociais e econômicas operando nos *slums* e seu efeito em influenciar a organização social e pessoal daqueles que lá viviam" (*ibid.*), no que veio a se associar a estudos empreendidos na mesma época ou pouco depois em outros departamentos e setores da universidade: ciência política, serviço social, economia, geografia etc.

O programa de pesquisa urbana, dentro de uma linha de interesses mais amplos, que se desenvolveu no departamento de sociologia de Chicago, inspirou-se amplamente no artigo de Park 1915 e veio a ser chamado de "A Cidade como um Laboratório Social"; Burgess o divide em três períodos: 1916 a 1923; 1923 a 1933 e 1934 a 1946. "Poderíamos chamar o primeiro período de nosso estudo de 'o período sem verbas' [...]. O trabalho era conduzido em grande parte pelos estudantes de nossas classes. Em cada curso que dava, havia um ou dois estudantes que faziam mapas. Creio que os mapas de delinquência juvenil foram os primeiros realizados. Foram seguidos por mapas que mostravam a distribuição dos cinemas [...] [e os] que mostravam os clientes dos salões de bailes públicos. Os estudantes faziam mapas de quaisquer dados que pudéssemos encontrar e que podiam ser plotados. Esta fase também poderia ser chamada de "Descobrindo o Padrão Físico da Cidade". Ficamos muito impressionados com as grandes diferenças entre as diversas vizinhanças da cidade e um dos nossos objetivos foi tentar encontrar um padrão para esta miscelânea de diferenças e dar-lhe um sentido. O mapeamento foi o método que pareceu mais apropriado para este problema. Nesta época fizemos contato com organismos por toda a cidade em busca de dados que pudessem fornecer" (*ibid.*: 5-6).

A segunda fase, que Burgess caracterizou como a do "Nascimento de um Programa de Pesquisa Organizada", iniciou-se quando a Fundação Laura Spelman Rockefeller passou a alocar verbas para pesquisa em ciências sociais, em 1923; criou-se o Conselho Nacional de Pesquisa em Ciência Social e, ao mesmo tempo, a pesquisa em ciência social em algumas universidades passou a receber apoio da Fundação. "A primeira universidade a solicitar e a ter sua proposta de patrocínio aprovada foi a Universidade de Chicago. [...] Tínhamos de fazer solicitações [...], de mostrar alguma base para receber dotações. Felizmente os estudos que tínhamos a caminho causaram boa impressão. Thrasher já estava começando a estudar as *gangs* e outros estudos progrediam. [...] Assim, no primeiro ano, o departamento recebeu US$ 25.000 [...]" e o programa continuou por mais dez anos, com dotações acima desse nível (*ibid.*: 6).

O artigo de Burgess concebido em 1922 situa-se na transição da primeira para a segunda fase e em certa medida a expressa. Park cita-o como "um interessante e sugestivo artigo lido diante da *American Sociological Society* em seu encontro de Washington de 1922 pelo prof. Burgess" (Park 1925-B: 167). Sua primeira publicação em 1924 foi logo seguida da republicação em 1925 no volume *The City* que sobretudo o tornou famoso. A partir daí passou a influir sobre o programa de pesquisa sobre a cidade com força só comparável ao artigo de Park 1915, republicado com revisões no mesmo volume de 1925. Representa por um lado os resultados obtidos da primeira fase de pesquisa sem financiamento; por outro, um ponto de partida da segunda fase, capaz de ajudar a lastrear pesquisas futuras, o que é confirmado por seu subtítulo: "... Introdução a um Projeto de Pesquisa" e seu parágrafo final citando sete projetos específicos em andamento, sendo seis de pós-graduandos e um do próprio Burgess, que depois o repassou para Louis Wirth (que dele fez uma pequena obra-prima).[10]

---

[10] É de se notar, de fato, o pleno sucesso dos projetos citados por Burgess: de "The Slum: an Area of Deterioration in the Growth of the City", de Nels Anderson, resultou *The Hobo, the Sociology of the Homeless Man*, tese de mestrado defendida em 1925 (mas publicada antes, em 1923, inaugurando a série de estudos de sociologia urbana realizados no Departamento); de "Family Disorganization in Chicago", de Ernest R. Mowrer, resultou a tese de doutoramento *Family Disorganization*, defendida em 1924; "The Natural History of Vice Areas in Chicago", de Walter C. Reckless, foi defendida como tese de doutoramento em 1925, e publicado como *Vice in Chicago* em 1933; de "The Retail Business Organization as an Index of Business Organization" resultou na tese de doutoramento de Ernest H. Shideler, *The Chain Store*, defendida em 1927; de "One Thousand Boys' Gangs in Chicago: a Study of their Organization and Habitat", de F. M. Thrasher, resultou a tese de doutoramento *The Gang: a Study of 1,313 Gangs in Chicago*, defendida em 1926; e de "The Lower North Side: a Study in Community Organization", de Harvey Zorbaugh, resultou *The Gold Coast and the Slum: a Sociological Study of Chicago's Near North Side*, tese de doutoramento defendida em 1926 e publicada em 1929, que veio a se tornar um *best seller*. O projeto do próprio Burgess de estudar a comunidade judaica do West Side, abrangendo o 'Gueto' e a '*Deutschland*', resultou em *The Ghetto*, tese de doutoramento que Louis Wirth defendeu em 1926 e que se tornou famosa como talvez a melhor de todas as monografias de comunidades já feitas em Chicago nesse período (Burgess 1925: 62; Faris *1970*: 138-9, 146). A maio-

Seu objetivo, em suma, é o de apresentar, na primeira parte, a organização espacial da cidade como uma estrutura em expansão, em termos dos processos de extensão, de invasão, de sucessão e de concentração e descentralização; e na segunda parte, mostrar como essa expansão afeta o metabolismo da cidade e caracterizar a mobilidade como uma medida quantificável ou indicador da expansão e do metabolismo urbanos.

Cabe assinalar que em 1924 foi publicado um outro artigo escrito por Burgess, apresentado numa reunião da Conferência Nacional de Serviço Social, cujo título é "Pode o Serviço Social de Vizinhança ter uma Base Científica?"; nele a caracterização geral das zonas de expansão das cidades é idêntica à apresentada no projeto de pesquisa de 1922 e publicado também em 1924 (Burgess 1924-B: 148); mas além disso Burgess expõe sua concepção dos estudos de comunidades. Assim, na análise da teoria da estrutura urbana e do esquema de referência mais geral em que Burgess se propõe a situá-la, consideraremos os dois artigos como formando um só conjunto de formulações ou formação discursiva, ou, em outras palavras, como textos complementares e não contraditórios.

É possível uma reconstrução das exposições de Burgess ([1922] 1924-A) 1925 e 1924-B como constituindo uma única formulação da teoria da organização espacial da cidade. Nessa reconstrução, dividiremos as proposições da teoria em cinco classes, as três primeiras de caráter teórico e as duas outras de caráter metateórico, da seguinte forma:

I. Proposições *teóricas*:

a) proposições relativas à estrutura espacial da cidade (E), que designam "zonas sucessivas de extensão urbana" (EZ) e que designam "tipos de áreas diferenciadas no processo de expansão" (EA) no interior dessas zonas;

---

ria desses projetos recebeu auxílio financeiro da *LCRC* (a Comissão de Pesquisa da Comunidade Local).

b) proposições relativas à origem, ao desenvolvimento e à atuação de processos espaciais na estrutura da cidade (*P*); e

c) proposições relativas a fatores ou forças sociais que atuam através dos processos espaciais sobre a estrutura urbana (*F*).

II. Proposições *metateóricas*:

d) proposições teórico-metodológicas acerca do caráter do esquema teórico proposto da estrutura da cidade (que são regras de construção do sistema teórico, como um sistema de conceitos e proposições de tipo ideal) (*Mt*); e

e) proposições metodológicas acerca das condições ou procedimentos de aplicação do tipo ideal de organização espacial da cidade proposto (que são regras de uso do sistema de idealizações intuitivas na explicação da realidade social urbana empírica) (*Ma*).

Assim, a versão inicial (1922-25) da teoria da organização espacial da cidade, de Burgess, compõe-se das seguintes proposições explícitas:

I. Proposições *teóricas*:

E.1) Toda cidade apresenta tendência a crescer radialmente para fora a partir de seu centro, em uma série de zonas que se expandem. (Cf. p. 50)

E.2) "O processo típico de expansão da cidade pode ser ilustrado [...] através de uma série de círculos concêntricos, que podem ser numerados para designar:

— as sucessivas zonas de extensão urbana [*Z*] [Carta I, Figura 2], e

— os tipos de áreas diferenciadas no processo de expansão [*A*] [Carta II, Figura 3]." (p. 50)

EZ.1) A zona mais interna da cidade é o "Distrito Comercial Central" (*Central Business District, C. B. D.*), a área do centro da cidade (o *Loop*) (Zona I)." (p. 50)

Figura 2
Carta I: "O crescimento da cidade: as zonas urbanas"
(extraído de Burgess 1925: 51)

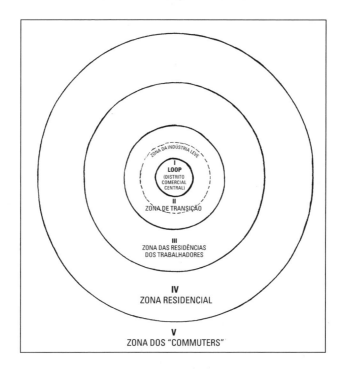

EZ.2) Circundando a zona I (o centro da cidade), "há normalmente uma Zona de Transição (Zona II), que está sendo invadida pelo comércio e pela indústria leve", e que "constitui a área de deterioração, do *slum* criado em grande parte" por aquela invasão. (p. 50)

EZ.3) A zona "III é habitada por trabalhadores em indústrias ("assalariados independentes" (p. 50)), que escaparam da área de deterioração (II) e que desejam viver dentro de limites de fácil acesso a seu trabalho" (p. 50).

Figura 3
Carta II: "As áreas urbanas"
(extraído de Burgess 1925: 55)

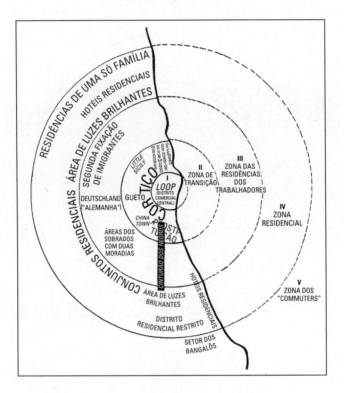

EZ.4₁) Além da Zona III "está a 'área residencial' (Zona IV) de prédios de apartamentos de alta classe ou de distritos 'restritos' exclusivos de residências de uma só família". (p. 50)

EZ.4₂) "Recentemente têm surgido subcentros comerciais, 'loops-satélites', em zonas externas [claramente na Zona IV]". (p. 52)

EZ.5) Mais além, fora dos limites [físicos, eventualmente administrativos] da cidade, está a Zona dos *Commuters* (Zona V), de áreas suburbanas ou cidades satélites (a área das "residências das melhores famílias" (p. 51)), dentro de uma distância de trinta ou sessenta minutos de viagem do distrito comercial central". (p. 50)

EA.i) Dentro das cinco "zonas de crescimento urbano encontram-se distritos ou comunidades locais, os quais, por sua vez, se subdividem em áreas menores chamadas vizinhanças". (1924: 148)

EA.ii) [A Carta II representa a aplicação do esquema de zonas concêntricas da cidade à cidade de Chicago, ilustrando para este caso a composição de cada zona em áreas diferenciadas.] (cf. pp. 50 e 54)

EA.1.1) "No setor central de toda grande cidade supomos encontrar as lojas de departamentos, os arranha-céus de escritórios, as estações ferroviárias, os grandes hotéis, os teatros, o museu de arte e a prefeitura (*city hall*)." (p. 52)

EA.1.2) "Muito naturalmente, quase inevitavelmente, a vida econômica, cultural e política se centraliza no *loop*." (p. 52)

EA.2.1) "Dentro do distrito comercial central ou numa rua adjacente fica o 'eixo principal' da '*hobohemia*', a fervilhante Rialto do homem migratório sem lar do meio-oeste", "área cultural da vida da cidade" estudada por Anderson 1923. (p. 54)

EA.2.2) "Na zona de deterioração que circunda o setor comercial central sempre se encontram os assim chamados *slums* e as *bad lands*, com suas regiões inundadas de pobreza, degradação e doenças e seus submundos de crime e prostituição (*vice*)." (pp. 54-5)

EA.2.3) "Dentro de uma área em deterioração estão os distritos de casas de pensão, o purgatório das 'almas perdidas'." (pp. 55-6)

EA.2.4) "Próximo [da área de deterioração] fica o Bairro Latino, onde os espíritos criativos e rebeldes se refugiam." (p. 56)

A formulação inicial da teoria da estrutura urbana por Burgess

EA.2.5) "Os *slums* ficam repletos, até transbordar, nas colônias de imigrantes — o Gueto, a *Little Sicily*, a *Greektown*, a *Chinatown* (áreas de primeira fixação de imigantes (p. 62)) — que combinam de maneira fascinante heranças do velho mundo com adaptações americanas." (p. 56)

EA.2.6) "Partindo daqui [da Zona II, de transição] como uma cunha, fica o *Black Belt*, com sua vida livre e desordenada." (p. 56)

EA.2.7) "A área de deterioração, embora essencialmente uma área de decadência, de população estacionária ou em declínio, é também uma área de regeneração, como testemunham a missão [religiosa], o *settlement* [o núcleo local de promoção social], a colônia dos artistas, os centros radicais — todos obcecados com a visão de um mundo novo e melhor." (p. 56)

EA.3.1) "A zona seguinte é também habitada predominantemente por trabalhadores em fábricas e lojas, mas especializados e prósperos; é uma área de segunda fixação de imigrantes, geralmente de segunda geração." (p. 56)

EA.3.2) Na Zona III, fica "a região de fuga do *slum*, a *Deutschland* das aspirações da família do Gueto: '*Deutschland*' (literalmente 'Alemanha') é o nome dado, parte por inveja e parte por ironia, àquela região além do Gueto onde vizinhos bem-sucedidos parecem estar imitando os padrões de vida dos judeus alemães". (p. 56)

EA.4) Os habitantes da área da *Deutschland*, na Zona III, "por sua vez olham para a 'Terra Prometida' mais adiante, para os seus hotéis residenciais, sua região de edifícios de apartamentos, seus *loops*-satélites e suas áreas de 'luzes brilhantes'". (p. 56)

EA.5) "A área metropolitana pode ser considerada como incluindo o território urbano que é fisicamente contíguo, porém está agora sendo definida pelos meios de transporte que possibilitam a um homem de negócios viver num subúrbio de Chicago e trabalhar no *loop* e sua esposa fazer compras na loja da *Marshall Field's* e assistir à opera no *Auditorium.*" (pp. 49-50)

Pi) "Qualquer cidade, pequena ou grande, apresenta tendência a se expandir de modo radial a partir do seu centro." (p. 50)

Pi (il.) Se a Carta I fosse aplicada a Chicago, "qualquer daquelas zonas [representadas] estariam, no início de sua história, incluídas na circunferência da zona mais interna, o atual distrito comercial" [como tenta representar a Figura 4]. (p. 50)

Pii) "O principal fato da *expansão*, como revela a carta [I] é a tendência de cada zona de ampliar sua área através da *invasão* da zona mais externa seguinte; este aspecto da expansão [da cidade] pode ser chamado de *sucessão.*" (p. 50)

Piii) "O processo geral de expansão, no crescimento urbano, envolve, além da invasão e da sucessão, os processos antagônicos porém complementares de *concentração* e de *descentralização.*" (p. 52)

P1) "Em todas as cidades existe a tendência natural de os meios de transporte local e de transporte externo convergirem para o distrito comercial central." (p. 52)

P.2.1) "A invasão da cidade [pelos imigrantes] tem o efeito de uma onda de maré inundando primeiro as colônias de imigrantes, os portos de primeira entrada, desalojando milhares de habitantes que refluem para a zona seguinte e assim por diante, até que o ímpeto da onda tenha gasto sua força na última zona urbana; o efeito, no total, é o de acelerar a expansão, acelerar a indústria, acelerar o processo de 'lumpenização' na área de deterioração [II]." (pp. 57-8)

P.2.2) "[...] Onde a mobilidade é maior, e onde em consequência os controles primários se abatem completamente,

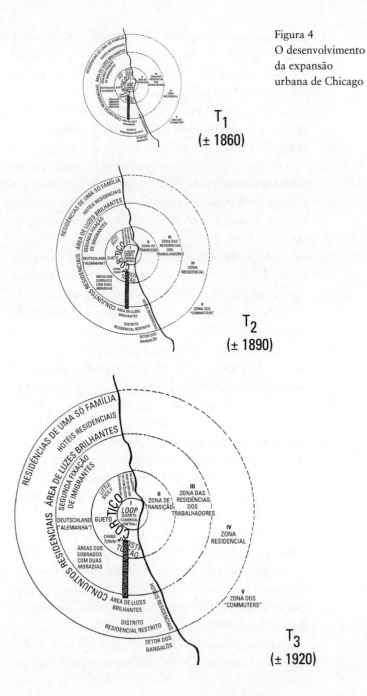

Figura 4
O desenvolvimento da expansão urbana de Chicago

como na zona de deterioração da cidade moderna, aí se desenvolvem áreas de desmoralização, de promiscuidade e de prostituição (*vice*)." (p. 59)

P.3 (il.) "Na zona III, [...] Lawndale [a *Deutschland*] é uma área em fluxo, com a maré de migrantes ainda fluindo desde o Gueto em constante saída para as regiões mais desejáveis da zona residencial." (p. 62)

P.4) "Os '*loops*-satélites' ou subcentros comerciais representam [...] uma inserção de diversas comunidades locais numa mesma unidade econômica maior." (p. 52)

Piii (il.1) "Os processos efetivos de descentralização centralizada estão sendo estudados no desenvolvimento das cadeias de lojas, que é somente uma ilustração da mudança da base da organização urbana." (p. 52)

Piii (il.2) "A Chicago de ontem, uma aglomeração de pequenas cidades rurais e de colônias de imigrantes, está passando por um processo de reorganização num sistema descentralizado centralizado de comunidades locais coalescendo em sub-áreas comerciais dominadas pelo distrito comercial central." (p. 52)

Pi.i) "A expansão trata do crescimento físico da cidade e da extensão de serviços técnicos que fizeram a vida da cidade mais desfrutável, confortável e exuberante." (p. 52)

Pi.ii) "Os processos de expansão, e especialmente a taxa de expansão, podem ser estudados no crescimento físico, no desenvolvimento comercial e nas consequentes mudanças na organização social e nos tipos de personalidade." (p. 53)

P.org.i) "Normalmente os processos de desorganização e organização estão em relação recíproca entre si e cooperam para um equilíbrio mutável da ordem social em direção a um fim progressivo." (p. 54)

P.org.ii) "A desorganização como preliminar à reorganização de atitudes e da conduta é [uma experiência por que passa] o recém-chegado à cidade e a rejeição de hábitos e concepções morais é acompanhada de conflito mental e de sentido de perda pessoal." (p. 54)

P.dif.) "Na expansão da cidade ocorre um processo de distribuição que reparte e classifica e depois realoca indivíduos e grupos por residência e ocupação; a diferenciação resultante da cidade norte-americana em áreas é tipicamente toda de um só padrão, com apenas modificações interessantes." (p. 54)

P.segr.i) "A diferenciação em grupos econômicos e culturais naturais dá forma e caráter à cidade, pois a segregação oferece [, nessa sua socialização,] ao grupo e aos indivíduos que o compõe um lugar e um papel na organização total da vida da cidade." (p. 56)

P.segr.ii) É complexo o mecanismo industrial moderno e são intrincadas a segregação e o isolamento de grupos econômicos divergentes; por eles, "a precisa diferenciação de ocupações, na cidade, analisa e peneira a população, separando e classificando os diversos elementos" (Adna Weber). (modif., cf. p. 57)

P.segr.iii) "A desorganização, a reorganização e a diferenciação crescente são ilustradas pela segregação residencial e pela divisão do trabalho." (p. 56)

P.segr.iv) "A segregação limita o desenvolvimento em certas direções mas o libera em outras [e as áreas que assim cria] tendem a acentuar certos traços, atrair e desenvolver sua espécie de indivíduos, tornando-se, assim, mais diferenciadas." (p. 56)

P.org-des.i) "Na medida em que a desorganização conduz à reorganização e realiza um ajustamento mais eficiente, não é patológica, mas normal." (p. 54)

P.org-des.ii) "Os fenômenos de expansão e metabolismo indicam que um grau moderado de desorganização pode facilitar a organização social, mas que a expansão urbana rápida é acompanhada de indícios de desorganização social (aumento excessivo de doenças, crimes, prostituição, desordens, insanidade e suicídio)." (p. 57)

P.met.i) "Variações marcadas ou desvios na composição por idade e sexo de uma população são sintomas de anormalidade no metabolismo social." (p. 54)

P.met.ii) "A incorporação dos indivíduos à vida social pela aquisição de cultura em meio a uma família já ajustada a um ambiente social (assimilação) faz parte de um processo de metabolismo, que pode passar por perturbações que são causadas por qualquer aumento excessivo da população maior que a taxa de crescimento natural, ou seja, pelo influxo de imigrantes." (cf. pp. 53-4)

P.met.iii) "A mobilidade é talvez o melhor índice do estado de metabolismo da cidade, e pode ser concebida como 'o pulso da comunidade' (tal como o pulso do corpo humano), um processo que reflete e indica todas as mudanças que ocorrem na comunidade e que é passível de análise em elementos quantificáveis." (p. 59)

P.mob.i) "As áreas de mobilidade são as regiões em que são encontrados os maiores problemas sociais (delinquência juvenil, crimes, pobreza etc.)." (p. 59)

P.mob.ii) "As variações nos valores do solo (já que refletem o movimento), especialmente onde correlacionadas às diferenças nos aluguéis, oferecem a melhor medida da mobilidade e, assim, de todas as mudanças que ocorrem na expansão e no crescimento da cidade." (p. 61)

P.mob.iii(il.) Em Chicago, o ponto de maior mobilidade da cidade é "a esquina das ruas Stage e Madison, no *Loop*: uma contagem de tráfego mostrou que, no período do *rush*, 31.000 pessoas por hora ou 210.000 homens e mulheres em dezesseis horas e meia, passam pela esquina sudoeste [...]". (p. 61)

F.mob.i) "O movimento significativo para o crescimento é aquele que implica numa mudança do movimento em resposta a um novo estímulo ou nova situação", e que "é chamado de *mobilidade*". (p. 58)

F.mob.ii(il.) "É possível estudar [na área de Lawndale, a *Deutschland*] como o resultado esperado [de sua] alta taxa de mobilidade na desorganização social e pessoal é contrabalançado, em longa medida, pela eficiente organização comunal da comunidade judaica." (p. 62)

F.mob.ii(il.ii) "Porém, também, a mudança dá um sentimento de emancipação e impulso para novas metas." (p. 54)

F.mob.iii(il.i) "Os mais elevados valores do solo em Chicago estão no ponto de maior mobilidade da cidade, na esquina das ruas State e Madison, no *Loop*; por mais de dez anos, os valores do solo no *Loop* estiveram estacionados, mas no mesmo período dobraram, quadruplicaram e mesmo sextuplicaram nas esquinas estratégicas dos '*loops*-satélites', um índice preciso das mudanças que ocorreram [...]." (p. 61)

F.met.i) "Dentre as causas do metabolismo desordenado da cidade, o excesso de aumento real da população sobre o natural [surge] da imigração para uma cidade metropolitana de dezenas de milhares de pessoas por ano." (p. 57)

F.met.ii) "À divisão econômica do trabalho se correlaciona uma correspondente divisão em classes sociais e em grupos culturais e recreacionais; nessa multiplicidade de grupos, com seus diferentes padrões de vida, a pessoa encontra o seu mundo social apropriado e pode se movimentar e viver em mundos amplamente separados e até conflitantes; a desorganização pessoal pode vir de se deixar de harmonizar os cânones de conduta de dois grupos divergentes." (p. 57)

F.est.i.) "A estimulação induz a uma resposta da pessoa àqueles objetos de seu meio ambiente que propiciam expressão para seus desejos." (p. 58)

F.est.ii) "A grande cidade [com seus lugares], seus submundos, seus riscos de vida e de propriedade, tornou-se a região de mais intenso grau de aventura, perigo, excitação e vibração; o que vai de encontro à mudança, às novas experiências e à estimulação envolvidos na mobilidade." (p. 58)

F.est.iii) "A mobilidade da vida da cidade, com seu aumento no número e na intensidade de estimulações, tende a confundir e desmoralizar a pessoa: é que a consistência (do tipo que é natural no controle social do grupo primário) é um elemento essencial nos costumes e na moralidade pessoal." (p. 59)

F.est.iv) "Se a resposta à estimulação é uma reação *integral* correlacionada à personalidade inteira, então é salutar; mas se é *segmental*, separada da organização da personalidade e não controlada por ela, então ela tende a se tornar desorganizada e patológica: é por isso que a estimulação pela estimulação, como na busca incansável de prazer, compartilha a natureza do vício." (p. 59)

F.mov.i) (O movimento dentro da cidade pode ser classificado em movimento de residência para residência, a mudança de ocupação, o movimento de ida e volta do trabalho, o movimento para recreação e aventura e, o mais interessante de estudar, os movimentos internos [em ondas de maré].) (cf. p. 58)

F.mov.ii) "Entram na mobilidade: o estado de mutabilidade da pessoa (que varia com a composição por idade e sexo e grau de separação da pessoa em relação à família e outros grupos) e o número e as espécies de contatos ou estimulações em seu meio ambiente (o que pode ser medido em termos de mudanças de movimento e aumento de contatos)." (pp. 59-60)

F.mov.iii) "As estatísticas sobre os movimentos da população urbana podem só medir a rotina, mas um aumento em proporção mais elevada do que o da população pode medir a mobilidade (aumentos em números de passageiros, viagens, automóveis), o que também pode ser feito pelos aumentos de contatos (aumento de correspondência remetida, de telefones e de telefonemas, por exemplo)." (pp. 60-1)

Anal. i) "O aspecto da expansão chamado sucessão é um processo que foi estudado em detalhe na ecologia vegetal." (p. 50)

Anal. ii) "O crescimento urbano pode ser pensado como um resultado da organização e da desorganização análogas aos processos anabólicos e catabólicos no corpo." (p. 53)

Anal. iii) "Para a pessoa, como para o organismo físico, a estimulação é essencial para crescer." (pp. 58-9)

II. Proposições *metateóricas*:

Mt) "A carta [I] constitui uma representação (*construction*) ideal das tendências Pi [em termos EZ]." (p. 50)

Ma i) "Nem Chicago, nem qualquer outra cidade se ajusta perfeitamente a este esquema ideal." (pp. 51-2)

Ma ii) "Complicações são introduzidas pela margem do lago, o Rio Chicago, linhas ferroviárias, fatores históricos na localização das indústrias, o relativo grau de resistência das comunidades à invasão etc." (p. 52)

Naturalmente, esta deve ser entendida como uma das reconstruções informais possíveis da formulação de Burgess; não a defenderemos como única, nem como a melhor: consideramos apenas como uma reconstrução capaz de, para nossos fins, destacar certos aspectos mais relevantes de sua constituição. As proposições dos grupos E, EZ, EA constituem um grupo de generalizações empíricas, na maior parte dos casos; as dos grupos P e F repousam mais visivelmente, em sua maioria, sobre a concepção pressuposta de uma ecologia humana; ressaltamos, por fim, algumas analogias (*Anal.*) presentes na formulação.

Desejamos destacar algumas considerações e avaliações encontradas em autores que comentam a teoria de Burgess. Por exemplo, a de que esquemas "concêntricos de uso do solo não são novos", pois concepções iniciais já haviam sido esboçadas "por Platão, Aristóteles, Marco Polo, von Thünen e Hurd. A primeira pessoa a formular um tal conceito em referência às cidades norte-americanas foi E. W. Burgess [...]" (Murdie 1969: 280). Outra é a de que "As tendências gerais salientadas por Burgess já haviam sido observadas em Londres, cerca de vinte anos antes, por Charles Booth e outros, em *Life and Labour of the People em London* (1904, vol. 1: 205). Além disso, Booth indicou uma 'tendência centrífuga', designada em outro trecho como 'lei de migração sucessiva', em que 'o deslocamento ocorre gradualmente, de anel em anel, acompanhado por uma vagarosa mudança de classe' (*ibid.*: 183)" (Schnore 1976: 361, nota 12).

Nelson 1969 tenta explicitar claramente suas suposições ou proposições primitivas: "Burgess pressupunha uma cidade com um único centro, uma população heterogênea, uma base mista comercial e industrial, assim como uma competição econômica pelo espaço central altamente valorizado e severamente limitado" (p. 78). Castells dá outra ênfase em seus pressupostos, citando-os como sendo: "[...] certo grau de heterogeneidade étnica e social; uma base econômica industrial-comercial; propriedade privada; comércio; organizações econômicas funcionalmente especializadas e diferenciadas espacialmente; um sistema de transporte eficaz e sem irregularidade muito grande; um núcleo urbano central com forte valor do solo" (Castells 1972: 153-4).

Nelson assim a avalia: "considerados os limitados dados disponíveis, o modelo de Burgess foi uma descrição notavelmente astuta da cidade americana de época" (*ibid.*: 78). Para nós, entretanto, talvez a mais importante avaliação seja a feita por Hoyt, o autor que melhor deu continuação ao desenvolvimento da teoria de Burgess: "Embora a teoria dos círculos concêntricos de Burgess se baseasse num estudo de Chicago — uma cidade numa vasta planície, cortada a leste pelo Lago Michigan — e os padrões de crescimento de outras cidades fossem influenciados pela sua topografia única, sua formulação tinha uma extensa aplicação às cidades americanas" da época; e conclui: "Burgess fez uma brilhante e vívida contribuição à sociologia urbana e à geografia urbana que inspirou o presente autor bem como a sociólogos e geógrafos que fizeram estudos subsequentes de padrões das cidades" (Hoyt 1964: 84).

Estaremos interessados, neste trabalho, em separar os aspectos socioeconômicos de explicação da organização espacial da cidade dos aspectos ligados aos pressupostos ecológicos presentes na formulação de Burgess; assim, devemos passar a um exame da ideia de ecologia humana, para podermos precisar em que sentido essa formulação está vinculada a ela.

7.
O CONCEITO DE ECOLOGIA HUMANA NA ESCOLA SOCIOLÓGICA DE CHICAGO

Uma vez exposta a teoria de Burgess e salientados os aspectos que a relacionam, para seu autor, à ecologia humana, devemos abordar agora diretamente a caracterização desta. A concepção da ecologia humana compartilhada, com algumas variações, por Burgess, Park e McKenzie, veio a ser designada como a ecologia humana clássica (Theodorson 1961: 3 *passim*) e predominou na sociologia americana entre 1921, quando foi proposta por Park e Burgess, como vimos anteriormente, até aproximadamente 1940, quando começaram a surgir com vigor importantes mudanças nas ideias a respeito do assunto.

Cabe de início traçar a semântica do conceito, como procedimento de reconstrução metodológica que nos permita situar precisamente o sentido ou os sentidos do termo que nos interessa e que deveremos discutir. Tentativas de definição dos sentidos de 'ecologia humana' foram feitas por diversos autores (Theodorson 1961: 3-7; Pierson *1970*: 11-7; Hollingshead 1939; Wirth 1945 etc.), porém o mais exaustivo levantamento sistemático é o de Quinn 1940, que apontou pelo menos oito ou nove sentidos discerníveis diferentes na literatura sociológica até a época, sem contar aqueles que se poderia identificar em outras áreas de estudo.

Agrupamos as distintas definições possíveis da ecologia humana que se pode explicitar nessa época em seis classes:

EH.1) a ecologia humana como *síntese abrangente de diversos campos de ciências* naturais e ciências sociais, cobrindo: a embriologia, a fisiologia e a morfologia humanas, a geologia, a geografia, a antropologia, a economia, a sociologia, a psicologia. É a concepção mais ampla da ecologia humana encontrada na literatura. É um ponto de vista explicitado pelo botânico J. W. Bews em 1935, que procura dar conta amplamente da tríade constituída pelo organismo, seu meio ambiente e as relações entre os dois, como um todo integrado.

Uma versão restrita desta concepção, que limita o campo da ecologia humana às relações entre os organismos e seu meio ambiente (EH.2) é aceita, em linhas gerais, por certo número de sociólogos e geógrafos, sobretudo.

EH.2) A ecologia humana como *estudo das relações entre o homem e seu meio ambiente*. Numa variante da versão restrita de EH.1, é definida na geografia por Barrows 1923, e nesse sentido se identifica a ecologia humana à geografia humana. A distinção se dá na prática da pesquisa, que revela diferenças de procedimento: entre os geógrafos, não se salienta os processos ecológicos que para a maioria dos sociólogos é fundamental; ademais, os geógrafos, fiéis à tradição ambientalista seguida predominantemente na disciplina desde o século XIX, se concentram nas relações concretas entre o homem e o meio ambiente, enquanto os sociólogos tendem a buscar, nessas relações, padrões espaciais e estruturais de relações entre os homens. Cabe esclarecer que, de fato, a sociologia desenvolveu uma abstração ecológica própria, distinta daquela da geografia humana; dado que a relação com o meio ambiente é um elemento fundamental da ecologia, Quinn 1939 chama acertadamente a atenção para o fato de que um estudo sociológico só será ecológico se usar "certos aspectos da influência ambiental como princípio de interpretação" (p. 137) para poder analisar "certos aspectos limitados das inter-relações humanas como influenciadas pelo ambiente" (p. 138).

EH.3) A ecologia humana como *aplicação de conceitos e explicações da biologia na conceituação e explicação de fatos sociais.* Neste ponto de vista, o uso dos princípios biológicos é entendido como direto, e não através de modelos e analogias comparativas ou mais brandamente por metáforas; corresponde à extensão dos princípios da ecologia geral ao homem. É a posição ingênua de biólogos que, sem darem a devida importância ao conceito de cultura, se aventuram no campo da ecologia humana; crendo que o estudo de comunidades animais e vegetais pode ser o ponto de partida e desenvolvendo "diversos conceitos ecológicos gerais — competição, cooperação, sucessão, invasão, gradiente, teia da vida, cadeia alimentar, nicho, área natural — procuram aplicá-los diretamente ao estudo das comunidades humanas" (Quinn 1950: 7), que diferiram apenas em grau das primeiras. Essa visão naturalista e, assim, reducionista, é também simplificadora da ciência social e da própria realidade social. É um ponto de vista explicitamente rejeitado pelas concepções EH.2 e EH.6.

EH.4) A ecologia humana como *estudo das distribuições espaciais dos fenômenos humanos.* É o ponto de vista expresso nas posturas sociológicas que não reconhecem e mesmo recusam qualquer relevância à ecologia humana e nos tratamentos de seus problemas que não apreendem sua especificidade própria, considerando de modo simplista que a característica central da abordagem ecológica é a distribuição espacial.[11]

---

[11] Uma tal concepção parece presente em Shils 1970: o termo 'ecologia' denota, afinal, tão somente a consideração que faz, em termos de diferentes países, do surgimento e desenvolvimento de correntes expressivas de pensamento sociológico, nada parecendo ser apontado de específico que vincule a fixação de tradições científicas e a sua institucionalização aos contexto em que ocorreram; assim, sua "ecologia da sociologia" (p. 791) é uma

Cabe lembrar que a menção à distribuição espacial de eventos é procedimento comum em praticamente todas as ciências empíricas e constitui ou integra termos e proposições de ordem observacional que inevitavelmente ocorrem em enunciados descritivos referentes ao universo de pesquisa, instância concreta dos objetos materiais estudados em ciência. Tal menção ocorre também na ecologia humana, porém, as distribuições espaciais só terão significado ecológico quando analisadas em termos das abstrações básicas da ecologia humana, adquirindo assim a dimensão de relações espaciais e sendo vistas, então, como um aspecto da estrutura ecológica da organização das comunidades, como explicitado em EH.6. Há, por conseguinte, distribuições espaciais casuais e as que resultam de outros aspectos da vida social e que, assim sendo, não são ecológicas. Ressalte-se, ademais, que há pelo menos um aspecto da vida das comunidades que não é — ou não é inteiramente — espacial, que a ecologia humana inclui apropriadamente e que Quinn 1939 cita, por exemplo, "num estudo no nexo funcional impessoal que surge como resultado da especialização econômica e da divisão do trabalho", aspecto funcional das relações humanas que só ganha conotação espacial quando "é

---

tese plena de interesse, mas sua exposição não nos parece substanciar a proposta que faz à página 782: "O desenvolvimento de um campo ou disciplina intelectual pode ser visto como incluindo um processo ecológico assim como um processo de institucionalização. As construções intelectuais têm aspecto espacial. Sua produção e cultivo ocorrem no espaço; a institucionalização ocorre em pontos particulares e se expande ou se contrai territorialmente e variando na direção de mais ou de menos institucionalização. A institucionalização é um dos fatores que afeta a direção do movimento espacial das ideias, assim como é um mecanismo de elaboração, promoção e sufocação de ideias".

analisado dentro dos limites das comunidades ou regiões" (p. 138).

A concepção da ecologia humana como estudo das distribuições espaciais constitui, assim, uma trivialização brutal de uma concepção mais sofisticada, que se interessa pela organização espacial e a localização dos fenômenos sociais; é uma caricatura que nada retém da concepção original e a desqualifica.

EH.5) A ecologia humana como *estudo de áreas regionais ou locais*. Desde o início, a ecologia humana teve a função de emprestar fundamento teórico a estudos empírico-descritivos na sociologia, num sentido mais fraco da sua versão sofisticada que nos interessa, em razão do que, todavia, passou a ser identificada aos rumos, interesses, procedimentos e peculiaridades de que, em certa medida comum estes estudos de áreas sociais, econômicas e culturais vieram a se revestir. Esse sentido mais fraco da ecologia humana pode ser melhor caracterizado em termos dos dois níveis em que se desenvolveram esses estudos de áreas sociais: o dos estudos de comunidades e vizinhanças intraurbanas, bairros e setores da cidade, ou até de toda a cidade considerada como uma comunidade; e o dos estudos que abordam conjuntos de comunidades, áreas metropolitanas e regiões urbanas ou econômicas inteiras.

Em Chicago, os estudos de comunidades locais foram os primeiros a ser desenvolvidos ao longo da década de 1920, tentando, por um lado, concretizar as concepções de "áreas naturais", de áreas segregadas e de "regiões morais" da cidade, postuladas por Park, ou, por outro lado, identificar as áreas urbanas componentes do esquema de zonas de expansão concêntrica da cidade, teorizado por Burgess, conforme variasse a ênfase em instituições, tipos de personalidades, atividades e processos sociais. As monografias sobre a *Ho-*

bohemia, a *Gold Coast* e a *Little Sicily*, o *Ghetto*, o *Black Belt*, as *gangs*, as áreas de vício e delinquência e outras sub-áreas da cidade de Chicago representariam, nesse sentido, estudos de complexos socioculturais e não de estruturas espaciais subsociais preconizadas na concepção sofisticada. De qualquer forma, contribuíram para fixar esse sentido mais fraco da concepção da ecologia humana que prevaleceu como tradição da escola de Chicago.

Os estudos regionais começaram a surgir no final da década de 1920, tentando estabelecer a área de influência das cidades e metrópoles e a estrutura das regiões econômicas e culturais, a partir de ideias e preocupações apresentadas por Park 1929-B e 1933 e por McKenzie 1933. Noutra direção, concebeu-se as comunidades e regiões como complexos articulados estudados em seus elementos fundamentais — população, meio ambiente, cultura; essa ecologia regional foi representada por Mukerjee 1928 e Odum & Moore 1938, por exemplo. A área espacial vista, então, como um complexo ambiental pressupõe o ajustamento do homem ao ambiente, decorrendo também daí a concepção do seu estudo como ecológico.

A ecologia humana entendida como estudos dos aspectos do "complexo cultural-funcional-espacial de uma comunidade ou região" (Quinn 1950: 11) não aborda aspectos espaciais subsociais explicitamente: sua concepção não é discutida, sendo quando muito mencionada como pressuposto, o que não quer dizer que esteja sendo necessariamente usada.

EH.6) A ecologia humana como um *estudo de relações subsociais entre os homens*. Os aspectos das relações humanas que não envolvem estímulo e resposta mentais ou conscientes diretos, e em especial a comunicação simbólica entre os agentes, são tidos como aspectos subsociais. A interação subsocial e impessoal ocorre "por intermédio do meio ambiente natural de que os participantes dependem, de modo que, quando uma unidade muda sua posição ecológica ou aumenta ou diminui um montante limitado [de um aspecto do meio ambiente], afeta com isso os outros" (Quinn 1950: 7). A competição é uma forma de interação subsocial "sem contato social" (Park & Burgess 1921: 506). Na sociologia, a proposição de que a ecologia humana é o estudo dos aspectos subsociais, como acima definidos, da organização espacial que surgem e se modificam através da competição corresponde à concepção sofisticada deste campo. Segundo este ponto de vista, os homens e as instituições de uma área se integram num "organismo comunal" subsocial como resultado de processos competitivos impessoais, pelos quais cada unidade individual encontra uma ocupação ou nicho funcional e uma posição espacial que a habilita a desempenhar um papel no interior da área funcional e espacialmente organizada; seu estudo pretenderia descartar e abstrair deliberadamente todos os aspectos estritamente sociais das relações humanas (McKenzie 1934: 40-1; Quinn 1950: 7-8).

A formulação, o desenvolvimento e a tentativa de aplicação originais deste último ponto de vista (EH.6) da ecologia humana encontram-se nas obras de Burgess, de Park e de McKenzie, a partir das quais, na década de 1920, passou a exercer uma influência que na década seguinte se alastrou e se firmou como uma corrente de pensamento teórico na sociologia americana, vindo a ter adeptos convictos e críticos vigorosos.

Não é um ponto de vista de simples e fácil esclarecimento, pelo que, como assinala Quinn, "existe uma considerável confusão e numerosas controvérsias" a seu respeito (1950: 7). Para estabelecer mais nítida e fielmente sua identidade e seus progressos, acompanharemos seu desenrolar naquelas obras dos autores que o criaram, ressalvando, embora, que nosso interesse neste trabalho é antes o de elucidar o seu papel na emergência e no desenvolvimento da temática da estrutura urbana, mais do que o de tratá-lo exaustivamente. A literatura que utilizamos não traz um tratamento da ecologia humana clássica — em que se desenvolvem os conjuntos de concepções expressos por Burgess, Park e McKenzie exclusivamente, salvo poucas exceções[12] — que identifique cada um dos elementos que integram a sua concepção e proporcione um levantamento das perspectivas próprias a cada um dos três autores que a sustentaram nessa fase. Os textos de análise e reconstrução da concepção geral são parciais e os que descrevem as interpretações de cada autor o fazem incompletamente, mesmo no caso de Park, sobre o qual há maior número de trabalhos, mas que, por outro lado, dos três autores, é aquele de concepções frequentemente mais difíceis de caracterizar, pelos modos variados como as expressou, pela linguagem muitas vezes alusiva e metafórica que empregou e pelas diferentes perspectivas e ênfases com que as expôs. Burgess, por sua vez, expressou de modo bem mais claro, porém mais sucinto, suas concepções; entretanto, não foi ainda sistematicamente estudado de maneira satisfatória. McKenzie, que também se expressou muitas vezes com

---

[12] Entre os autores que, como exceções, também expressaram concepções da ecologia humana, e a que aludimos, é possível citar Zorbaugh 1926, que em sua primeira seção, intitulada "Uma Ecologia Humana", apresenta uma concepção que enfatiza mais o ponto de vista EH-5 que EH-6, que indicamos anteriormente. O mesmo se poderia dizer de outra exceção a se apontar, que é Reckless 1926, onde só aparece o ponto de vista EH-5. Textos de autores expressando claro entendimento da concepção EH-6, tal como proposta por Park, Burgess e McKenzie, defendendo-a ou criticando-a, só parecem ter aparecido a partir de 1937; alguns anos depois, entre os autores que defenderam essa concepção, foram se revelando modificações importantes em certos elementos, em função das críticas apresentadas, o que viria a dar margem a uma nova fase da ecologia humana, a da abordagem neo-ortodoxa (cf. Theodorson 1961, p. 3-7 e 129-34).

grande clareza e precisão, não foi ainda objeto de um levantamento de seu esquema teórico-conceitual sistematicamente detalhado. Não poderemos preencher essas lacunas neste trabalho, mas apenas indicar alguns dos principais pontos que esforços subsequentes poderão ampliar e, eventualmente retificar. Centrados nos desenvolvimentos situados na década de 1920, tentaremos esboçar a caracterização da concepção da ecologia humana em sua formulação geral e a dos estudos de comunidades, em Burgess, Park e McKenzie, cujos contornos poderão ficar mais claros com a apresentação resumida de uma importante perspectiva crítica desses pontos de vista.

É necessário que voltemos a fazer menção ao tratado de Park & Burgess 1921; nele se manifesta pela primeira vez a concepção explícita da ecologia humana desenvolvida em Chicago, a partir da qual cada um desses autores posteriormente refletiu e derivou desdobramentos e programas de trabalho — e o primeiro enunciado da teoria da estrutura urbana de Burgess, concebido em 1922, que descrevemos reconstrutivamente, já representou um resultado desses desdobramentos.

Park & Burgess 1921 associam a ideia de ecologia humana ao processo de interação humana da competição: dentre "os quatro grandes tipos de interação — competição, conflito, acomodação e assimilação —, a competição é a forma elementar, universal e fundamental" (p. 506). Embora a interação seja criada pelo contato social, "a competição, estritamente falando, *é interação sem contato social*" (p. 506); o que faz isso parecer paradoxal é que "na sociedade humana a competição é sempre complicada com outros processos [de interação], ou seja, com o conflito, a assimilação e a acomodação" (*ibid.*). É só na comunidade vegetal que se pode "observar o processo de competição em isolamento, não complicado com outros processos sociais" (*ibid.*). "A comunidade vegetal é a melhor ilustração do tipo de organização social que é criado pela cooperação competitiva porque [nela] a competição é irrestrita" (p. 507).

"A competição é universal no mundo das coisas vivas" (p. 509), e nas circunstâncias comuns não é notada nem mesmo pelos indivíduos que são só mais interessados. Só em períodos de crise, quando "esforços conscientes dos homens para controlar as condições de sua vida comum" permitem identificar a pessoas as forças com que estão competindo, a competição é convertida em conflito (*ibid.*). "Os membros de uma comunidade vegetal se adaptam uns aos outros [...] como todas as coisas vivas se adaptam ao seu meio ambiente, mas não há conflito entre eles porque não são conscientes" (p. 506) e a competição é interação sem contato social, bem claramente; mas entre os homens, "as mentes se encontram": "o significado que está numa mente é comunicado a outra mente, de modo que essas mentes se influenciam mutuamente uma à outra" e existe, então, contato social propriamente dito (p. 506). Contudo, apesar disso, há competição entre os homens e "o maior competidor do homem é o homem" (p. 512).

Com uma dupla origem nas noções de luta pela existência e de luta pela vida (cf. p. 554), o conceito de competição é o de "um processo que inicialmente tem seu cenário na luta pela existência [...], normalmente representada como um caos de indivíduos em contato, em que os menos aptos perecem a fim de que os mais aptos possam sobreviver". Esta "concepção da ordem natural como uma ordem de anarquia", com a progressiva extensão do controle sobre a natureza que acompanha a evolução da sociedade, é substituída por uma ordem moral. "Dentro dos limites que o processo cultural cria e o direito, o costume", a tradição e os padrões morais impõem, "a competição invariavelmente tende a criar uma ordem social impessoal, na qual cada indivíduo, sendo livre para perseguir seu próprio lucro, e num certo sentido compelido a fazê-lo, faz de todos os outros indivíduos um meio para aquele fim. Porém, ao fazê-lo, inevitavelmente contribui, através do intercâmbio mútuo de serviços assim estabelecido, para o bem-estar comum. É próprio da transação comercial isolar o motivo do lucro e torná-lo a base da organização comercial, e na medida em que este motivo se torna dominante e exclusivo, as relações comerciais inevitavelmente assumem o caráter impessoal tão geralmente atribuído a elas" (p. 507). "A competição no nível econômico, a luta pelo sustento, tem suas origens na praça do mercado" (p. 556). "A extensão das relações da praça do mercado a praticamente todos os aspectos da vida que têm a ver com o sustento foi resultado da revolução industrial e do desenvolvimento da Grande Sociedade. A padronização dos mercados, dos preços e dos salários, a natureza impessoal das relações comerciais", o dinheiro e o crédito "ampliaram grandemente as formas competitivas externas da interação" (p. 557).

Uma observação fundamental para nós é a de que "a competição é o processo pelo qual a organização distributiva e ecológica da sociedade é criada" (p. 508) e determina "a distribuição da população territorial e vocacionalmente. A divisão do trabalho e toda a vasta interdependência econômica organizada de indivíduos e grupos de indivíduos, característica da vida moderna, são um produto da competição" (*ibid.*).

A essa organização competitiva se impõe "uma ordem moral e política [...] que é um produto do conflito, da acomodação e da assimilação" (p. 508).[13]

"[...] A ordem puramente econômica em que o homem se torna um meio, mais que um fim, para os outros homens, é a-social, se não antissocial. Este caráter de *exterioridade* nas relações humanas é um aspecto fundamental da sociedade e da vida social" e constitui "outra manifestação" do que já foi referido como "o aspecto distributivo da sociedade [...]" (p. 508).

---

[13] É de se notar como essas ideias evocam a distinção, feita em outro contexto, entre infraestrutura e superestrutura da sociedade em certos momentos do pensamento de Marx; isso talvez permita compreender, pelo menos em parte, por que esse ponto de vista foi identificado a um materialismo ecológico (Willhelm 1962: 2 e 13-27), ou, mais precisamente, a uma abordagem materialista da ecologia, em versões tradicional e neoclássica, esta última periodização equivalente à de Theodorson 1961.

Por um lado, "nem o mundo físico, nem o mundo social são feitos para satisfazer imediatamente todos os desejos do homem natural" (p. 509); por outro, "a livre ação absoluta da competição não é nem desejável nem mesmo possível" (p. 512).

Resumidamente, "a competição sendo restrita pelo costume, a tradição e o direito, a luta pela existência assumiu a forma de luta por sustento e por status" (p. 512): "os direitos de propriedade, [...] a organização da família, a escravidão, a casta e a classe, a organização social total, de fato, representam acomodações, ou seja, "limitações dos desejos naturais dos indivíduos" (p. 509), já que constituem processos pelos quais "os indivíduos e grupos fazem os necessários ajustes internos para as situações sociais que foram criadas pela competição e pelo conflito" (*ibid.*); essas mudanças, se decisivas e aceitas, levam a profundas modificações dos indivíduos e grupos, que são as unidades em competição, e uma vez efetuadas, cessa o conflito e resolvem-se as tensões que ele criou. Tais acomodações cresceram e "foram transmitidas e aceitas pelas gerações sucessivas como parte da ordem social natural e inevitável. Todas essas são formas de controle em que a competição é limitada pelo status" (p. 509).

Assim, "se o conflito deve ser identificado à ordem política e ao controle consciente [...], a acomodação está associada à ordem social que é fixada e estabelecida nos costumes e usos [...] e pode ser considerada, como a conversão religiosa, como uma espécie de mutação" (p. 510). A assimilação, "enquanto distinta da acomodação, implica transformação mais radical da personalidade — uma transformação que ocorre gradualmente sob a influência dos contatos sociais de tipo mais concreto e íntimo" (p. 510).

Dessa forma, "a competição entre os homens tem sido muito largamente convertida em rivalidade e conflito" (p. 512), e o efeito deste último "tem sido o de estender gradativamente a área de controle e modificar e limitar a luta pela existência dentro dessas áreas" (*ibid.*). "[...] Do ponto de vista do indivíduo, a competição significa mobilidade e liberdade; e do ponto de vista da sociedade, mudança pragmática ou experimental. A restrição da competição é sinônimo de limitação do movimento, aquiescência no controle e *telesis*" (no sentido proposto por Ward, de mudanças ordenadas pela sociedade, enquanto distintas dos processos naturais de mudança) (*ibid.*).

A perspectiva assim delineada é a de que "o problema de toda sociedade é prático: como assegurar os máximos valores da competição, ou seja, liberdade pessoal, iniciativa e originalidade, e, ao mesmo tempo, controlar as energias que a competição libertou no interesse da comunidade" (*ibid.*).

Completam esse quadro das considerações iniciais das quais se desenvolveu a ideia de ecologia humana e as concepções a elas associadas, em Chicago, o paralelo entre competição e conflito e sua associação à distinção entre comunidade e sociedade, nesse contexto.

A competição é caracterizada como "uma luta entre indivíduos ou grupos de indivíduos, não necessariamente em contato ou comunicação" e "é inconsciente, quer seja não restrita e não controlada, como com as plantas, ou na grande luta pela vida impessoal do homem com sua espécie e com toda a natureza animada" (p. 574).

O conflito é "uma contenda em que o contato é uma condição indispensável" e é "sempre consciente", evocando emoções, paixões e "a maior concentração de atenção e de esforço" (*ibid.*).

Ambos são formas de luta, mas "a competição é contínua e impessoal e o conflito é intermitente e pessoal" (*ibid.*). É relevante a postulação de que "a competição é uma luta por posição numa ordem econômica" e que por ela são determinados, no fim das contas "a distribuição da população na economia mundial, a organização industrial na economia nacional e a vocação do indivíduo na divisão do trabalho" (p. 574). Já "o status do indivíduo ou de um grupo de indivíduos na ordem social é determinado" por várias formas, manifestas ou sutis, de conflito (*ibid.*).

Num paralelo entre os efeitos de cada uma dessas formas de interação social, Park & Burgess esclarecem que "a competição determina a posição do indivíduo na comunidade", a qual tem como características a localização, a posição e a interdependência ecológica (p. 574). "O conflito fixa o lugar [do indivíduo] na sociedade", a qual se caracteriza pelo status, a subordinação e a superioridade e o controle (p. 575). Essas proposições especificam, de modo muito claro, os domínios, respectivamente, da ecologia humana e da sociologia.

É interessante destacar ainda que há neste texto a consideração de que "a pesquisa biológica [...] [iniciou] o estudo de campo das comunidades vegetais e animais [...]. Em dois estudos, Clemens [...] descreveu em detalhes as histórias de vida de algumas dessas comunidades. Sua análise da sucessão das comunidades vegetais dentro da mesma área geográfica e das relações de cooperação competitiva das diferentes espécies de que essas comunidades são compostas podem bem servir como modelo para estudos semelhantes de ecologia humana" (p. 555). Vê-se bem aí, a propósito, a menção a um modelo biológico em que Burgess provavelmente procurou se inspirar para a formulação de 1922-25.

A partir fundamentalmente de um tal quadro de reflexões, que *grosso modo* procuramos sumariamente esboçar, Burgess, Park e McKenzie desenvolveriam suas próprias considerações. Pelo seu papel na formulação na teoria da estrutura urbana, a teoria específica que representou a contribuição mais substancial dentro da concepção teórico-conceitual da ecologia humana, nos interessará primeiro expor com algum detalhe os enunciados encontrados na obra de *Burgess*, o qual, porém, dentre os três, foi aquele que menos extensamente se pronunciou a respeito dessa concepção. Com exceção de sua participação nas propostas do tratado de 1921, parece nunca ter escrito um amplo ensaio ou artigo em que desenvolvesse seu modo de ver a ecologia humana em seu plano geral. Sobre isso deixou apenas breves referências quase de passagem em vários de seus escritos. Uma das ocasiões em que o fez de maneira a mais inesperadamente clara foi num depoimento preparado para Odum 1951, no qual expõe a perspectiva que ainda então sustentava do campo e dos interesses da sociologia e da ecologia humana: "o campo da sociologia é o estudo dos processos ecológicos, culturais e sociais em seus efeitos sobre o comportamento humano" (Odum 1951: 353). É patente a adesão de Burgess, nesta afirmação, como em outras passagens de sua obra, à ideia de que o interesse da sociologia é o de buscar a explicação do comportamento de indivíduos e de grupos de indivíduos.

Ao mesmo tempo, Burgess reconhece que "a ecologia humana, estritamente falando, se situa fora da sociologia e que o processo cultural pertence fundamentalmente à antropologia cultural". Assim, afirma que o interesse fundamental da sociologia "é pelo processo social" (*ibid.*). Mas apesar dessa independência disciplinar, o interesse da sociologia pela ecologia humana é, a seu ver, essencial: "do ponto de vista do processo ecológico", a sociologia estuda "a comunidade ecológica (ou demográfica) como um agregado de indivíduos distribuídos sobre uma dada área. As relações entre os indivíduos da comunidade ecológica são consideradas em seus aspectos simbióticos. A competição, ou luta, sem a autoconsciência estar envolvida, é pressuposta como o fator central no processo ecológico. A comunicação, a cultura e as instituições, no processo ecológico, são consideradas somente na medida em que afetam as relações simbióticas dos indivíduos. Na ecologia *humana*, particularmente no mundo moderno, o fator da tecnologia se torna um fator de principal importância. O ambiente ecológico dos seres humanos é feito pelo homem. A urbanização, do ponto de vista da ecologia, pode ser considerada como a adaptação das pessoas umas às outras, em face do esquema físico das ruas, dos meios de transporte rápido, dos serviços públicos, dos arranha-céus de apartamentos, dos novos meios de comunicação etc. A ecologia humana, logicamente, é uma disciplina separada da sociologia. Como os estudos de população, ela se tornou vinculada à sociologia porque proporciona a infraestrutura para o estudo dos fatores do comportamento humano. Teoricamente, ela deveria formar um fundamento semelhante para a antropologia, a economia e a ciência política" (Burgess, em depoimento de 1950, a Odum 1951: 353). Reencontramos neste enunciado a perspectiva, o tom e mesmo os detalhamentos das formulações da década de 1920, eventualmente atualizados em certa medida para a realidade do pós-guerra.

Em três textos diferentes (os de 1924-B: 1929 e 1964), Burgess expôs sua concepção da comunidade e enumerou os diferentes elementos e níveis a considerar nos estudos de comunidades.

O artigo de 1924-B contém uma observação de ordem metodológica: Burgess afirma que "a explicação científica lida com forças, não com fatores". Park distinguiria entre fatores e forças nos seguintes termos: os fatores são causas concretas de eventos individuais; as forças são fatores típicos operando em situações típicas, causas abstratas para eventos semelhantes gerais. Partindo desta distinção, Burgess caracteriza o estudo científico da vida da comunidade como o estudo, a descrição e, por fim, a mensuração das forças sociais nela contidas — "forças como condições geográficas, desejos humanos, consciência comunitária" (Burgess 1924-B: 143). Voltada a este objetivo, empreendia-se no Departamento de Sociologia de Chicago uma série de projetos de pesquisa, "usando a cidade de Chicago como laboratório" e pressupondo que "os processos de vida urbana numa comunidade são, de certa maneira, típicos da vida da cidade em todos os Estados Unidos" (*ibid.*: 143-4).

O esquema em função do qual Burgess considera a realização do estudo das forças sociais da comunidade é apresentado, primeiro, através da caracterização dos três aspectos diferentes da vida da comunidade e, depois disso, da caracterização dos três principais tipos de influências determinantes das quais as vizinhanças ou a comunidade são resultantes e que deve se pressupor no estudo das forças sociais numa área local.

No tratado de 1921 já havia a definição de que a 'comunidade' é "o termo que é aplicado às sociedades e aos grupos sociais onde são considerados do ponto de vista da distribuição geográfica dos indivíduos e instituições dos quais são compostos" (Park & Burgess 1921: 163). Agora, em 1924, Burgess salienta "a crescente disposição de enfatizar como um dos aspectos fundamentais da comunidade seu cenário geográfico", pela qual, em qualquer dos divergentes significados que lhe podem ser atribuídos, a comunidade "significa indivíduos, famílias, grupos ou instituições localizados numa área e algumas ou todas as relações que surgiram desta localização comum" (Burgess 1924-B: 144).

Assim, "relações sociais marcadamente diferentes podem ter raízes nas condições de uma localização territorial comum"; essas notáveis diferenças "nas condições comunitárias, vistas em relação ao seu fundo geográfico, têm causado muita confusão no uso do termo 'comunidade'". A vida da comunidade, "enquanto condicionada pela distribuição dos indivíduos e instituições sobre uma área, tem pelo menos três aspectos diferentes" (*ibid.*: 144), que Burgess se propõe a identificar: os aspectos de comunidade ecológica, de comunidade cultural e de comunidade política. Trata-se de três pontos de vista "a partir dos quais a relação de uma área local com a vida de um grupo humano pode ser enunciada" (*ibid.*: 146).

A *comunidade ecológica* é "a comunidade vista quase exclusivamente em termos de localização e de movimento", que revela a "organização aparentemente 'natural' da comunidade humana, tão semelhante em sua formação às comunidades vegetais e animais" (*ibid.*: 144-5).

Este aspecto da comunidade tem certos efeitos, em cada caso, sobre sua organização: (1) em certo grau, "a própria área, por sua própria topografia e por todas as suas outras características externas e físicas, como ferrovias, parques, tipos de habitações, condicionou a formação da comunidade e exerceu uma influência determinante sobre a distribuição de seus habitantes e sobre seus movimentos e sua vida". (2) Em certa extensão, "ela teve um efeito seletivo na separação e classificação das famílias sobre a área por ocupação, nacionalidade e classe econômica e social" (*ibid.*: 144). (3) Em certa extensão, "o trabalho de instituições de vizinhanças ou comunidades é promovido ou impedido por uma localização favorável ou desfavorável". (4) Em certa medida, "as distâncias geográficas dentro ou fora da comunidade simbolizam distâncias sociais" (*ibid.*: 145). Não havendo ainda, na época, estudos amplos da comunidade humana a partir deste ponto de vista, Burgess assinala os rápidos progressos da pesquisa "nos dois campos análogos da ecologia vegetal e da ecologia animal": os processos de competição, invasão, sucessão e segregação descritos em detalhe para as comunidades vegetais e animais parecem notavelmente semelhantes aos que operam na comunidade humana; os estudiosos desta última, sugere, poderiam se valer dos estudos naquelas áreas para obter "uma compreensão mais adequada dos fatores básicos" de sua organização (*ibid.*).

A *comunidade cultural* é "o aspecto da vida social de acordo com o qual a comunidade pode ser concebida em termos dos efeitos da vida comunal numa dada área sobre a formação ou a manutenção de uma cultura local". Embora essa relação dos padrões de cultura com as áreas territoriais ainda não estivesse adequadamente estudada, sabia-se que "a cultura local inclui aqueles sentimentos e formas de conduta, ligações e cerimônias que são característicos de uma localidade, que ou se originaram na área ou se tornaram identificados com ela" (*ibid.*: 145). Uma questão é lembrada por Burgess quanto aos seus efeitos: os estudos dos dialetos são "uma ilustração de como as áreas locais, com seu isolamento herdado, afetam diferencialmente os costumes da fala" (*ibid.*: 145-6). E o interesse não é só por "povos pré-letrados e grupos atrasados geograficamente isolados", pois também "a colônia de imigrantes numa cidade americana possui uma cultura inequivocamente não própria, mas transplantada do Velho Mundo" e o que cabe notar não é que ela a mantém, "mas que em seu novo meio ambiente ela intermedeia um ajustamento cultural com sua nova situação"; em suma, "a cultura é basicamente dependente do lugar" (*ibid.*: 146).

A *comunidade política* "é a comunidade do especialista em serviço social de organização comunitária e do político: é sobre o seu conceito como área local que a organização política norte-americana foi fundada". Propõe questões sobre seus efeitos: (1) De certos modos e em certa extensão, "os fatos da residência comum numa localidade compele ou convida os seus habitantes a agirem juntos". (2) "Há, ou pode se desenvolver, sobre uma área geográfica, uma consciência comunitária". (3) "A contiguidade de residência assegura ou predispõe à cooperação, pelo menos naquelas condições de vida próprias do local geográfico, como transporte, abastecimento d'água, parques infantis etc." (4) Um certo "grau de ação social e política pode ser assegurado com base nas áreas locais" (*ibid.*).

Burgess chama atenção para o fato de que "essas três definições da comunidade, embora talvez não excludentes, representam três aspectos bem diferentes da vida da comunidade que terão de ser reconhecidos em qualquer estudo básico da comunidade" e da sua organização (*ibid.*: 146-7). É preciso considerar, porém, que "raramente os limites das áreas locais determinadas ecológica, cultural e politicamente coincidem de modo exato"; uma consequência disso é que nas cidades americanas, "os limites políticos são traçados muito arbitrariamente, sem consideração ou das linhas divisórias ecológicas ou das culturais", do que resultam "deficiências na ação política através de organismos governamentais e na ação assistencial de organismos de bem-estar social" (*ibid.*: 147).

Esta análise da comunidade em seu tríplice aspecto "sugere que o estudo das forças sociais numa área local deve pressupor que a vizinhança ou a comunidade é resultado de três principais tipos de influências determinantes: forças ecológicas, forças culturais e forças políticas" (*ibid.*).

As *forças ecológicas* "têm a ver com o processo de competição e com a consequente distribuição e segregação por residência e ocupação. Através da competição e dos fatores que a afetam, como centros comerciais etc., toda vizinhança da cidade se torna uma parte componente e integral da comunidade maior, com um destino ligado por sua relação com ela. No estudo do crescimento da cidade, se descobriu que a vida de qualquer vizinhança está determinada, afinal, não inteiramente pelas forças dentro dela própria, mas até mais pelo curso total da vida da cidade" (*ibid.*:

147-8). É neste contexto que Burgess cita a descoberta da "série de cinco zonas de expansão" em termos das quais a cidade cresce, e dentro das quais "se encontram distritos e comunidades locais que, por sua vez, se subdividem em áreas menores chamadas vizinhanças" (*ibid*.: 148). E em seguida tenda mostrar como a formação de centros comerciais locais repercute sobre a organização das comunidades locais em que se situam.

As *forças culturais* têm como elementos básicos para sua ação as forças ecológicas e econômicas, pois a cultura, "como herança social do grupo, implica" uma localidade à qual é própria e uma situação social constante, com muito pouca mudança. Sua tese aqui é a de que a movimentação da pessoa (de uma localização social para outra) ou alguma mudança repentina (como a causada por uma invenção) traz consigo a possibilidade ou a probabilidade de decadência cultural (*ibid*.: 150). Os controles culturais sobre a conduta se desintegram e os impulsos e desejos assumem expressão difusa e desenfreada; o resultado é a imoralidade e a delinquência, a desorganização pessoal e social. Ilustra isso "a taxa excessivamente elevada de delinquência juvenil entre filhos de pais imigrantes" como resultado do movimento (*ibid*.). Em breve resumo, com a recreação comercializada, os salões de bailes públicos e cinemas de vizinhanças vão sendo relegados pelos jovens, que preferem os grandes palácios de bailes e os cine-teatros das áreas de luzes brilhantes", onde surge a promiscuidade, entendida como "comportamento primário e íntimo com base em contatos secundários". As relações sociais dos jovens, antes salvaguardadas pelos controles primários de opinião do grupo nas comunidades, com a crescente mobilidade da vida da cidade, com a quebra do velho controle primário, chegam à promiscuidade (*ibid*.: 151). Evelyn Buchan, estudando a delinquência entre moças, empregou o "triângulo de delinquência": seus três vértices se localizariam na casa da moça, na casa do rapaz seu parceiro e no lugar de delinquência. "Logo apareceram três formas típicas do triângulo: a *forma 1* representa a forma tradicional de delinquência sexual", onde os três pontos do triângulo se situam dentro da comunidade; é o "triângulo da vizinhança". "Neste caso, a intimidade entre o rapaz e a moça pode ser pouco mais que a continuação" de costumes do Velho Mundo, mas sem a proteção para a moça de um subsequente casamento que os hábitos camponeses europeus propiciam (*ibid.*: 152).

Figura 5
O "triângulo da vizinhança"
(extraído de Burgess 1924: 152)

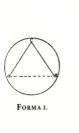

FORMA 1.

Figura 6
O "triângulo da mobilidade"
(extraído de Burgess 1924: 152)

FORMA 2.

A *forma* 2, que é o "triângulo da mobilidade", retrata a delinquência com maior liberdade de movimento, onde seus vértices formados pelas casas da moça e do rapaz ficam dentro da mesma comunidade, e o terceiro, o lugar de delinquência, se situa fora. "Nesse caso, a área de luzes brilhantes se torna um lugar de liberdade em relação aos controles mais estritos e distantes do lar e da vizinhança" (*ibid.*).

Figura 7
O "triângulo da promiscuidade"
(extraído de Burgess 1924: 153)

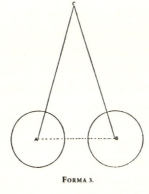

FORMA 3.

Na *forma 3*, a delinquência é do tipo de promiscuidade, porque aqui todos os vértices do triângulo situam-se em diferentes comunidades. "A intimidade que se desenvolve de um conhecimento casual [...] num parque de diversões pode ser tão passageira que um nem conheça o nome da família ou o endereço do outro" (pp. 152-3).

As *forças políticas* têm a ver com o controle mais formal da opinião pública e do direito público. O político profissional necessita ter um conhecimento intenso da vizinhança, tanto dos líderes locais, cultivando com eles um contato direto, como dos interesses básicos, desejos mobilizadores e dos problemas vitais dos que vivem na comunidade; é também o conhecimento de que necessita quem realiza trabalho social de vizinhança, pois o conhecimento dessas forças na vida da comunidade sugerirá programas e projetos factíveis (pp. 153-4).

A mesma linha de postulação estaria presente no texto de 1929: "os estudos ecológicos procuram definir os processos que determinam a organização social que resulta da distribuição e do movimento de indivíduos sobre uma dada área, não complicados, *tanto quanto é possível determinar*, pelos efeitos da comunicação e da cultura" (grifo nosso; Burgess 1929: 137-8). E "as três principais formas de organização das comunidades [...] são: (1) a organização econômica, que inclui a distribuição do comércio e da indústria no interior de uma área urbana; (2) a organização cultural, que inclui as formas voluntárias de associação nas comunidades, em escolas, igrejas, centros sociais" etc., e "(3) a organização política, que inclui os órgãos formais do governo" (*ibid.*: 126) — que Burgess afinal não estuda — e os outros grupos, na medida em que tentam afetar a legislação e a política social — que também não são devida e claramente estudados. Há, neste ponto, uma evidente intenção de indicar elementos concretos para a abordagem empírica das comunidades, tanto mais que, a seguir, Burgess menciona que o procedimento a se adotar é o de plotagem de organismos e entidades e de suas clientelas (*ibid.*: 126-7).

Sob este último aspecto, a palestra que proferiu num seminário a respeito de "Novas Orientações para a Pesquisa Urbana" é uma rica fonte de esclarecimentos e relatos de como se desenvolveu e se operacionalizou a investigação ecológica concreta das comunidades urbanas. Falando sobre "os pontos de vista e os métodos de pesquisa com que começamos nossos estudos" [na fase entre 1923 e 1933], Burgess afirma:

"Pressupúnhamos que a cidade tinha uma organização característica e um modo de vida que a diferenciava das comunidades rurais. Contudo, como as comunidades rurais, seria composta de áreas naturais, cada uma tendo uma função particular na economia e na vida totais da cidade, cada uma tendo suas instituições, grupos e personalidades próprios. Frequentemente havia amplas diferenças entre comunidades que eram muito nitidamente demarcadas.

Logo de início, decidimos que as áreas naturais poderiam ser estudadas significantemente sob dois aspectos: primeiro, seu *padrão espacial*: a topografia da comunidade local; as organizações físicas não somente da paisagem como das estruturas que o homem havia construído, que abrigam os habitantes e que oferecem lugares de trabalho e de lazer. Segundo, sua *vida cultural*: seus modos de vida, costumes e padrões.

O primeiro desses aspectos, o aspecto espacial, deu origem aos estudos ecológicos; tudo que poderia ser mapeado, a distribuição, os recursos físicos, instituições, grupos e indivíduos sobre uma área. Foram interessantes descobertas que vieram do mapeamento de dados. [Por exemplo, havia] delinquentes juvenis em quase todas as áreas, mas sua distribuição seguia o padrão zonal" (Burgess 1964: 7).[14]

---

[14] Ao falar da terceira fase, a dos "Anos de Depressão Econômica e de Guerra", entre 1934 e 1946, quando o trabalho sobre dados estatísticos chegou a se associar ao *U.S. Bureau of the Census*, Burgess lembrou a ressalva: "Os dados estatísticos e a plotagem de mapas nos diziam muito, mas não nos diziam tudo. Nos diziam muitas coisas interessantes que exigiam investigação ulterior [...]" (Burgess 1964: 8). "Estes dados estatísticos colocavam

"É minha firme convicção, após um quarto de século de pesquisa urbana, que *o sistema conceitual para os estudos urbanos deve abranger o campo inteiro da teoria sociológica*. A organização social com sua estrutura de classes; a mudança social como resultado de descobertas e invenções tecnológicas; o comportamento coletivo; o controle social, os estudos ecológicos e os estudos de população, todos nos dão pistas." Mas, o que quer que seja feito em um desses campos, não se deve deixar de reconhecer princípios estabelecidos pela pesquisa em outras áreas da vida urbana. "A desorganização pessoal e social são de peculiar interesse no estudo da cidade [...]. A desorganização social precisa ser entendida [...] como um aspecto de um processo de interação e ajustamento que eventualmente conduz à reorganização social. Muitas tendências da desorganização social conduzem à desorganização pessoal e ao colapso da comunidade; mas outras são tentativas de reorganização da comunidade. [...] A desorganização pessoal pode ser o resultado da desorganização da comunidade, [mas não precisam estar envolvidas da mesma maneira uma com a outra]" (*ibid.*: 10).

"A mobilidade é o processo-chave na compreensão da cidade em crescimento rápido; mobilidade de pessoas, famílias e instituições. [E não é só a mobilidade residencial ou a fluidez da mudança na população: há] também a mobilidade social. Com muita frequência, a mobilidade espacial é um índice de mobilidade social; na medida em que uma pessoa muda de residência, muda em relação à família ou para cima ou para baixo na escala de clas-

---

questões. Muitas dessas questões, naturalmente, podiam ser estudadas mais além por investigação estatística; outras, para serem entendidas, exigiam que fôssemos abaixo da superfície do comportamento observável. Cooley pensava que elas poderiam ser estudadas pelo que chamou de 'introspecção simpática' [...] [Os sociólogos descobriram o método] da comunicação, o de assegurar documentos pessoais e a história de vida. Psicólogos e psiquiatras introduziram outros métodos, outros testes [...]. Mas pelo uso de um documento pessoal éramos capazes de chegar aos aspectos subjetivos da vida na cidade" (*ibid.*: 9).

ses. Então, também, o grupo perde ou ganha status na medida em que instituições e residentes velhos se transferem da comunidade e são sucedidos por recém-chegados. Até agora, só se arranhou a superfície do campo da pesquisa da mobilidade" (*ibid.*: 11).

"No crescimento da cidade, diferenciamos a série de zonas concêntricas que é um modo de indicar como a cidade se expande para fora desde seu centro, como cada zona sucessiva tende a invadir as zonas externas posteriores. Estamos agora testemunhando um novo fenômeno zonal, o de como a renovação urbana começa no *core* e gradualmente penetra sobre os *slums*, na medida em que estes se desenvolvem num arco sempre se ampliando" (*ibid.*).

Embora se desculpando por não poder "falar em detalhe do sistema conceitual ecológico apropriado enquanto ligado à pesquisa urbana", Burgess afirma que não quer "subestimar sua importância, pois o aspecto ecológico permeia e condiciona todos os outros e as descobertas dos estudos sociológicos serão fortemente influenciadas pelo grau em que o sistema conceitual ecológico e as áreas reais da cidade sejam reconhecidos na coleta dos dados para as questões que estão sendo suscitadas [...]" (*ibid.*).

Para Burgess, após quarenta anos, "os objetivos dos primeiros estudos ainda são bons: a tentativa de descrever e analisar as áreas naturais que em conjunto formam a cidade, a fim de compreender o comportamento humano, as instituições e os tipos sociais" (*ibid.*: 12). E prognostica: "o estudo dos grandes problemas sociais da cidade pode ser, e será, de grande importância teórica para o avanço de nosso conhecimento do comportamento humano no ambiente urbano. E será também de importância prática ao oferecer uma sólida base para a aplicação das soluções dadas aos problemas enfrentados pelas instituições, pelos organismos cívicos e de bem-estar social e pelos habitantes da cidade aos problemas da vida urbana" (*ibid.*: 12-3).[15]

---

[15] Noutra parte do mesmo volume onde a palestra de Burgess foi transcrita, Burgess e Bogue dão mais alguns esclarecimentos de como encaram o

Essas caracterizações de Burgess de sua concepção da ecologia humana e de sua concepção dos estudos de comunidades formam os pressupostos onde enquadrava sua teoria da estrutura urbana. Entretanto, uma análise mais detida leva a se reconhecer

---

estudo concreto das comunidades, ao comentarem o campo da "Ecologia e Demografia Urbanas": "O ponto de partida da análise urbana tem sido tradicionalmente com o estudo demográfico e ecológico. O conhecimento a respeito da população — seu tamanho, composição e tendência de crescimento — é o fundamento em que outras investigações podem ser baseadas. O conhecimento da 'base econômica' da comunidade e de como as várias unidades ocupacionais e industriais estão organizadas em relação às instituições principais da comunidade — tanto em sua atividade de sustento como na localização espacial de suas residências — segue-se rapidamente depois da análise da população. Por esta razão, a demografia urbana e a ecologia urbana são comumente ligadas ou combinadas num único esforço de pesquisa; ao invés de serem tratadas como campos separados, tendem a ser olhadas como um único campo com focos gêmeos.

Uma vez conhecidos os fatos demográficos e ecológicos e decifradas as forças que contam para os padrões existentes e as tendências presentes, eles oferecem um contexto dentro do qual a vida social e cultural, as alianças, laços e tensões entre os grupos e os padrões de atitudes e valores podem ser analisados e entendidos [...].

Porque as considerações demográficas e ecológicas são um ponto de partida fundamental e também porque dados confiáveis podiam tornar-se prontamente disponíveis a partir de censos e outras fontes oficiais, este ramo de pesquisa partiu muito cedo para um vigoroso começo. Robert E. Park estava especialmente intrigado pelo padrão espacial tanto das instituições como das pessoas dentro da cidade e pela tendência de as 'áreas naturais' se desenvolverem com base em diferenças de renda, ocupação, bagagem étnica, religião raça e outros traços. Ele nunca se cansou de assinalar a seus alunos como este processo de diferenciação condicionava quase todos os aspectos da vida social urbana e que a segregação e a agregação espaciais eram manifestações físicas de processos sociais e psicológicos que operam na cidade, bem como de processos econômicos e ecológicos. Esta tendência para a formação de padrões espaciais atraiu a atenção de alguns estudiosos muito talentosos no início do programa de estudos urbanos e eles a selecionaram como tópico para pesquisa de dissertação" e Zorbaugh e McKenzie são citados como os primeiros (Burgess & Bogue 1964: 15).

que as reflexões de Park e de McKenzie, bem como o tratamento mais detalhado de certo número de temas específicos associados às questões abordadas na formulação de 1922-25 da teoria da estrutura urbana levaram a um amadurecimento de sua concepção e uma reformulação em segunda versão, mais detalhada e desenvolvida, de que apresentaremos mais adiante uma tentativa de reconstrução, após falarmos de certo número de contribuições trazidas por Park e por McKenzie.

Com relação a esses dois autores, só nos interessará indicar a convergência e a compatibilidade de suas concepções da ecologia humana e dos estudos de comunidades com as de Burgess. É o caso de ressaltar, aqui, a ausência de um estudo interpretativo abrangente da obra de Park: por sua invulgar criatividade, pela multiplicidade de seus interesses e por suas análises penetrantes, essa singular figura da sociologia americana é merecedora de uma atenção compatível com sua importância e influência, que os diversos ensaios existentes na literatura até agora, abordando temática específicas de seu pensamento, não satisfazem. Não tentaremos traçar aqui uma apresentação sistemática da sociologia de Park e mesmo sua concepção da ecologia humana só poderemos caracterizar em suas linhas mais gerais.

Para *Park*, diferentes tipos de associações dão origem a diferentes ordens na vida dos grupos humanos, cada uma das quais é abordada por uma ciência social específica; uma passagem das mais claras a esse respeito é a seguinte: "pressupondo que qualquer associação em que os indivíduos exercem uma vida comum é uma sociedade, os tipos de associação que esperamos encontrar numa sociedade de seres humanos são (1) territoriais, (2) econômicas, (3) políticas, e (4) culturais, correspondendo às diferentes ciências sociais, isto é, ecologia humana, economia, política e sociologia ou antropologia cultural" (Park 1940: 309). Tal indicação é confirmada por esta outra: "os tipos de associações que esperamos encontrar numa cidade, como em quaisquer outras formas de sociedade organizada numa base territorial e econômica",

O conceito de ecologia humana na escola de Chicago   121 são: (1) a ordem territorial, (2) a ordem econômica ou competitiva e (3) a ordem cultural (Park 1939: 120-1).[16]

À ecologia humana interessa a comunidade, a relação do homem com outros homens (Park 1925-B: 165) e, de acordo com essa perspectiva, Park valoriza as relações espaciais na sociedade: "a ecologia humana, tal como os sociólogos a concebem, procura enfatizar [...] o espaço. Na sociedade, não somente vivemos juntos, mas ao mesmo tempo vivemos separados e as relações humanas podem sempre ser consideradas, com mais ou menos exatidão, em termos de distância. Na medida em que a estrutura social pode ser definida em termos de posição, as mudanças sociais podem ser descritas em termos de movimento [...]" (*ibid.*: 161). "É porque a geografia [i.e., os fatos de localização real], a ocupação e todos os outros fatores que determinam a distribuição da população determinam tão irresistível e fatalmente o lugar, o grupo e os associados com quem cada um de nós está obrigado a viver, que as relações espaciais vêm a ter, para o estudo da sociedade e da natureza humana, a importância que têm." As relações sociais são "muito frequente e inevitavelmente correlacionadas com as relações espaciais [...] [e] as distâncias físicas são índices das distâncias sociais [...]" (*ibid.*: 177).

Noutro texto da mesma época, apresenta a ecologia humana de outra maneira: "há forças em ação dentro dos limites da comunidade urbana — dentro dos limites de qualquer área natural de habitação humana, de fato — que tendem a ocasionar um agrupamento organizado e típico de sua população e instituições. A ciência que busca isolar esses fatores e descrever as constelações típicas de pessoas e instituições que a cooperação dessas forças produz é o que chamamos de ecologia humana, enquanto distinta da ecologia vegetal e animal" (Park 1925-A: 14).

---

[16] Devo ao professor Oracy Nogueira a observação de que não seria inteiramente acidental a associação que é sugerida entre estas distinções e a de Marx (v. nota 13, à p. 105, *retro*), pois poderia corresponder a um detalhamento desta última.

Nessa perspectiva, a distinção entre comunidade e sociedade é explicitada: "'comunidade', no sentido mais amplo desse termo, tem uma conotação espacial e geográfica. Toda comunidade tem uma localização e os indivíduos que a compõem têm um lugar de residência dentro do território que a comunidade ocupa. [...] Cidades, aldeias, [...] o mundo inteiro [...], todos são comunidades [...] na medida em que, pelo intercâmbio de bens e serviços, podem ser considerados como cooperando para se levar uma vida comum" (Park 1929-C: 181). "A sociedade, contudo, sempre inclui alguma coisa mais do que a cooperação competitiva e a sua resultante interdependência econômica. A existência de uma sociedade pressupõe certa dose de solidariedade, de consenso e de finalidade comum" (*ibid.*).

Park esclarece que "a comunidade, se nem sempre idêntica à sociedade, é, efetivamente, o único habitat em que as sociedades crescem. Ela proporciona a organização econômica e as condições necessárias em que as sociedades estão enraizadas; sobre as quais, como sobre uma base física, elas podem ser estabelecidas. Esta é a única razão pela qual a pesquisa sociológica pode muito apropriadamente começar pela comunidade. Uma razão mais prática é o fato de que a comunidade é um objeto visível. Pode-se assinalá-la, definir seus limites territoriais e plotar seus elementos constituintes, sua população e suas instituições sobre mapas. Suas características são suscetíveis de tratamento estatístico mais do que a sociedade, no sentido de Comte" (*ibid.*: 182).

"A sociedade [...] é alguma coisa mais do que uma economia e a natureza humana é sempre animada por motivos que são pessoais e sociais, bem como econômicos. Enquanto a comunidade pode ser caracterizada, em um dos seus aspectos, como uma divisão de trabalho e uma forma de cooperação competitiva, ela é caracterizada, por outro lado, pelo consenso e por uma ordem moral" (*ibid.*: 199).

Sobre os processos que atuam no controle das relações dos indivíduos dentro do habitat da comunidade, além da competição, Park menciona os de dominância e sucessão, "que operam para estabelecer e manter essa ordem comunitária descrita, são funções da competição e dela dependem". É ao princípio da dominância diretamente "e indiretamente à competição" que Park atribuiu a existência das áreas naturais ou funcionais de uma comunidade urbana (Park 1936: 151): "toda comunidade urbana mostra, sob escrutínio mais detido, ser um mosaico de comunidades menores, muitas delas notavelmente diferentes umas das outras, mas todas mais ou menos típicas. Toda cidade tem seu *CBD*, o ponto focal de todo o complexo urbano; toda grande cidade tem suas áreas residenciais ou subúrbios mais ou menos exclusivos, suas áreas de indústrias leves e pesadas, suas cidades satélites [...]. Essas são as assim chamadas *áreas naturais* da cidade: são os produtos de forças que estão constantemente em ação para efetuar uma distribuição organizada das populações e funções dentro do complexo urbano. São 'naturais' porque não são planejadas e porque a ordem que apresentam não é o resultado de intenção, mas antes uma manifestação de tendências próprias para a situação urbana", que os planos urbanos buscam controlar e corrigir (Park 1929-C: 196). "A estrutura da cidade [...] é o produto da luta e dos esforços de seus habitantes para viver e trabalhar juntos coletivamente, como o são, também, seus costumes locais, tradições, rituais sociais, leis, opinião pública e a ordem moral predominante. A estrutura que os recentes estudos da comunidade urbana revelaram é sobretudo uma estrutura característica das cidades; exibe [...] um padrão que pode ser descrito conceitualmente. As áreas urbanas não são meros 'eventos'; são coisas, e as regiões de uma cidade são comparáveis com as de outras" (*ibid.*).

Aqui Park deixa entrever alguns aspectos da teoria da ciência neokantiana que herdou do convívio com Windelband, ao afirmar sua perspectiva de aceitação das áreas urbanas e dos fatos abordados pelos estudos urbanos como tendo o caráter próprio de objetos das ciências sociais, sistemáticas e em busca de conhecimento generalizado (e não aquele próprio dos de uma ciência como a história, ideográfica e individualizante). E admite que as estatísticas sociais assumem uma nova importância quando coletadas e distribuídas de modos tais que permitam caracterizar essas áreas naturais (*ibid.*).

Park esclarece que "uma área é caracterizada por:

1. O número e a composição racial da população que a ocupa;
2. As condições sob as quais essa população vive; e
3. Os hábitos, costumes e comportamento que geralmente exibe".

Isto é, "o lugar, as pessoas e as condições sob as quais vivem são concebidos como um complexo, cujos elementos são mais ou menos fundidos num conjunto. Supõe-se que, em parte como resultado da seleção e da segregação, e em parte em face do caráter contagioso dos padrões culturais, as pessoas que vivem em áreas naturais de mesmo tipo geral e sujeitas às mesmas condições sociais, ostentarão, no total, as mesmas características" (*ibid.*: 197). Ressalta que "é uma hipótese de trabalho que aparece quando as áreas naturais são tomadas como base dos levantamentos estatísticos" (*ibid.*).

Assim, "as áreas naturais da cidade [...] podem servir para uma função metodológica importante": constituir-se num "esquema de referência"; uma vez plotadas neste esquema conceitual — um esquema ecológico de referência —, os fatos urbanos podem ser "a base de enunciados gerais", eventualmente redutíveis "a fórmulas abstratas e generalizações científicas" (*ibid.*: 198).

Há a pressuposição de que "as mesmas forças criam em toda a parte essencialmente as mesmas condições", seja para Londres, Nova York ou Chicago.

Os resultados de investigações específicas que confirmem, redefinam, restrinjam ou ampliem as hipóteses de que partiram as primeiras pesquisas possibilitam reduzir as observações a fórmulas gerais e a enunciados quantitativos verdadeiros para todos os casos da mesma espécie. "A possibilidade de dedução geral repousa [...] na validade da concepção de área natural" (*ibid.*). "A organização ecológica da comunidade torna-se um esquema de referência somente quando, tal como as áreas naturais de que é composta, ela própria pode ser considerada como o produto de fatores que são gerais e típicos" (*ibid*.: 198-9).

"O conhecimento se torna sistemático e geral quando se é capaz de formular enunciados em relação a coisas e não somente de se descrever eventos. É por meio de um tal esquema de referência, que aqui descrevi, que é possível fazer-se a transição desde o fato concreto até o conhecimento sistemático e conceitual" (*ibid*.: 199).

A contribuição de *McKenzie* à ecologia humana e aos estudos de comunidades originou-se do contato com Park, com quem manteve longa correspondência; fragmentos citados dessa correspondência mostram que incluía, em 1924, reflexões substantivas sobre o assunto (Entrikin 1980: 49 e 55). As feições originais dessa contribuição não estão ainda inventariadas; o ensaio introdutório de Hawley 1968, por enquanto o único estudo sistemático da obra de McKenzie, reflete em grande parte a inclinação de Hawley em apresentá-la como a de um predecessor da sua própria. Dando menos ênfase à competição como um processo subsocial fundamental e mais destaque às relações espaciais na constituição da sociedade, preocupado com os âmbitos e limites dos processos da vida social, mais influenciado pelas análises da economia, da geografia humana e da demografia da época, antevendo e desenvolvendo novos temas no campo e dotado de uma marcada visão holista, McKenzie deixou também uma obra rica em descobertas empíricas, novos *insights* e sugestivas observações.

McKenzie caracteriza a ecologia humana como "o estudo das relações espaciais e temporais dos seres humanos, na medida em que são afetadas pelas forças seletivas, distributivas e acomodativas do meio ambiente [...], estando fundamentalmente interessada no efeito da *posição*, no tempo e no espaço, sobre as instituições humanas e o comportamento humano" (McKenzie 1924: 4). Devemos destacar que nesse texto, McKenzie define ambiguamente a "posição" como "a relação de lugar de uma dada comunidade com outras comunidades e também a localização do indivíduo ou instituição dentro da própria comunidade" (*ibid.*: nota 3); em 1926, viria a dizer que "a localização, como conceito ecológico, significa posição num agrupamento espacial de seres humanos em interação ou de instituições humanas inter-relacionadas" (McKenzie 1926: 19-20). As relações espaciais, para McKenzie, assumem uma importância destacada: as "relações espaciais dos seres humanos são produto da competição e da seleção e estão continuamente em processo de mudança na medida em que novos fatores entram para perturbar as relações competitivas ou para facilitar a mobilidade". As instituições humanas "e a própria natureza humana" se acomodam "a certas relações espaciais dos seres humanos. À medida em que essas relações espaciais mudam, a base física das relações sociais é alterada, produzindo-se assim problemas sociais e políticos" (McKenzie 1924: 4).

Para McKenzie, os processos de competição e seleção abrangem aspectos biológicos, econômicos e sociais e os aspectos distributivo e espacial, que afirmava serem então pouco explorados. Também "é preciso reconhecer que os processos de competição e de acomodação operam na determinação do tamanho e da organização ecológica da comunidade humana" (*ibid.*).

Sendo os animais dotados de locomoção, e o animal humano da "capacidade de planejar e de adaptar o meio ambiente a suas necessidades" (*ibid.*), a comunidade humana se diferencia da das plantas "pela mobilidade e pela finalidade, ou seja, no poder de selecionar um habitat e na capacidade de controlar ou modificar as condições do habitat" (*ibid.*: 5). À primeira vista, isso pareceria "indicar que a ecologia humana nada poderia ter em comum com a ecologia vegetal, onde os processos de associação e ajustamento resultam de reações naturais não modificáveis; mas o exame e a investigação mais estritos tornam óbvio que as comunidades humanas não são tanto produtos de artefato ou de intenção quanto muitos adoradores de heróis supõem" (*ibid.*).

"A comunidade humana tem seu início nas características da natureza humana e nas necessidades dos seres humanos" (*ibid.*).

O conceito de ecologia humana na escola de Chicago

Sendo o homem um animal gregário, relativamente fraco e que necessita "não só da companhia dos outros associados humanos, mas também de abrigo e proteção contra os elementos", abrigo e água constituem, como já assinalava Brunhes, "os elementos essenciais que dão uma localização e uma fixidez espacial às relações humanas" (*ibid.*). "O tamanho e a estabilidade da comunidade humana" é uma função de disponibilidade de alimentos e do papel que desempenha "no processo ecológico mais amplo de produção e distribuição de mercadorias" (*ibid.*). Assim, por exemplo, quando a vida se baseia em caça e pesca, "a comunidade é pequena e de duração apenas transitória"; com a agricultura, "a comunidade é ainda pequena, mas assume um caráter mais permanente"; com o desenvolvimento do comércio, surgem comunidades maiores em pontos de interrupção de percurso (*ibid.*); e à medida em que surgem novas formas de transporte e se fabricam bens para comércio nas comunidades, surgem novos pontos de concentração humana (*ibid.*: 6). Dados esses níveis de organização das comunidades, McKenzie propõe que "do ponto de vista da ecologia", podem elas "ser divididas em quatro tipos gerais: (1) a comunidade de serviços primários, como a cidade agrícola e a comunidade da pesca, mineira ou madeireira [...], que serve de primeiro passo no processo de distribuição da mercadoria básica remetida e como último estágio no processo de distribuição do produto acabado para o consumo"; (2) a comunidade comercial, "que preenche a função secundária no processo de distribuição das mercadorias", reunindo os materiais básicos das comunidades primárias circundantes e distribuindo-os nos maiores mercados do mundo e redistribuindo os produtos que vêm de outras partes do mundo para as comunidades de serviços primários para consumo final, podendo ainda combinar outras funções; (3) a cidade industrial, que "serve de lugar para a manufatura de mercadorias", podendo ainda combinar as funções dos tipos de serviço primário e comercial, ter sua área de comércio local e ser um centro de distribuição para a hinterlândia circundante; (4) a comunidade sem uma base econômica específica e que extrai seu sustento econômico de outras partes do mundo, não tendo função na produção ou distribuição de mercadorias; são as estâncias de recreio, os centros políticos e de educação, as comunidades de colônias de defesa, penais e de caridade (*ibid*.: 6-7).

Dando sequência a uma preocupação original, McKenzie, em 1934 — e no ano anterior fizera um estudo empírico abrangente das regiões metropolitanas dos Estados Unidos e organizara uma coletânea que representou uma importante contribuição no campo sobre o tema (McKenzie 1933-A e McKenzie 1933-B), — menciona o estudo das comunidades regionais com um tema quase inexplorado na pesquisa ecológica: definida em termos de função, a região ecológica ou funcional "constitui um tipo complexo de organismo comunitário, emergindo em resposta ao transporte motorizado, representando um reajuste institucional a uma nova escala de distância local" (McKenzie 1934: 45). "Estruturalmente, a região ecológica é de forma axial. Os elementos básicos do seu padrão espacial são os centros, as estradas e as periferias. É composta de uma constelação de centros, cuja inter-relação pode ser descrita como de dominância e subordinação. Toda região se organiza em torno de um centro principal, composto de instituições e serviços que abastecem a região como um todo e que a integram com outras regiões. Os subcentros raramente são completos em sua estrutura institucional e de serviços; dependem do centro principal para as funções mais especializadas e integradoras (*ibid*.: 45-6).

Propunha, então, que a investigação da comunidade regional se voltasse "a definir sua área e a dar expressão estatística a seus recursos econômicos e humanos", pois se tornou "a unidade social e econômica básica da civilização americana e, de fato, de todo mundo moderno", necessitando-se, assim, de "uma compreensão dos fatores de sua expansão e de sua organização ecológica [...]" (*ibid*.: 45).

8.
AS CRÍTICAS DE ALIHAN
À CONCEPÇÃO DA ECOLOGIA HUMANA

As reflexões assinaladas no capítulo anterior não representam um levantamento exaustivo das teorizações sobre a ecologia humana e os estudos de comunidades empreendidos em Chicago, mas apenas destacam alguns aspectos delas na década de 1920; sua menção, entretanto, não poderia se dar sem pelo menos uma referência à crítica publicada em 1938 por Milla Aïssa Alihan, PhD em Columbia, endereçada às concepções ecológicas dos sociólogos de Chicago.

O livro de Alihan 1938 representou "uma crítica devastadora dos elementos teóricos básicos da ecologia humana clássica" (Theodorson 1961: 5), de Park, Burgess e McKenzie. Uma crítica fundamental que dirigiu aos adeptos da escola da ecologia humana é à ideia de caráter a-social do conceito de comunidade, sustentando que é impossível, nos estudos empíricos, distinguir entre características sociais e características comunitárias não sociais (puramente orgânicas, portanto) de um grupo humano.

Alihan argumenta que "o pressuposto fundamental dos ecologistas é o de que toda ação ou fenômeno ou movimento dos seres vivos é baseado territorialmente" (Alihan (1938) *1961*: 93) e que, no conceito de "comunidade", a base territorial e as reações orgânicas e espontâneas "são atributos essenciais". No entanto, na distinção entre os conceitos de "comunidade" e "sociedade", há uma inferência implícita de que "algumas ações humanas têm relações mais específicas com o território do que outras" (*ibid.*), de sorte que "na correlação entre a distribuição ecológica e o comportamento orgânico ou animal" se pressupõe que "as atividades mais racionais ou conscientes são menos dependentes de fatores territoriais" (*ibid.*). Em consequência, "um estudo feito a partir de premissas ecológicas seria dirigido mais às atividades a-sociais ou puramente orgânicas do homem" e é essa a ideia presente na indicação do "caráter 'não social' do conceito de 'comunidade'". Sua crítica é de que "os estudos 'ecológicos' efetivos não podem seguir esta distinção", porque, ao se tomar "uma unidade territorialmente demarcada como base de estudo", não se pode discriminar "entre certas atividades empreendidas dentro dessa área como de 'sociedade' e outras como de 'comunidade'". E as subdivisões da comunidade "em diversas comunidades, a econômica, a política, a cultural e a ecológica", indicadas pelos ecologistas, parecem permitir "seguir a pista do fator territorialmente determinante dentro de limites mais restritos". Mas é uma conclusão que não há como defender, "se torna insustentável, quando essas outras 'comunidades' são incluídas indiferentemente no escopo dos estudos ecológicos", as pesquisas não se sujeitam à distinção inicial (da qual supostamente dependeriam) como não o faz a aplicação teórica do princípio ecológico e a própria comunidade passa a ser considerada em sua extensão mais ampla junto com o que foi antes definido como a "sociedade". Somente acorre em nossa ajuda, quando as coisas ficam assim obscuras, a advertência "de que alguns estudos não são 'puramente' ecológicos" (*ibid.*).

E Alihan expõe o que fazem a nível empírico e o que deixam de fazer no plano teórico alguns reconhecidos exemplos de estudos ecológicos: *The Hobo*, de Anderson; *The Gold Coast and the Slum*, de Zorbaugh; *Delinquency Areas*, de Shaw; *The Gang*, de Thrasher; *The Taxi Dance Hall*, de Cressey; "Ecological Succession in the Pudget Sound Region" e *Metropolitan Communities*, de McKenzie. Nenhum deles realiza aquela intenção teórica dos proponentes da ecologia humana (*ibid.*: 93-4).

Alihan constata, assim, que os aspectos postulados como distintos acabam por ser tratados juntos, fundidos, de tão entrelaçados que são. Ademais, a "economia dos grupos", na comunidade humana, é tão evoluída e a tal ponto integrante de outros fenômenos sociais que a analogia entre as comunidades humanas e as colônias vegetais e animais se torna inútil e, além disso, "os ecologistas são forçados a definir os próprios conceitos propostos para descrever este aspecto orgânico [não social] da vida em termos do conceito de 'sociedade', que retiram da psicologia social que pressupõem". Então, caem em contradições teóricas: o que disseram ser não social num caso dizem ser social em outro (*ibid.*: 94).

E Alihan indaga: "como se pode abstrair, no estudo da organização 'econômica biológica' da 'comunidade' a 'interdependência orgânica' e a vida comum baseada na mútua correspondência de interesses característica da comunidade das 'relações voluntárias e contratuais entre os homens' que definem a 'sociedade'?" Também "não é claro onde se traça a linha entre a competição livre e incontrolada e a controlada" e "entre a interdependência biótica e a social" (*ibid.*: 95). E a teoria ecológica não diz "como os processos *sociais* de conflito e acomodação são separados do processo ecológico de competição, pois se postula confusamente que a organização econômica é produto da competição e também efeito da acomodação, esta resultando do conflito; o conflito e a acomodação são postulados como determinados pela competição, mas são processos não ecológicos e que restringem o processo ecológico da competição". Alihan conclui que o único meio definido de separá-los é "pela pressuposição arbitrária de que um aspecto particular da vida econômica é natural e outro aspecto [dela] não é natural" (*ibid.*).

Nos estudos ecológicos empíricos não se vê "a distinção entre os aspectos 'naturais' da organização econômica" resultantes da competição e os aspectos culturais, produtos da acomodação e do conflito, nem a distinção entre os "fenômenos efetuados inconscientemente e aqueles realizados conscientemente", ou a própria distinção "entre o natural e o planejado". E, no comportamento humano, a divisão dos níveis "'do que é comum a toda vida orgânica' e 'do que é estritamente humano'", Alihan lembra "ainda não terem sido nunca separados pela ciência, talvez pela simples razão de se descobrir que um é a continuação e o desenvolvimento do outro"; que "o aspecto mais evoluído se enraíza no menos desenvolvido" e "um se matiza no outro imperceptivelmente, os dois interagem continuamente e de fato são um só" (*ibid.*): seria uma questão de distinção de grau, apenas.

Seria problemático o próprio conceito de "natureza" pressuposto pelos ecologistas: há o "pressuposto de uma natureza constante e sem mudança, onde a evolução é vista como um simples processo de adição". Alihan indaga: além de adição, não há também transformação "no processo cumulativo de evolução natural e social"? E "pode a realidade, particularmente a realidade social, ser interpretada em termos de 'mais ou menos'", especialmente se a pretensão é de interpretar o "mais" pelo "menos" e não o contrário? E a distinção dos ecologistas "entre a luta pela existência no nível animal e a luta pelo sustento no nível humano implicaria mudança" (*ibid.*: 95) na qualidade da "luta", com uma diferença de grau e de espécie na própria luta e "na situação total de que a luta é uma expressão" (*ibid.*: 96). Os processos inconscientes no nível das plantas e animais se tornam conscientes em graus variados no nível humano: se "a concentração se traduz em luta consciente nos grupos humanos, a expressão e os métodos de competição", mais que condicionados e complicados, são efetivamente determinados por essa consciência, então, "é possível falar de competição biótica entre os homens?" (*ibid.*).

Outro ponto é que a distinção entre comunidade e sociedade leva à implicação de se abstrair a forma biótica de competição a partir da forma civilizada de competição; "embora os próprios ecologistas admitam essa implicação, em nenhum lugar foram bem-sucedidos em efetuá-la". O que fazem é concentrar atenção nos fatores externos do comportamento humano, como a distribuição e os movimentos de populações, serviços públicos e estruturas físicas (estas interpretadas com ênfase nos fatores econômicos e tecnológicos como determinantes); não aparece "nenhum vestígio da ordem 'natural' nos movimentos e na localização desses elementos, nas formas e métodos altamente desenvolvidos de comunicação e transporte" e no elaborado padrão e esquema de organização "dentro dos quais essas forças móveis funcionam" (*ibid.*). Também "nada de especificamente natural se revela no esquema de motivações ou nas condições externas técnico-econômicas e outras que determinam a distribuição dos elementos da organização humana" (*ibid.*). Não há o que objetar "à abstração desses fenômenos externos para servir aos fins de investigação científica"; porém, eles "não são os fatores intrínsecos da comunidade" como postulada pelos ecologistas.

Os ecologistas poderiam, partindo de sua "intenção de abstrair certas manifestações externas de grupos humanos" (e mesmo que baseados numa analogia com a vida orgânica), desenvolver uma disciplina "que tratasse do aspecto civilizacional da sociedade em comparação com suas facetas culturais" ou, com outra ênfase, "fundar uma disciplina que tratasse dos fenômenos espaciais; em qualquer caso, a ecologia humana se caracteriza por ou uma abordagem específica ou um objeto material selecionado" (*ibid.*).

Mas a teoria que propuseram e "particularmente sua distinção entre 'comunidade' e 'sociedade', se baseiam em pressuposições *a priori*, sobre cuja relevância, validade e aplicação as reivindicações científicas de sua ecologia humana se assentam", sendo elas, também, que dirigem (nem sempre de modo consistente) o desenvolvimento e o escopo dessa ecologia humana. Além das já sugeridas, Alihan assinala as seguintes pressuposições *a priori* da ecologia humana: (1) a de "uma associação intrínseca entre estrutura orgânica menos evoluída e os fenômenos físicos externos"; (2) a de "um nexo inerente entre: fenômenos espaciais e econômicos"; (3) entre locomoção e competição; (4) e entre locomoção e liberdade (que Alihan discute detalhadamente); (5) a de que "numa sociedade civilizada, a divisão do trabalho tem uma base mais orgânica do que os costumes e usos que se desenvolveram das relações íntimas entre os seres humanos" (*ibid.*: 97), em relação à qual Alihan contra-argumenta lembrando questões metafísicas implicadas e dificuldades teóricas na sustentação desse pressuposto; e (6) a pressuposição *a priori* da discriminação da competição como o processo fundamental, universal e primeiro, em comparação com a assimilação, a acomodação, a cooperação ou qualquer outro processo, que "é também uma questão de ideologia particularista". Alihan assinala que "a abordagem da organização humana a partir do ângulo da competição é uma coisa", mas afirmar que "a competição é o processo básico para todos os outros processos é outra", e coloca a discussão de que o processo real é multiforme e cada processo específico pode ser tomado como ponto de vista para a análise da sociedade, alternadamente (*ibid.*).

Não tinha havido ainda, antes do volume de Alihan 1938, nenhuma crítica tão contundente à ecologia humana clássica; a partir de suas objeções, sobretudo, se percebe ter-se iniciado um esforço de vários autores em tentativas diversas de reformulação mais ou menos amplas, que levaram a fase neo-ortodoxa a se desenvolver desde mais ou menos 1940.

Quanto às reações que suscitou, o relato de Matthews é ilustrativo:

> "A vulnerabilidade e a posição defensiva de Chicago talvez estejam mais vividamente refletidas na carta enviada a Alihan por Nels Anderson, um dos primeiros alunos de Park. Disse Anderson à crítica que não poderia avaliar adequadamente as teorias de Park ninguém que não tivesse, como ele, 'caminhado pelas rodovias e as ruelas, passado entre as pessoas onde elas vivem'. Assinalou também, mais calmamente, que as próprias interpretações de Park tinham sido mais tentativas, tendo ele reivindicado menos em favor de sua ecologia do que Alihan supunha para fins polêmicos. 'Park estava meramente tentando pensar as pessoas como sendo móveis no espaço, em contato social com os pés no chão. Faz diferença onde é o chão e quem

vive ao lado' [Carta de Anderson para Alihan, incluída em carta de Anderson a Park, de 11 de outubro de 1938, *Park Collection*, Fisk University]. O próprio Park recebeu o livro calmamente, escrevendo para um amigo que, embora contivesse 'interpretações maliciosas', 'no todo' as críticas eram justas [carta de Park para Dwight Sanderson, 17 de março de 1939, *Park Collection*, Fisk University]." (Matthews 1977: 181 e 234)

Park revela o mesmo tom calmo, quase cordial com talvez apenas uma ponta de ironia, na resenha que fez de Alihan 1938, publicada em março de 1939. De início assinala que, ao contrário do que sugere o título, não se trata de um tratado ou manual sobre ecologia, e sim de uma avaliação crítica do ponto de vista ecológico. E mais, "é uma tentativa de compor a partir de referências à teoria e ao método ecológicos, esparsos na literatura sobre o assunto, uma teoria consistente da sociedade" (Park 1939-C: 265). O reconhecimento mais expressivo que manifesta das críticas de Alihan é quando diz que "se o resultado se revela decepcionante para o leitor, não é inteiramente por culpa da autora. Deve-se antes à imaturidade da estrutura lógica sobre a qual esses estudos se basearam e [...] à falta de consistência com que os diferentes autores usaram os termos comuns à escola" (*ibid.*).

Lembra que, entretanto, os responsáveis pela escola e sua doutrina "não sabiam que estavam criando uma escola" e uma doutrina. E expõe rapidamente a história dos estudos ecológicos, desde os *Social Surveys* que se multiplicaram nos Estados Unidos desde o de Pittsburg em 1909, e "que originalmente eram pouco mais que estudos de geografia urbana", até assumirem um caráter ecológico, quando revelaram que "as mudanças que ocorrem na organização territorial das comunidades metropolitanas seriam predizíveis e que as coisas que se aprendiam a respeito de uma comunidade lançavam luz sobre mudanças semelhantes em todas as outras" (*ibid.*).

Também é importante a indicação de que a maioria dos conceitos eram emprestados dos estudos de comunidades locais e "a maioria das teorias eram hipóteses formuladas *ad hoc*, sem referência a qualquer doutrina ou sistema de pensamento fundamentais" e que só há pouco se tentara "dar definição e consistência lógicas ao ponto de vista implícito nesses estudos ecológicos", não havendo consenso "com respeito à distinção entre ecologia vegetal, animal e humana", nem se tendo ideia "das prováveis dificuldades lógicas" que apareceriam de reunir "num único esquema de referência" os estudos desses diferentes campos.

Para Park, a tentativa da autora foi de coligir e juntar todo "conceito, hipótese e teoria [...] encontrados nos escritos espalhados da escola [...] na expectativa ou esperança de que quando as diferentes peças fossem postas em seu lugar, formariam um todo consistente e inteligente. O resultado foi desapontador, mas não obstante interessante". Embora "na questão de doutrina e de escolas de pensamento, a consistência" seja valiosa (*a jewel*), Park opina que "em seu todo, a ciência opera com hipóteses que raramente alcançam a finalidade que esperamos e exigimos nas doutrinas das escolas de pensamento" (*ibid.*).

Conclui reconhecendo que foi "uma importante tarefa" realizada pela autora, e que "há outras teorias além das dos ecologistas que precisariam passar pelo espremedor".

Assim, as acusações e argumentos de Alihan permaneceram sem resposta — e são, de fato, em grande parte irresponíveis. A serenidade e o reconhecimento de Park do caráter ainda imaturo e provisório das teorizações ecológicas até então desarmam o mais agressivo dos oponentes. Os anos que se seguiram vieram a apresentar diversos pronunciamentos e posicionamentos em face dessas questões que Alihan começou a colocar, cujo relato, análise e avaliação podem dar margem a um trabalho específico.

As críticas de Alihan à concepção da ecologia humana

9.
OS ELEMENTOS DA CONCEPÇÃO
ECOLÓGICA CLÁSSICA DA CIDADE

As formulações gerais que expusemos da ecologia humana e das comunidades permitem já discernir o caráter central e preponderante da comunidade urbana, nas preocupações teórico-conceituais dos sociólogos de Chicago, o que é amplamente confirmado ao se considerar seu predomínio completo nas investigações empíricas por eles realizadas.

É igualmente possível identificar claramente, nessas formulações, uma concepção original, que cabe explicitar, da cidade como uma entidade composta de diversas partes inter-relacionadas e dotada de uma dinâmica própria de formação e desenvolvimento, cuja determinação, em cada caso concreto, permite a abordagem do comportamento de indivíduos e de grupos de indivíduos, objetivo maior da investigação sociológica na escola de Chicago.

A ideia da cidade como um mosaico, constelação ou organismo formado por áreas naturais, diversas vezes claramente enunciada entre os três autores da ecologia humana, encontra-se associada a uma certa ideia do caráter, da formação, do desenvolvimento e das transformações próprias das áreas naturais sociais.

Deve-se a Park os enunciados mais frequentes na exposição desse ponto de vista, de quem selecionamos mais algumas passagens interessantes a esse respeito.

"Uma região é designada como 'uma área natural' porque passa a existir sem intenção e desempenha uma função, embora essa função, como no caso do *slum*, possa ser contrária ao desejo de qualquer pessoa. Ela é uma área natural porque ela tem uma história natural" (Park 1929-A: 79).

"As áreas naturais são os habitats dos grupos naturais" (Park 1925-B: 172). "Dentro dos limites de toda área natural, a distribuição da população tende a assumir padrões definidos e típicos. Todo grupo local exibe uma constelação mais ou menos definida de unidades individuais que o compõem. A forma que essa constelação assume, a referência a todas as outras, na medida em que pode ser descrita em termos gerais, constitui o que Durkheim e sua escola chamam de aspecto morfológico da sociedade [...]" (*ibid.*: 166).

A sucessão é a "sequência ordenada de mudanças através das quais uma comunidade biótica, no curso de seu desenvolvimento, passa de um estágio primário e relativamente instável a um estágio relativamente permanente ou clímax"; de fato, "a comunidade se move através de uma série de estágios mais ou menos claramente definidos" (Park 1936: 152). "A comunidade cultural se desenvolve de modos comparáveis aos da comunidade biótica, mas o processo é mais complicado. [...] O princípio envolvido parece ser substancialmente o mesmo [...] e os processos fundamentais parecem ser funcionalmente relacionados à competição e dependentes dela" (Park 1936: 153).

"Um dos incidentes do crescimento da comunidade é a seleção e a segregação da população e a criação, por um lado de grupos sociais naturais e, do outro, de áreas sociais naturais" (Park 1925-B: 170).

Assim, a cidade é vista como um todo orgânico de áreas funcionais, de populações homogêneas apenas em certo grau, mas que tendem a apresentar um comportamento semelhante.

"A existência dessas áreas naturais, cada uma com suas funções características, é uma indicação da espécie de coisa que a cidade se revela sob análise — não, como se sugeria de início, um artefato, meramente, mas em certo sentido e em certa medida, um organismo. A cidade é, de fato, uma constelação de áreas naturais, cada uma com seu próprio *milieu* característico e cada uma desempenhando sua função específica na economia urbana como um todo" (Park 1929-A: 79).

Os elementos da concepção ecológica clássica da cidade

"Não se segue do que foi dito que as populações das diferentes áreas naturais da cidade possam ser descritas como homogêneas. As pessoas vivem juntas no todo, não porque são iguais, mas porque são úteis umas às outras. Isso é particularmente verdadeiro nas grandes cidades, onde as distâncias sociais são mantidas a despeito da proximidade geográfica e onde toda comunidade é provavelmente composta de pessoas que vivem todas juntas em relações que podem ser melhor descritas como simbióticas em vez de sociais.

Por outro lado, toda comunidade é em certo grau uma unidade cultural independente, tem seus próprios padrões, sua própria concepção do que é apropriado, decente e digno de respeito. Na medida em que os indivíduos ascendem ou decaem na luta por status na comunidade, eles invariavelmente se movem de uma região para outra [...]. Em qualquer caso, aprendem a se acomodar mais ou menos completamente às condições e ao código da área para a qual se movimentaram [...]" (*ibid.*: 80).

"Quanto mais entendemos as atitudes e as histórias pessoais dos indivíduos, melhor podemos conhecer a comunidade em que esses indivíduos vivem, mais inteligível seu comportamento se torna. Isto é verdadeiro porque, enquanto o comportamento é herdado, o caráter e os hábitos são formados sob a influência do ambiente" (*ibid.*: 80-1).

A formação das áreas naturais da cidade se dá por segregação cultural e seleção com base na inserção na divisão do trabalho e na iniciativa individual, o que se evidencia na grande cidade e até, em certa medida, caracteriza a metrópole moderna. Esses mesmos processos, em consequência, ao criarem e organizarem as áreas naturais, originam os padrões físicos da cidade: há "tipos especiais de uma espécie mais geral de área natural que as condições e tendências da vida da cidade inevitavelmente produzem. Tais segregações de população [ocorrem] primeiro com base na língua e na cultura, e segundo com base na raça"; dentro das colônias de imigrantes e guetos raciais, ocorrem outros processos de seleção "que ocasionam segregação baseada em interesses vocacionais, inteligência e ambição pessoal", pelos quais os mais sagazes, enérgicos e ambiciosos emergem de seus guetos e colônias e se mudam para uma área de segunda fixação de imigrantes ou para uma área cosmopolita em que vivem lado a lado diversos grupos como esses. Os indivíduos bem-sucedidos se mudam e encontram seus lugares nos negócios e profissões entre o grupo mais antigo da população. "A mudança de ocupação, o sucesso ou fracasso pessoal [...] tendem a se registrar em mudanças de localização. A organização física ou ecológica da comunidade, ao fim das contas, corresponde à organização ocupacional e cultural, e a reflete. A seleção e a segregação sociais, que criam os grupos naturais, determinam ao mesmo tempo as áreas naturais da cidade" (Park 1925-B: 170). "As cidades, particularmente as grandes cidades, onde a seleção e a segregação da população foi mais longe, apresentam certas características morfológicas que não são encontradas em agregados menores da população" (*ibid.*: 166). "Em 1922, o Professor Burgess esboçou os processos envolvidos no crescimento das cidades [...], entendidas como um produto de forças naturais" (*ibid.*: 167).

"Parece que a metrópole é um grande mecanismo de classificação e separação que, de maneiras que ainda não estão inteiramente compreendidas, infalivelmente seleciona da população como um todo os indivíduos melhor ajustados para viverem numa região particular e num *milieu* particular [...]" (Park 1929-A: 79).

"As áreas naturais em que a comunidade urbana [...] se resolve são, pelo menos em primeira instância, produtos de um processo de classificação e seleção que podemos chamar de segregação. Toda mudança nas condições de vida social se manifesta primeira e mais obviamente numa mobilidade intensificada e em movimentos que terminam em segregação. Essa segregação determina os padrões físicos que a comunidade em mudanças necessariamente assume. E essa forma física, por sua vez, efetua uma modificação na organização cultural da comunidade" (Park 1929-C: 199).

McKenzie fez uma consideração no mesmo sentido: "o efeito geral dos contínuos processos de invasões e acomodações é o de dar à comunidade desenvolvida áreas bem definidas, cada uma tendo suas próprias características seletivas e culturais peculiares": essas unidades de vida comunal, formações ou "áreas naturais" de seleção e função "podem compreender muitas subformações ou associações que se tornam parte da estrutura orgânica do distrito ou da comunidade como um todo. [...] Cada formação ou unidade ecológica dentro de uma comunidade serve como uma força magnética ou seletiva, atraindo para si elementos de população apropriados e repelindo unidades incongruentes, resultando assim em subdivisões biológicas e culturais da população de uma cidade" (McKenzie 1924: 17).

Com uma origem e função econômica precisas na época moderna, a cidade tem sua forma mais geral determinada pela topografia local e as direções das rotas de transporte com que se associa; em maior detalhe essa forma da cidade tende a se apresentar como a série de círculos concêntricos proposta por Burgess, a representação talvez mais simples de padrões comumente complicados, segundo os tipos e tamanhos de cidades. A mobilidade, a posição e a localização podem ser elementos de explicação dos fenômenos sociais e é possível identificar até algumas proposições de regularidades na organização espacial da cidade.

"A cidade moderna cresceu em torno de um mercado" (Park (1925-B) 1926: 170) e "é mais provavelmente o centro de uma região de produção bem altamente especializada, com uma área de comércio, em correspondência, amplamente extensa. Sob essas circunstâncias, os principais contornos da cidade moderna serão determinados: (1) pela geografia local e (2) pelas rotas de transporte" (*ibid.*: 171).

Numa exposição em que segue a estrutura proposta por Burgess 1922-25, Park afirma que "dentro da área limitada de um lado pelo *CBD* e por outro pelos subúrbios, a cidade tende a assumir a forma de uma série de círculos concêntricos", que descreve em termos próximos aos do próprio Burgess. Mas apresenta, então, um ponto de vista em que amplia e relativiza a concepção da estrutura urbana, enfaticamente centrada no processo de expansão radial, expressa por Burgess: "a comunidade urbana típica é efetivamente muito mais complicada do que indica essa descrição, e há variações características para diferentes tipos e tamanhos de cidades" (no que podemos supor que tem em mente o trabalho de McKenzie 1924). E prossegue, mas já então concordando com uma concepção da cidade como composta por áreas naturais sem necessariamente um único padrão geral, mas eventualmente vários: "o ponto principal, contudo, é que em toda parte a comunidade tende a se conformar a algum padrão, e esse padrão invariavelmente se revela ser uma constelação de áreas urbanas típicas, as quais podem todas ser geograficamente localizadas e espacialmente definidas" (Park (1925-B) 1926: 172). Assim, "cada área urbana típica provavelmente contém uma seleção característica da população da comunidade como um todo" (*ibid.*). Observa que "nas grandes cidades, a divergência de maneiras, padrões de vida e de perspectiva geral da vida nas diferentes áreas sociais é impressionante" e ressalta "a importância da localização, da posição e da mobilidade como índices para medir, descrever e eventualmente explicar os fenômenos sociais" (*ibid.*).

Uma vez que tanto do que interessa ao estudioso da sociedade "parece intimamente relacionado à posição, à distribuição e aos movimentos no espaço", Park sugere que "não é impossível [...] que o que se concebe como social comumente possa ser eventualmente entendido e descrito em termos de espaço e de mudanças de posição dos indivíduos dentro dos limites de uma área natural; quer dizer, dentro dos limites de uma área de cooperação competitiva" (*ibid.*: 173).

Park aponta o que poderíamos interpretar como uma lei geral da organização da cidade: "um aumento da população em qualquer ponto dentro da área urbana é inevitavelmente refletido e sentido em todas as outras partes da cidade". Tal reflexo "depende muito do caráter do sistema de transporte local, cada extensão e multiplicação dos meios de transporte que ligam a periferia da cidade ao centro tendendo a trazer mais pessoas ao *CBD* e a trazê-las com maior frequência", o que faz aumentar o congestionamento do centro, a altura dos edifícios de escritórios e os valores do solo em que se situam, valores esses que se irradiam desde o centro para todas as partes da cidade. E teríamos outra lei geral na afirmação de que "se o crescimento do centro é rápido, ele aumenta o diâmetro da área mantida para fins especulativos imediatamente exterior ao centro", que facilmente assume o caráter de um *slum* (Park (1925-B) 1926: 168). E além disso, "as relações das diferentes áreas naturais da cidade umas com as outras é tipificada na relação da cidade com seus subúrbios. Esses subúrbios aparentemente são meras extensões da comunidade urbana. Todo subúrbio, ao se arremeter para fora em campo aberto, tende a ter um caráter que o distingue de todos os outros. [...] Quanto maior a cidade, mais numerosos e mais completamente caracterizados serão seus subúrbios. A cidade cresce por expansão, mas ela recebe seu caráter através da seleção e segregação de sua população, de modo que todo indivíduo encontra, eventualmente, ou o lugar onde ele pode, ou o lugar onde ele deve, viver (v. Burgess (1924) 1925)" (Park 1929-A: 79).

Deve-se a McKenzie um esboço geral dos estágios de formação da comunidade urbana em suas características e processos, num encadeamento ideal, que revela a concepção ecológica em que repousa. O mesmo autor introduziu o conceito de custo-tempo, como um elemento interpretativo de relevo ao permitir determinar a importância da posição e dos movimentos em termos de distância econômica, procurando com isso dar uma dimensão explicativa à análise de crescimento e da estrutura da cidade. Cabe também considerar o conceito do valor do solo como um produto do crescimento da cidade, defendido pelos três autores como um elemento que passa, a partir de certo momento, a influir sobre a orientação do desenvolvimento da estrutura urbana. Tem-se então os dois conceitos econômicos mais fortes da análise espacial e de localização da cidade desenvolvidos pela ecologia humana clássica.

Expondo os processos ecológicos que determinam, de seu ponto de vista, a estrutura interna da comunidade, McKenzie apresentou, em 1924, o que se pode considerar um esboço de uma teoria da formação da cidade, de modo muito claro, caracterizando os aspectos gerais da formação da comunidade e o aparecimento e a evolução de uma estrutura diferenciada; aí se enquadra a ação de um fator que caracterizou melhor em 1926, ligado à consideração do custo e do tempo do trajeto a uma dada distância, como um elemento determinante de relações espaciais.

Em termos gerais, "no processo de crescimento da comunidade, há um desenvolvimento do simples para o complexo, do geral para o especializado; primeiro por uma centralização crescente e depois por um processo de descentralização". Assim, inicialmente, "na pequena cidade ou aldeia, as necessidades primárias universais são satisfeitas por uns poucos armazéns gerais e algumas poucas instituições simples, como a igreja, a escola e o lar. À medida em que a comunidade aumenta de tamanho, ocorre uma especialização, tanto do tipo de serviço oferecido como da localização do local de serviço" (McKenzie 1924: 12-3).

"A estrutura central ou básica de uma comunidade é determinada pela direção das primeiras rotas de percurso e de tráfico. Casas e lojas são construídas perto da estrada, normalmente paralelas a ela [...]. Com o acúmulo de população e de serviços públicos, a comunidade toma forma, primeiro ao longo de um dos lados da estrada, depois dos dois lados. O ponto de junção ou de cruzamento de duas estradas principais, via de regra, serve de centro inicial da comunidade" (*ibid.*: 13).

"À medida em que a comunidade cresce, não há meramente uma multiplicação de casas e vias, mas um processo de diferenciação e segregação também ocorre. As residências e instituições se disseminam de maneira centrífuga desde o ponto central da comunidade, enquanto que o comércio se concentra cada vez mais em torno do ponto dos valores do solo mais elevados. Cada aumento cíclico da população é acompanhado por uma diferenciação maior tanto de serviços como de localização. Há uma luta entre as utilizações pela posição com mais pontos de vantagens. Isso faz aumentar o valor do solo e a altura dos edifícios no centro geográfico da comunidade. Na medida em que a competição por sítios mais vantajosos se torna mais aguda com o crescimento da população, os primeiros e economicamente mais fracos tipos de utilizações são forçados a sair para áreas menos acessíveis e de preço menor. Quando a comunidade alcançou uma população em torno de dez ou doze mil pessoas, se atinge uma estrutura bem diferenciada" (*ibid.*: 13-4). E McKenzie expõe sucintamente a estrutura que expusera em 1921, de uma área comercial no centro, das indústrias em formações independentes em torno de ferrovias e vias fluviais, dentro da cidade, e os setores residenciais segregando-se em dois ou mais tipos segundo a composição da população.

"O crescimento estrutural da comunidade ocorre em sequência de sucessões" e "certas formas especializadas de utilizações só aparecem em certos estágios de desenvolvimento; [...] a formação, as segregações e as associações que aparecem constituem o resultado de uma série de invasões" (*ibid.*: 14).

Para McKenzie, "o tamanho e a estabilidade da comunidade humana é [...] uma função do abastecimento de alimentos e do papel desempenhado por ela no processo ecológico mais amplo de produção e distribuição de mercadorias" (*ibid.*: 5); por outro lado, "à medida em que uma comunidade aumenta de tamanho [...], ela se torna melhor capaz de se acomodar a invasões e a mudanças súbitas do número de habitantes. A cidade grande tende a tornar-se o reservatório a que o excesso de população se drena das comunidades menores próximas" (*ibid.*: 12).

McKenzie apresenta as invasões intracomunidades em duas classes: "as que resultam em mudanças de uso do solo e as que introduzem apenas mudança do tipo de ocupante [...]. As invasões produzem estágios de sucessões de importância qualitativa diferente" que se refletem "nas flutuações dos valores do solo e dos aluguéis" (*ibid.*: 14). Indica, então, numerosas condições que iniciam as invasões e as classifica de acordo com o estágio de desenvolvimento (iniciais, secundárias e clímax), que descreve em detalhes que não nos interessarão aqui (*ibid.*: 16).

Nessa altura, McKenzie admite implicitamente a estrutura concêntrica proposta por Burgess [(1924) 1925] como aquela que caracteriza a cidade desenvolvida.

No vocabulário em que se constitui se artigo de 1926, McKenzie, ao falar do conceito de custo-tempo[17] como medida "por centavos e minutos" da distância ecológica, caracteriza essa base de distância como a que determina as correntes de percurso e tráfico, que por sua vez determinam as áreas de concentração e de localização das cidades. Assim, "o crescimento e a estrutura da comunidade é um efeito da distância nos movimentos locais de mercadorias e pessoas. A desigual expansão das cidades ao longo das vias de transporte rápido e barato é apenas um resultado óbvio da medida da distância em custo-tempo" (McKenzie 1926: 22).

Nessa ocasião inclui, então, uma crítica parcial à concepção da estrutura circular em zonas e áreas de Burgess, ao relativizar este padrão: "as cidades americanas, à diferença das cidades europeias, raramente são de forma circular, devido ao fato de que normalmente cresceram sem planejamento sistemático e portanto seu transporte interno é frequentemente menos uniformemente desenvolvido que no caso da maioria das cidades europeias. As cidades americanas — e isto é particularmente verdadeiro desde o advento do automóvel — tendem a se expandir em forma de estrela ao longo das linhas de comunicação rápida. A máxima distância linear da periferia ao centro da cidade raramente é superior à da viagem de uma hora pela forma de transporte predominante" (*ibid.*).

Uma hipótese compartilhada por Burgess, por Park e por McKenzie é a de que "os valores do solo se elevam com o movimento e o aumento da população" (Park 1929-C: 190). Para Park, "o aumento dos valores do solo em qualquer parte da comunidade serve para ocasionar, por sua vez, uma redistribuição da população na comunidade como um todo. As cidades, particularmente desde a introdução de novas formas de transporte e loco-

---

[17] O termo original é *time-cost*; *in* Pierson *1970* aparece traduzido como "preço-tempo".

Os elementos da concepção ecológica clássica da cidade

moção — o bonde, por exemplo, e o automóvel —, cresceram rapidamente por expansão territorial" (*ibid.*).

Descrevendo a formação das Zonas I, II, IV e V e a penetração de cada uma sobre as seguintes (sem mencionar, curiosamente, a Z-III e detalhando uma interessante relação entre a Z-I e a Z-V), Park prossegue: "Assim, parece que os valores do solo, que são eles próprios em larga medida um produto dos agregados de população, operam no decorrer do tempo para dar a este agregado, dentro dos limites da comunidade, uma distribuição organizada e um padrão característico. Sob a pressão dos valores do solo no centro, as cidades tendem a assumir a forma de uma série de círculos concêntricos, cada um dos quais circunscreve uma área de mobilidade decrescente e valores do solo em diminuição. Se os valores do solo mais elevados estão na área de compras de varejo, eles normalmente se localizarão no ponto em que, no decorrer das vinte e quatro horas, o maior número de pessoas se encontra e passa" (*ibid.*: 191).

A incidência da localização geográfica e do transporte intervem para modificar e complicar este padrão, e também a distribuição da indústria e do comércio, que é afetada por forças relativamente independentes daquelas que determinam a localização de centros residenciais e de comércio varejista.

Park expõe, então, dois enunciados gerais, como de leis de localização: "Na distribuição da indústria e do comércio, como na distribuição da população, a tendência fundamental é de se concentrar tudo — população, instituições públicas, indústria e comércio — em torno de um mercado central". Mas com a ressalva de que: "à medida em que os valores do solo aumentam, a população se movimenta regularmente para fora, em direção à periferia". E esclarece: "o efeito final do movimento centrífugo é o de criar um círculo externo de cidades satélites mais ou menos independente, mas ainda dominado pela metrópole. A tendência de se concentrar o comércio varejista no distrito central de compras [...] é eventualmente modificada pelas tendências centrípetas devidas aos aluguéis e custos de transporte elevados. Mas enquanto as lojas em que o comércio é exercido se mudam para fora, o controle do comércio permanece no centro" (*ibid.*).

Park expõe então uma ideia associada a um tema ainda pouco explorado, na época, em Chicago: "O movimento centrífugo nas cidades modernas é muito grande e aumenta à medida em que a cidade estende sua dominação através da organização dos bancos e do crédito por áreas mais amplas. As grandes cidade estão constantemente descartando e expelindo as indústrias que criaram" (*ibid.*: 191-2).

Mas o comércio e a indústria migram da metrópole e de seu distrito comercial central na medida em que se tornam padronizados e por essa razão sujeitos ao controle à distância. O controle da indústria e do comércio, por outro lado, tende a se concentrar no centro bancário central e na *city* bancária central, "porque estes constituem os centros de comunicação e de crédito" (*ibid.*: 192).

Park diz, então, que os valores do solo "acrescentam algo como um terceira dimensão à nossa geografia humana; [...] todo membro individual e toda instituição ocupa uma posição com referência a outros indivíduos e com referência às instituições da comunidade, que pode ser descrita na distância medida em termos de espaço ou tempo" e também ocupa "uma posição que é determinada pelo valor do espaço" que ocupa "e pelo aluguel" que paga. Os mapas de valores de aluguéis (que se tornaram indispensáveis para os analistas de mercado e os publicitários) são indicações de status social, de poder de compra e do crédito comercial geral. E os mapas de valores do solo (que seriam um índice da vida cultural da comunidade, servindo para delimitar o seu contorno cultural) oferecem um novo recurso para "caracterizar a organização ecológica da comunidade, o ambiente social e o habitat do homem civilizado" (*ibid.*). E salienta mais adiante: "De todos os fatos que podem ser expressos geograficamente, os valores do solo são para os sociólogos os mais importantes, porque oferecem um índice exato das forças que determinam a organização ocupacional e cultural da comunidade [...]" (*ibid.*: 196).

Os elementos da concepção ecológica clássica da cidade

"De estudos recentes em Chicago, parece que, enquanto os valores do solo tendem, como se poderia esperar, a cair gradual e regularmente a partir do centro, a simetria desse padrão é quebrada nas vias principais que se irradiam desde o centro da cidade. Essas linhas radiais, que são ocupadas pelo comércio, sobretudo por lojas de varejo, aumentam como elevações acima do território intermediário ocupado por residências. À medida em que se aproximam do centro da cidade, essas elevações ascendem lentamente primeiro, e depois rapidamente, na direção de um domo central de altos valores do solo. Num perfil, os valores do solo sobre uma dessas ruas aparece como na Figura 8, 'Gradiente dos valores do solo a oeste na Madison Street'" (*ibid.*: 193).

A partir disso e numa consideração mais ampla, Park propõe: "O mapa dos valores do solo de Chicago pode ser representado esquematicamente tal como mostrado na Figura 9. Nela, "C" indica o centro da cidade, onde os valores do solo são os mais altos; "AB" representa a linha de valores do solo mais altos ao longo da margem do lago e as linhas "D, E e F" as ruas que se irradiam desde o centro em direção a oeste, noroeste e sudoeste. As linhas radiais são interseccionadas por diagonais que correm para o oeste, norte e sul. No ponto de intersecção tendem a surgir novos centros comerciais e nesses centros os valores do solo aumentam, e, em geral, esses subcentros exibem todas as características da área comercial central e original na margem do lago" (*ibid.*: 194).

Tem-se a partir desses dois conceitos diferentes duas interpretações coerentes e complementares da estrutura urbana e uma sugestão forte da base sobre a qual operam os processos de seu crescimento e diferenciação. Mas seria de uma retomada do tema por Burgess que se veria fixado o quadro geral. Uma vez identificados, dessa maneira, os principais elementos componentes da concepção ecológica da cidade, poderemos passar à consideração das alterações que, juntamente com outra série de contribuições e detalhamentos, de natureza sobretudo mais empírica, ajudaram a ocasionar a teoria da estrutura urbana de Burgess e que vieram a torná-la mais ampla e precisa.

Figura 8
Gradiente dos valores do solo a oeste na Madison Street
(extraído de Park 1952: 193)

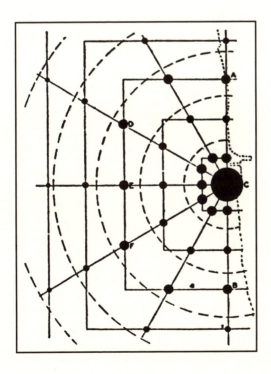

Figura 9
Aspecto teórico dos valores do solo nas intersecções de vias radiais com ruas que cruzam a cidade
(extraído de Park 1952: 194)

Figura 10
Mapa de Chicago mostrando os valores do solo no centro da cidade e nas principais vias radiais, nas intersecções com ruas que cruzam a cidade
(extraído de Park 1952: 195)

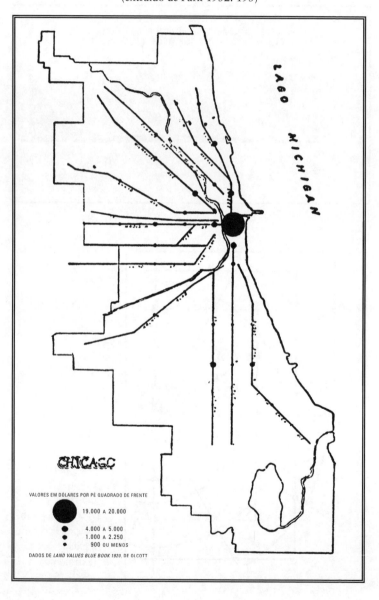

10.
A VERSÃO FINAL DA TEORIA DA
ESTRUTURA URBANA POR BURGESS EM 1929

Não parece ter sido hábito regular de Burgess referir-se às vizinhanças e comunidades locais que constituem as cidades como "áreas naturais" sociais, como o fizeram com tanta frequência Park e McKenzie; com exceção do título de um artigo publicado em 1926, não localizamos nos textos que consultamos a ocorrência de uso desse termo por Burgess. O menos ecologista dos três, talvez — pelo menos na medida em que teria sido o que contribuiu em menor proporção para o desenvolvimento das teorizações ecológicas — Burgess foi quem, paradoxalmente, mais contribui para fixar a imagem do interesse central desenvolvido pela ecologia humana, com sua teoria da estrutura da cidade. Pressupondo categorias ecológicas, na sua formulação inicial, ao indicar processos ligados à transformação e ao crescimento da cidade, ao apresentar a segunda formulação da teoria, Burgess pressuporia ainda categorias ecológicas, porém de modo mais sutil, na diferenciação e caracterização das diversas modalidades de áreas locais que representam as vizinhanças e comunidades econômicas, culturais e políticas da cidade.

Em 1929, Burgess apresentou em seu ensaio sobre "As Áreas Urbanas" uma das últimas exposições de conjunto detalhadas, neste período, da organização espacial da cidade, que constitui o que designamos como a versão final da teoria da estrutura urbana na escola sociológica de Chicago. As alterações e ampliações que lhe foram introduzidas posteriormente ocorreram em outros contextos teóricos e metodológicos de investigação da sociedade urbana e merecerão um relato seletivo em outros capítulos.

Quinn 1950 se refere à formulação de Burgess 1929 como "sua mais completa caracterização" das zonas concêntricas; admite que ele não reformulou "sua hipótese zonal da estrutura urbana" (p. 117) e que nessa ocasião "limitou a hipótese às cidades americanas, especialmente às modernas, embora não tenha negado explicitamente sua aplicação mais ampla" (*ibid.*: 119-20).

Schnore *1976* considera "essa versão ampliada" como "a melhor formulação conhecida do problema" (pp. 320-1); e transcreve uma interessante passagem de um artigo de 1953 em que Burgess responde, de certa forma, aos críticos que visam, sobretudo, a formulação de 1922-25 da teoria:

> "Meu nome tem sido identificado com uma teoria zonal do crescimento da cidade como se, interpretado graficamente, *apenas um fator, isto é, a expansão radial, determinasse o crescimento da cidade.* Os críticos dessa teoria têm sido bastante obtusos em não perceber que ela é uma elaboração ideal e que, na observação da realidade, muitos fatores sem ser a expansão radial têm influência no crescimento [...]. Em nenhuma ocasião, ao propor essa elaboração ideal do efeito do crescimento radial, neguei a existência de outros possíveis fatores, que podem ser também considerados elaborações ideais. Por exemplo, setores, condições climáticas, tipos de padrão viário, barreiras (colinas, lagos, montanhas, ferrovias) podem, cada um, ter efeito sobre a formação da estrutura da cidade." (Burgess 1953: 80-1, citado *in* Schnore *1976*: 324 e 361)

Essa versão final da teoria de Burgess da estrutura urbana representa uma reformulação refinada à luz das convergências advindas de vários estudos empíricos concluídos, antes referidos, e das discussões teóricas que mencionamos. O volume de que fez parte o artigo de Burgess 1929 correspondia a um relatório para a divulgação dos progressos realizados nos primeiros cinco anos de estudos intensivos de aspectos da vida urbana de Chicago e sua região, patrocinados pela Comissão de Pesquisa da Comunidade Local; este período de experiência de realização de pesquisas em cooperação, desde 1923, contou com uma suplementação financeira importante da *Laura Spelman Rockefeller Memorial*, que permitiu a ampliação de seu escopo inicial. O Prefácio do volume também nos adverte que os diversos capítulos foram escritos por vários membros da Faculdade, "sob a pressão de uma carga muito grande de trabalho na universidade, por homens e mulheres com muitas responsabilidades". Por exemplo, "Park escreveu o primeiro capítulo no Oceano Pacífico, a caminho dos Mares do Sul": trata-se de "A Cidade como um Laboratório Social"; e "Burgess completou sua contribuição a caminho de Los Angeles": essa contribuição consistiu de três artigos, um dos quais objeto de nossa análise aqui, representou uma síntese, das tendências e descobertas das pesquisas da época, mais do que apenas um relatório de divulgação para prestação de contas a uma agência de financiamento, como se poderia talvez inferir no mencionado Prefácio (Smith & White 1929, viii). É também curioso constatar, à página 37 do mesmo volume, que a publicação da coletânea *The City*, que celebrizou a escola, recebeu a dotação de US$ 1.200, no ano de 1925-26.

Ao mesmo tempo em que foram se desenvolvendo as discussões de vários temas sobre a cidade, o próprio Burgess deu importantes passos para uma melhor elucidação dos problemas do crescimento da cidade que levantara em 1922-25. Assim, alguns assuntos foram sendo, aos poucos, vistos de um modo mais claro: preponderantemente, determinaram-se os pontos de entrada dos imigrantes que promoviam o aumento adicional da população; determinaram-se as fases e identificaram-se as direções dos movimentos das populações no interior da cidade, em sua expansão; elucidou-se o processo de formação dos centros secundários de comércio na cidade; abordaram-se os aspectos da diferenciação das áreas na periferia da cidade em relação com sua expansão, entre outras coisas. A técnica da análise de gradientes de variáveis nas diversas áreas da cidade foi posta em uso especialmente por pós-graduandos em seus projetos de pesquisas, gerando interessantes análises de problemas da cidade, como organização familiar, delinquência, criminalidade, condições de habitação, pobreza, suicídios, doenças físicas e mentais, a situação de grupos étnicos e culturais, de grupos de socialização e desenvolvimento da sociabilidade, greves e conflitos trabalhistas, relações e conflitos raciais, da descentralização do comércio etc. Incidiram até mesmo preocupações de exigências da aplicação prática da pesquisa sociológica: iniciou-se um audacioso programa financiado de pesquisa das comunidades locais básicas de Chicago e, entre 1924 e 1934, Burgess, juntamente com Vivien Palmer e uma equipe de pesquisadores assistentes e pós-graduandos, elaboraram mapas básicos e temáticos sociais da cidade de Chicago e análises estatísticas das áreas sociais básicas da cidade; de início, identificaram oitenta áreas de comunidades, no "Mapa Básico de Pesquisa Social" (1926), com base em enormes volumes, que levaram anos elaborando, de história social de cada comunidade local (dos quais 21 encontram-se preservados); mais tarde reduziram-nas a setenta e cinco comunidades locais básicas e o mapa foi incorporado como base censitária pelo próprio Bureau do Censo dos Estados Unidos em 1930 e passou a ser adotado aos poucos por todos os órgãos da administração municipal de Chicago, desde 1931. Aliás, o êxito desse trabalho levou à aceitação pela Câmara Municipal de uma ideia de Burgess de realização de um Censo Especial da Cidade de Chicago em 1934, que foi conduzido por dois doutorados seus e publicado no mesmo ano (cf., por exemplo, Burgess 1964: 7-8 e Burgess 1973: 9-10).

Burgess deu sentido à descoberta de que as grandes artérias comerciais da cidade constituem o ponto de entrada dos grupos de imigrantes: "na medida em que cada grupo novo entra na cidade, encontra um lugar de entrada mais favorável. Para todos os novos grupos com uma ou mais das seguintes características: uma cultura estranha, um status econômico baixo e uma raça diferente, este ponto de chegada naturalmente tende a estar no *CBD* ou perto dele. Um distrito comercial, uma rua comercial ou uma área de quartos de pensão opõem notoriamente uma resistência mais tênue à intrusão de um novo grupo" (Burgess 1928: 56). Em Chicago, vários dados confirmavam essa interpretação dos fatos e Burgess alegou dispor-se de evidência que "aponta para uma situação semelhante nas origens e no crescimento de vizinhanças raciais e de imigrantes em outras cidades" (*ibid.*).

O movimento das populações de diferentes grupos raciais, econômicos ou de imigrantes para novas áreas residenciais, "quando estudados do ponto de vista da ecologia humana" (*ibid.*: 57), se apresenta de modo muito semelhante.

Os movimentos de populações do centro em direção à periferia da cidade são resultantes da pressão da comunidade e da pressão para fora e "assumem a forma de ondas sucessivas de invasão. A sucessão, como processo, foi estudada e seu curso principal traçado como:

1. *Invasão*, começando frequentemente como uma penetração não notada ou gradual, seguida por:
2. *Reação*, ou a resistência branda ou violenta dos habitantes da comunidade, resultando por fim em:
3. *Afluência* de recém-chegados e o rápido abandono da área por seus residentes da época anterior, e:
4. *Clímax* ou obtenção de um novo equilíbrio na estabilidade da comunidade.

Toda comunidade residencial oferece resistência à intrusão de um novo grupo de status imputado como inferior ou com base em diferenças de raça, padrão econômico ou cultura. Esta resistência pode se manifestar em variados graus de intensidade"; por exemplo, "em face da invasão por negros, ela pode ir a extremos de oposição violenta" (*ibid.*: 59).

A direção das linhas de migração, "embora fixada pelas características físicas do plano da cidade, também se conforma ao princípio da extensão radial. A taxa de movimento de um grupo de população é produto também do caráter radial do crescimento urbano e das peculiaridades da disposição física da cidade, mas complicada pela mobilidade relativa dos diferentes grupos de imigrantes. Os judeus, por exemplo, parecem ter uma taxa de movimento mais alta que os boêmios; a taxa dos italianos, poloneses, lituanos e mexicanos é muito mais baixa que a daqueles. A mobilidade dos negros é relativamente baixa devido à forte resistência encontrada por eles em sua invasão das vizinhanças brancas" (*ibid.*: 57-9).

"Em Chicago, esses movimentos mais importantes de população foram cartografados e definidos os principais fatores que governam suas direções e índices [...]. As grandes artérias e ruas comerciais da cidade foram e continuam a ser as grandes vias de invasão. Na Figura 11, cartografou-se os movimentos dos grupos de imigrantes para fora do distrito comercial central" (*ibid.*: 57): o cartograma apresenta dez linhas claramente definidas de movimentos de migração no interior da cidade de Chicago.

"A separação residencial de brancos e negros [...] é somente um caso" entre os muitos dos que envolvem grupos econômicos, raciais e de imigrantes e "operados pelo processo de segregação na classificação e seleção dos diferentes elementos da população no crescimento da cidade. Há colônias de imigrantes, os assim chamados *Ghettos*, *Little Sicilys*, *Chinatowns* e os *Black Belts*. Há também áreas econômicas e culturais que frequentemente atravessam ou transcendem classificações raciais e de nacionalidades, como as *Hobohemias*, *Bohemias*, *Suburbias* e *Gold Coasts* de nossas cidades metropolitanas. Quando analisada, a cidade é dividida e subdividida em áreas e vizinhanças residenciais, cada uma das quais é ou tende a ser predominantemente habitada por algum grupo racial ou de imigrantes, ou classe econômica e social" (*ibid.*: 51). Um exemplo dessas subdivisões é o da comunidade do Lower North, com suas vizinhanças contrastantes (Figura 12).

É interessante o modo como Burgess descreve sucintamente a formação dos centros comerciais secundários da cidade: "os

Figura 11
A expansão radial de grupos raciais e de imigrantes em Chicago
(extraído de Burgess 1929: 124)

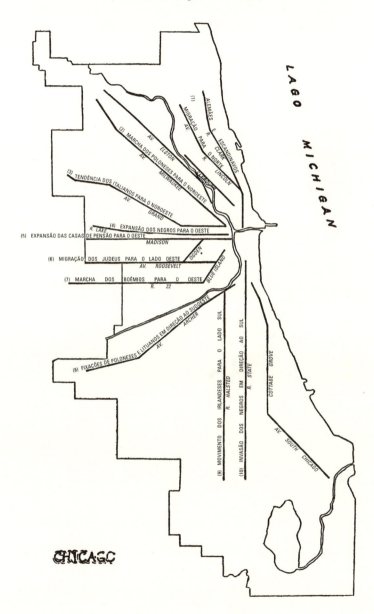

A versão final da teoria da estrutura urbana por Burgess

Figura 12
A comunidade do Lower North. "A leste da State Street fica a *Gold Coast*, o distrito residencial mais exclusivo de Chicago. A oeste da State Street fica uma área ignorada de quartos mobiliados; a Clark Street, a Rialto da meia-humanidade; a *Little Sicily*, o *slum*. Este mapa dos associados ao Conselho da Comunidade do Lower North mostra que ele é um órgão social local mantido pela *Gold Coast*."
— Zorbaugh, *The Gold Coast and the Slum*, pp. 7, 218.
(extraído de Burgess 1929: 133)

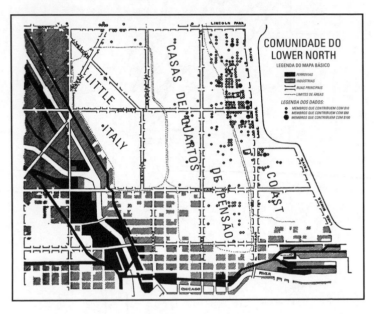

centros das comunidades locais são encontrados no ponto do mais elevado valor do solo, na intersecção de duas ruas comerciais. Esses centros de comunidades locais são também caracterizados pela concentração de comércio varejista, de bancos, de restaurantes e dos grandes e magníficos palácios de diversões, como cinemas e salões de bailes públicos. Se os altos valores do solo indicam o centro da comunidade, os valores do solo mais baixos geralmente definem suas periferias. Entretanto, se a intersecção de duas ruas comerciais determina o centro comercial, essas mesmas ruas o dividem em vizinhanças. Na Figura 13, se oferece uma representação esquemática de uma comunidade local de Chicago, Woodlawn, com seu centro econômico na intersecção das ruas comerciais principais *Sixty-Third Street* e a *Cottage Grove Avenue*. Nesse cruzamento, os valores do solo são de cinco mil dólares por pé quadrado de frente de terreno. Woodlawn inclui quatro vizinhanças: A, B, C e D, separadas cada uma das demais por essas mesmas ruas comerciais que se cruzam. É interessante que cada uma dessas vizinhanças tem sua própria escola pública. E até mais expressivo é o fato de que uma tentativa de unificar duas igrejas em disputa pela mesma denominação, em duas dessas vizinhanças, numa única igreja forte, falhou porque nenhuma se dispôs a renunciar a sua localização" (Burgess 1924: 148-50).

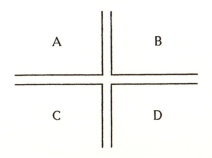

Figura 13
Representação esquemática da divisão de uma comunidade em vizinhanças através do cruzamento de duas ruas comerciais (extraído de Park *et al.* 1925: 149)

Cabe salientar brevemente o acerto dessa perspectiva de análise de Burgess dos subcentros comerciais, confirmada, quatro décadas depois, pelo desenvolvimento de uma tipologia hierárquica desses centros, em que a estrutura mais simples é representada pela do centro de vizinhança (C); a dos centros de comunidades (B) revela a área central ocupada por atividades dotadas de um alcance ou distância econômica que atinge a comunidade como um todo, circundada por atividades de alcance apenas na vizinhança, em terrenos de valor mais baixo; por fim, o subcentro de alcance regional (A) compreende três níveis de funções e atividades, sendo as de alcance regional situadas no centro e ao seu redor as de alcance na comunidade e, finalmente, as de alcance limitado à vizinhança; cf., por exemplo, Garner 1967: 351-2.

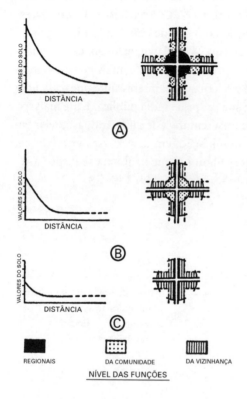

Figura 14
A estrutura dos centros comerciais de diferentes ordens, nas cidades (extraído de Garner 1967: 351)

Outro aspecto para o qual Burgess chama atenção, e que apenas ilustramos aqui, é o do início de uma fase de análise dos processos que ocorrem nas áreas urbanas, iniciada na época por Shaw e outros sociólogos do Instituto de Pesquisas da Juventude, "que já conseguiram determinar o declínio regular da taxa de delinquência juvenil do centro da cidade para a periferia" (Figura 15) e que "há taxas semelhantes para muitos fenômenos da vida urbana, como a desintegração familiar [v. Figura 16], crimes de adultos, aumento ou diminuição de população, proporção de nascidos no estrangeiro etc." (Burgess 1929: 137).

Figura 15
Taxa de delinquência juvenil masculina por áreas de uma milha quadrada ao longo de linhas que se irradiam do 'loop'
(extraído de Burgess 1929: 136)

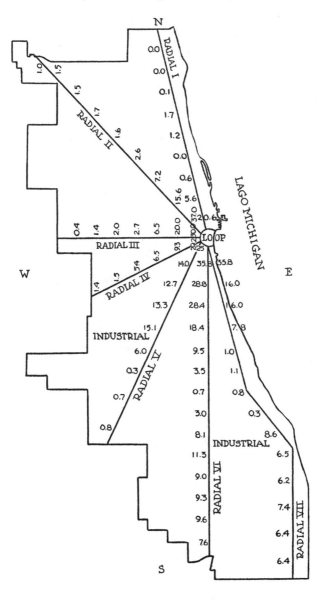

A versão final da teoria da estrutura urbana por Burgess

Figura 16
As áreas de desintegração familiar em Chicago, 1920
(extraído de Smith & White 1929: 144)

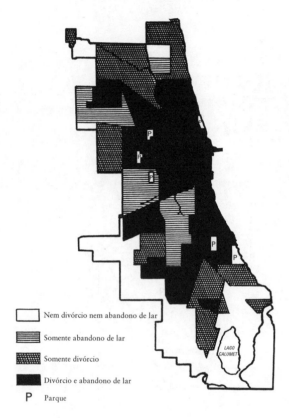

Em 1929, Burgess distribuiu pelas zonas da cidade a tipologia da vida familiar que Ernest Mowrer, em sua tese de doutoramento *Family Disorganization*, defendida na Universidade de Chicago em 1924, vinculara a áreas da cidade; diz então Burgess: "O *CBD* (Z-I) é predominantemente uma região de homens sem lar" (as áreas sem famílias têm seus centros na *Hobohemia* e na *Bohemia*); na Z-II, "o distrito das casas de pensão é o habitat da família emancipada" e "a área de primeira fixação [representada pelas colônias de imigrantes] é o solo natural da família patriarcal transplantada da Europa"; os distritos de prédios de apartamentos e de hotéis residenciais, na Z-IV, das Melhores Residências, "é o meio ambiente favorável para a família igualitária; [...] e finalmente, nos chamados subúrbios-dormitórios", na Zona dos *Commuters* (Z-V), há "este novo tipo de família em que o marido sai de casa para a cidade antes de os filhos despertarem e volta quando já estão dormindo, a moderna família matriarcal, ou talvez mais exatamente, a família matricêntrica, [pois aí] a mãe e a esposa se tornam o centro da vida familiar". Burgess assevera que "esta correlação entre as áreas culturais da cidade e os tipos de vida familiar não é uma coincidência fortuita. Ela indica as maneiras pelas quais a vida familiar se relaciona com a ecologia da cidade" (Burgess 1926-B: 83; e Burgess 1929: 117).

Para uma caracterização da versão final da teoria da estrutura urbana de Burgess, discriminaremos proposições que fazem parte não só do texto de 1929, mas também algumas que integram o texto de 1928. Não se constituindo a formulação dessa teoria num sistema dedutivo, a rigor não poderia ser reconstruída com o auxílio da concepção axiomática das teorias científicas, desenvolvida por Carnap e Hempel (cf. Suppe 1974; Rudner 1966; para um breve resumo: Eufrasio 1981: 23 segs.) — ou não compensa fazê-lo. Mas é possível identificar certo número de proposições como aquelas que cumpririam uma função semelhante à dos enunciados primitivos ou axiomáticos, ou seja, aquelas proposições que na teoria de Burgess seriam dotadas de maior grau de generalidade e abstração:

E_1) A comunidade humana cresce pelo processo de subdivisão (p. 118)

E_2) "À medida em que a cidade cresce, sua estrutura se torna mais complexa e suas áreas se tornam mais especializadas". (p. 113)

E_3) O aumento da diferenciação [da estrutura e das áreas da cidade] envolve aumento de cooperação e de interdependência. (*ibid.*)

E_4) As áreas especializadas da cidade (comerciais, residenciais, industriais etc.) são todas partes orgânicas da cidade devido a suas funções diferenciadas. (*ibid.*)

E_5) "Na medida em que cresce, toda comunidade se expande para fora a partir de seu centro". (1928: 51)

Mt) A análise dos fatores e forças do crescimento da cidade permite compreender o padrão geral da formação das áreas urbanas. (p. 113)

F_1) Os fatores que afetam o desenvolvimento da cidade são: (1) a extensão radial; (2) a situação; (3) o sítio; (4) as barreiras naturais; (5) as barreiras artificiais; (6) a sobrevivência de um uso anterior do distrito; (7) o plano predominante da cidade; e (8) o sistema de transporte local da cidade. (1928: 53)

F_2) Dentre os muitos fatores que afetam a formação do padrão da cidade, três são os decisivos:

1. O caráter radial do crescimento da cidade, ou a tendência que tem uma comunidade de expansão para fora a partir do seu centro;

2. Variações naturais ou artificiais das características topográficas da cidade, incluindo relevo, sítio no litoral, num lago ou num rio, barreiras como rios, parques e linhas ferroviárias elevadas; e

3. As características gerais do plano das ruas da cidade, incluindo a estrutura do sistema de transporte local. (p. 113)

Seria oportuno identificar ou estabelecer algumas definições, ao nível dos fatores gerais do desenvolvimento da cidade:

"A *extensão* para fora, em todas as direções, a partir do centro em direção à periferia da comunidade pode ser chamada de *força de extensão radial.*" (p. 114)

Burgess não define a situação ou o sítio, mas, no contexto, sugerimos as seguintes definições:

A *situação* poderia ser talvez definida como a localização da cidade em relação a outras cidades, a comunidades rurais e, em especial, à rede de transporte em que se integra.

O *sítio* poderia ser definido como a localização da cidade em relação aos traços (geomórficos, climáticos etc.) gerais da região geográfica física em que se situa.

Não cremos que seja necessário definir, por serem óbvios, as barreiras naturais e artificiais e os demais fatores indicados por Burgess em F_1.

O reagrupamento dos fatores que Burgess propôs em 1929, expresso em F_2, envolve o reconhecimento do papel importante desempenhado pelo terceiro fator, o plano das ruas e o sistema de transporte local da cidade. Não tendo tido acesso ao texto de Hurd 1903, só podemos sugerir a hipótese de que tal reconhecimento por Burgess em 1929 significaria uma incorporação, ainda que parcial, talvez, do esquema de crescimento axial das cidades de Hurd, ao qual McKenzie várias vezes se referiu.

Há, nesse reagrupamento, no entanto, uma hierarquia de fatores, pois o fator ao qual Burgess atribui o papel principal na formação do padrão da cidade é o primeiro, o da extensão radial, que dá a estrutura urbana básica da cidade, e se pode caracterizar, e aos seus efeitos, na seguinte sequência de proposições:

$F_2$1.1) "À medida em que qualquer comunidade cresce em seu número de habitantes, a extensão ocorre naturalmente, através da mudança dos moradores para além dos limites externos do território já ocupado." (p. 114)

$F_2$1.2) A extensão radial [se dá] a partir do distrito comercial central em direção à periferia da cidade e é devida: em parte à pressão do comércio e da indústria, e em parte ao impulso de se transferir de residência: o comércio e a indústria leve, à medida em que se desenvolvem, se estendem para fora desde o centro da cidade e penetram entre as residências; e as famílias respondem aos apelos de distritos residenciais mais atraentes, cada vez mais afastados do centro da cidade. (1928: 51)

$F_2$1.3) Como resultado da penetração comercial e industrial e do correspondente motivo de mudança residencial, a cidade tende a tomar forma e a se tornar organizada conforme um padrão que se aproxima do das zonas concêntricas. (1928: 51).

$F_2$1.4) O fator da expansão radial é, entre os fatores do crescimento urbano, aquele que deixa um efeito mais profundo na estrutura da cidade. (p. 113)

$F_2$1.5) "Se a extensão radial fosse o único fator que afetasse o crescimento das cidades americanas, toda cidade do país exibiria uma exemplificação perfeita dessas zonas" (1928: 53 e 1929: 118); porém [embora não seja o único], é um fator tão universal e forte que em toda cidade se pode delimitar essas zonas mais ou menos claramente. (1928: 53).

$F_2$1.6 "[Sob a ação desta força e] na ausência de fatores de ação contrária, [é admissível que] a moderna cidade americana tomaria a forma de cinco [ou sete (1930: 161)] zonas urbanas concêntricas, tal como se representa na Carta II" [aqui reproduzida à p. 82]. (p. 114)

Devemos assinalar que, ao fazer a apresentação do padrão zonal, tanto no artigo de 1928 como no de 1929, Burgess reproduziu a Carta II do artigo de 1924-25, a esta altura não mais adequada para representá-lo; não conhecemos, porém, qualquer outra tentativa de Burgess de ilustrar graficamente seus novos tipos ideais de estruturas urbanas. É a seguinte a descrição das zonas urbanas, que se pode resumir, nessa fase, centrada no artigo de 1929:

Zona I: O *CBD*.

EZ.1') "No centro da cidade está situado o Distrito Comercial Central, como foco de sua vida comercial, social e cívica". (p. 114)

EZ.1'A) O centro do *CBD* é o distrito varejista do centro da cidade; é uma área de trabalho e de diversão que centraliza a vida econômica, social, cívica e política da cidade. (*ibid.*)

EZ.1'B) Circundando o distrito varejista do centro da cidade está o Distrito Comercial Atacadista, com o "mercado", os depósitos de mercadorias e os edifícios de armazéns. (*ibid.*)

Sobre esta zona, diz Burgess, em 1928:

"O *CBD* tende a ser, nas cidades americanas, ao mesmo tempo, o centro das atividades de varejo, financeiras, recreacionais, cívicas e políticas. De dia, seus arranha-céus e suas ruas, que parecem *canyons*, são invadidas por clientes de lojas, balconistas e trabalhadores em escritórios. À noite, multidões de pessoas em busca de diversões se aglomeram nas ruas iluminadas e com cartazes de sedução e convite. Exceto pelos viajantes em hotéis, os homens sem lar como os *hoboes* e os '*home guards*' (trabalhadores residentes casuais) e os moradores da *Chinatown*, o *CBD* tem poucos habitantes." (p. 52)

Zona II: A Zona de Transição.

EZ.2') Circundando o *CBD* fica a Zona de Transição, constituída por áreas de deterioração residencial causada pela penetração do comércio e da indústria a partir da Zona I. (p. 114)

EZ.2'A) O cinturão mais interno da Zona II é formado por um distrito de fábricas, onde se situam as indústrias leves. (p. 115)

EZ.2'B) O anel externo da Zona II é formado por vizinhanças em regressão etc.; é uma área de deterioração física e desorganização social (de onde as famílias e indivíduos que prosperam escapam para a Zona III, mais além). (pp. 115-6)

Sobre esta zona, diz Burgess em 1928:

"Esta zona tem sido descrita como uma área de interstício, na transição das residências para o comércio e a indústria; é o porto de primeira entrada para os grupos raciais e de imigrantes que chegam: nela estão localizadas as áreas de primeira fixação, das quais seus membros mais diligentes vão procurando escapar." (p. 52)

Zona III: A Zona das Casas dos Trabalhadores Independentes.

EZ.3') Este terceiro amplo anel é constituído em grande parte por vizinhanças de segunda fixação de imigrantes; seus habitantes desejam viver perto, mas não demasiado próximo, de seu trabalho. Compõe-se de sobrados geralmente de madeira com duas moradias, o proprietário vivendo no andar de baixo e um inquilino no de cima. O pai trabalha na fábrica e os filhos no centro; estes frequentam salões de bailes e cinemas nos subcentros (as áreas de "luzes brilhantes") e planejam ao se casar ir morar na Zona IV. (p. 116)

Sobre esta zona, diz Burgess em 1928:

"A Zona das moradias dos trabalhadores encontra sua localização àquela distância além do cinturão das fábricas que circunda o *CBD* que é ainda acessível com frequência num percurso a pé para o trabalhador. Seus habitantes estão sendo constantemente recrutados dentre os que escapam da Zona de Transição, mas ao mesmo tempo vão sendo diminuídos daqueles que estão em busca de residências mais desejáveis na zona seguinte." (pp. 52-3)

Zona IV: A Zona das Melhores Residências.

EZ.4'A) É onde vive a grande classe média dos americanos natos (profissionais, homens de negócios etc.); compõe-se de comunidades de casas isoladas, que estão se tornando também as áreas de prédios de apartamentos e hotéis residenciais (com seus inquilinos urbanizados e sofisticados). (p. 116)

EZ.4'B) Em pontos estratégicos se encontram centros comerciais locais, de importância crescente (os *Loops*-satélites), de unidades comerciais e recreacionais: um banco, uma ou mais lojas da *United Cigar*, uma *drugstore*, um restaurante, uma agência de automóveis e um cine-teatro. Com um palácio de danças, um hotel elegante e um cabaré, torna-se também uma "área de luzes brilhantes", com frequentadores da cidade inteira. (pp. 116-7)

(É uma zona com mais mulheres que homens, com independência de voto, com grande circulação de jornais e livros e que elege mulheres para a Assembleia Legislativa Estadual). (p. 117)

Sobre esta zona, diz Burgess em 1928:

"É habitada principalmente pelas famílias de pessoas engajadas em atividades profissionais e clericais, que tiveram educação de nível médio, se não superior. Seu status intelectual é manifestado pelo tipo de livros e revistas em suas casas, pela preponderância de clubes femininos e pela independência de voto. É o lugar da grande classe média, com ideais ainda semelhantes àqueles da sociedade rural americana." (p. 53)

E em 1930, Burgess chama a atenção para o fato de que "ao longo das vias de trânsito rápido se encontram os distritos de prédios de apartamentos" (p. 161).

Zona V: A Zona dos *Commuters*.

EZ.5') Constitui-se de um anel de pequenas cidades, vilas e aldeias que circundam a área urbanizada; são subúrbios dormitórios, pois os homens trabalham de dia no *CBD* e só retornam à noite: a mãe e a esposa se tornam o centro da vida familiar (família matricêntrica) (p. 117). Essas comunidades são as mais altamente segregadas dentre as da região metropolitana e cobrem toda uma gama, desde as de ricos cultos e de espírito público, até as aldeias que funcionam no interesse do vício e do crime. (*ibid.*)

(O limite externo dessa zona é o limite da região metropolitana. pp. 117-8)

Sobre esta zona, diz Burgess em 1928:

"Compreende os distritos suburbanos da cidade que combinam a atmosfera da casa de campo com o acesso através de transporte rápido ou automóvel ao centro metropolitano da cidade, para trabalhar, fazer compras ou entretenimento. A residência em comunidades suburbanas restritas implica uma categoria econômica suficiente para adquirir uma ampla casa térrea custando mais que uma cifra estipulada e um automóvel de qualidade proporcional."

E em 1930:

"É a zona dos *commuters* de comunidades residenciais suburbanas, que abrangem desde subúrbios modelos até as aldeias do mais baixo grau, algumas vezes organizadas nos interesses do crime, do vício e do jogo. Nas comunidades suburbanas de grau superior vivem aqueles que desejam escapar da cidade e todavia ficar próximos de suas vantagens." (p. 161)

Zona VI: É constituída pelos distritos agrícolas que se situam dentro do círculo dos *commuters*; se divide de modo típico em:

EZ.6A) Um anel interno de cemitérios, campos de golfe e chácaras de hortaliças.

EZ.6B) Um anel externo de criação de gado leiteiro e produção de laticínios. (1930: 161)

Zona VII.

EZ.7) Esta zona "é a hinterlândia da metrópole; [...] do ponto de vista da produção de matérias primas, é a área para a qual a cidade é o mercado; e do ponto de vista da distribuição de bens manufaturados, é a área para a qual a cidade é o centro de trabalho" (1930: 161-2).

Burgess introduziu a Zona VI e a Zona VII no artigo de 1930; mas no texto de 1929, já havia notado que, no caso de Chicago, "além da região metropolitana, fica a hinterlândia da metrópole, com um raio de 60 milhas e incluindo 16 condados de três estados e que considera a metrópole como seu mercado e seu centro de trabalho. Inclui praticamente todos os cinco estados de Illinois, Michigan, Indiana, Iowa e Wisconsin; em certas atividades, sua liderança se estende por todos os estados do centro-norte" (p. 118).

$F_2 1.7$) Diferenças e uniformidades [em relação à ação da tendência de expansão radial] podem ser explicadas através da definição e da análise do papel dos outros dois principais fatores ou forças de formação do padrão da cidade (1929: 118), isto é, os outros fatores que afetam o desenvolvimento da cidade introduzem distorções e modificações nesse padrão zonal (1928: 53).

A seguir, faremos uma inversão na exposição dos fatores do padrão da cidade e apresentaremos agora o fator que Burgess expõe como o terceiro, aquele das características gerais do plano das ruas da cidade, incluindo também a estrutura do sistema de transporte local.

Burgess admite que este fator, caso atuasse sozinho, daria origem a um padrão peculiar da estrutura urbana. No entanto, a pressuposição básica de Burgess é de que ele não atua sozinho, mas em combinação com o de expansão radial; assim, introduz modificações no padrão zonal, ao se superpor a ele, podendo também ser uma força contrária a ele. As proposições em que Burgess expressa essa concepção são as seguintes:

$F_2 3.1$) "Se o plano das ruas em tabuleiro de xadrez fosse o único fator a operar, o crescimento da comunidade não seria radial, mas seria pelos ângulos retos para fora do centro da cidade." (p. 121)

$F_2 3.2$) Quando o arruamento em tabuleiro de xadrez "é traçado pelos pontos cardeais, torna o centro da cidade mais acessível e, em consequência, mais desejáveis para residências os distritos situados diretamente a norte, leste, sul e oeste e, em correspondência, indesejáveis para residências os setores intermediários localizados ao longo de ângulos diagonais" (p. 121).

$F_2$3.3) "Uma tendência natural do plano das ruas em tabuleiro de xadrez é a de traçar o sistema local de transporte (trilhos de bondes e linhas de metrô) sobre as principais artérias de rumo norte e sul, leste e oeste ou próximo a elas." (p. 121)

$F_2$3.4) "O resultado do arruamento em tabuleiro de xadrez é o de acelerar a força de expansão radial sobre as artérias que ocorrem em ângulos retos para o *CBD* e retardar e até mesmo impedir a tendência à expansão radial nos ângulos oblíquos que atravessam, em vez de acompanhar, a disposição das ruas em tabuleiro de xadrez." (p. 121)

$F_2$3.5) "A combinação do plano circular de extensão radial com as artérias rodoviárias norte e sul, leste e oeste do esquema das ruas em tabuleiro de xadrez tem feito concentrar a pressão do movimento da população para fora do centro da cidade nestas quatro direções principais." (p. 122).

Como "o arruamento em tabuleiro de xadrez ocorre em quase todas as cidades americanas" (p. 121), Burgess postula:

$F_2$3.6) "O efeito total da superposição do padrão de quadrados do plano das ruas em tabuleiro de xadrez sobre o padrão circular das zonas urbanas é o de dar à cidade norte-americana típica" (situada numa planície e longe das margens de um lago ou de um rio) a forma de uma cruz de malta. (p. 121)

Burgess analisa o efeito desse fator sobre a cidade de Chicago: "Em Chicago, com seu sítio à beira do lago, as principais linhas tronco de movimento da população foram em direção a norte, ao longo da margem do lago; a sul, ao longo da *Illinois Central* e a oeste, seguindo a *West Madison Street* e a *Washington Boulevard*. Esses três principais eixos de movimento de população americana nativa resultaram no desenvolvimento de uma sucessão de subúrbios residenciais de alta classe" nessas direções (p. 122). Entre os três eixos de movimento mais rápido de população, permanecem dois setores, noroeste e sudoeste, de movimento mais lento de grupos de colônias de imigrantes europeus e negros do sul e mexicanos (cf. pp. 122-3). As pesquisas de Hoyt 1939 confirmariam plenamente estas interpretações de Burgess, como veremos mais adiante.

"Poucas ruas diagonais [...] podem ser encontradas em Chicago e tiveram algum efeito em atenuar as tendências próprias do plano de ruas em tabuleiro de xadrez. Mas no total sua influência foi pequena", pois somente uma delas tem o caráter de artéria que segue em definido ângulo oblíquo e atravessando um território amplo, e, além do mais, (tal como as outras ruas diagonais) sofre a desvantagem de não se originar diretamente do *CBD* (p. 122).

Infelizmente, Burgess não apresentou, pelo que pudemos saber, uma ilustração gráfica desses dois padrões de estrutura urbana, limitando-se a reproduzir a carta das áreas urbanas do artigo concebido em 1922, manifestamente inadequada como representação das estruturas gerais das zonas que propôs em 1929.

Caberia, por fim, considerar o fator restante, o das variações naturais ou artificiais nas características da topografia do sítio da cidade, "que introduzem distorções no padrão zonal" — e pode mesmo ser uma força contrária a ele, sugere Burgess.

A rigor, não seria exatamente um fator ao mesmo título em que os outros dois: consistiriam, antes, nos elementos contingentes da realidade que introduziriam, para cada cidade, alterações nos efeitos dos dois fatores já descritos, em relação a uma situação ideal postulada no caso imaginário de que não existissem. Esses elementos introduzem o "desvio" da realidade que se constata em toda aplicação de um tipo ideal. Neste sentido é que indicamos anteriormente proposições que os mencionavam como metateóricas, na medida em que diriam da aplicabilidade do tipo ideal de estrutura urbana a cada cidade concreta. Em 1929, Burgess expõe esses elementos sistematizando as características do gênero mencionado que poderiam se apresentar em qualquer caso de aplicação de sua teoria dos tipos ideais da cidade.

É o caso de lembrar que "o tipo construído é uma simplificação do concreto, portanto, toda ocorrência concreta individual se desviará de algum modo do tipo. Esses desvios serão relativos entre si e com relação ao tipo construído. Em consequência, o tipo pode servir como uma base para a medição (potencial ou real) do grau de desvio" (McKinney *1968*: 17).

Resumindo os passos com que von Schelting, segundo Parsons, caracterizou o procedimento de construção tipológica — ao discutir este aspecto da metodologia de Weber —, McKinney especifica que "o investigador constrói um tipo com base na evidência. Pode ser um tipo de processo, estrutura, organização social, personalidade, ou algo semelhante. Estabelece-se então como hipótese que em certas circunstâncias dadas esse tipo se conduzirá provavelmente de um modo determinado. Como passo seguinte, o investigador busca o 'enquadramento' que se aproxime das circunstâncias ideais, com o fim de efetuar uma comparação entre a construção mental e a aproximação empírica. As diferenças se atribuem aos fatores isolados em vista do fato de que não constituíam parte do padrão objetivamente possível" (*ibid.*: 57).

Parafraseando McKinney (*ibid.*: 233), poderíamos dizer que o terceiro fator de Burgess 1929 é o enunciado da "hipótese acerca do *grau de aproximação* de vários *tipos*" de cidades com variações topográficas específicas devidas ao sítio, a barreiras etc., ao tipo construído de estrutura zonal da cidade sob as condições de expansão radial e de arruamento em tabuleiro de xadrez e seu sistema de transporte local.

Assim, Burgess 1929 apresenta proposições que são interpretações teóricas das características topográficas possíveis do território do sítio de qualquer cidade e comenta como sua variação tem maior ou menor grau de influência na realização "imperfeita" dos padrões representados pelos tipos ideais (de extensão radial, axial e sua combinação). O elemento de variação topográfica que altera o padrão ideal urbano é mencionado grifado em cada proposição.

F$_2$2.1) Em cidades de colinas e vales, estudadas em comparação com cidades de planícies, *o relevo* introduz outra dimensão no padrão zonal: os setores residenciais mais preferidos [não são os mais afastados, mas] são os mais altos, com os pobres nos vales, a classe média na vertente das colinas e os ricos nos altos das colinas (cf. p. 119). Em cidades de planícies, mesmo elevações ligeiras são logo apossadas como as mais favoráveis para residências. (*ibid.*)

F$_2$2.2) *O sítio na margem de um lago* altera profundamente o padrão teórico zonal geral: o esquema dos círculos concêntricos é modificado para um plano de semicírculos. (*ibid.*)

F$_2$2.3) *As barreiras naturais e artificiais* influenciam profundamente a organização das comunidades, evitando em grau maior ou menor o livre movimento do comércio, da indústria e da população nos termos da extensão radial para fora desde o centro para a periferia. (*ibid.*: 119-20)

F$_2$2.4) *Os rios* dividem a cidade em partes que se desenvolvem com considerável grau de independência, com funções especializadas (como habitats de grupos raciais e culturais com certa consciência setorial e certo reconhecimento na ação política). (*ibid.*: 120)

Os terrenos marginais ao longo dos rios se tornam o local das primeiras indústrias e, em consequência, dos primeiros imigrantes. Esses distritos ao longo dos rios, quando abandonados pelos primeiros habitantes, tornam-se áreas de deterioração e os portos de primeira entrada dos novos imigrantes (*ibid.*). E os locais de margens mais altas, como os terrenos mais altos, são ocupados pelas residências melhores. (*ibid.*)

F$_2$2.5) *As barreiras artificiais*, tais como as linhas ferroviárias elevadas, dividem grandes áreas em comunidades mais ou menos isoladas e autossuficientes, comunida-

des "muradas" que, em consequência da solidariedade econômica e social, tendem a resistir às mudanças
envolvidas na extensão radial desde o centro (entretanto, quando a mudança supera esta resistência, ocorre
rapidamente e afeta a comunidade inteira como uma
única comunidade). (*ibid.*: 120-1)

Considerando este último grupo de influências de distorção
dos efeitos da extensão radial, da extensão ortogonal ou axial e
da extensão cruz-de-maltense sobre a estrutura da cidade, no caso
concreto de Chicago, Burgess assinala que "o efeito [dos dois
ramos] do rio Chicago foi o de tornar mais inacessíveis e desfa-
voráveis para residências os setores situados ao longo de ângulos
oblíquos" (já desfavorecidos pelo fator axial ou ortogonal do
arruamento em tabuleiro de xadrez): devido a essa desvantagem,
"os bairros ribeirinhos foram e têm permanecido a localização da
indústria pesada e das vizinhanças de pobreza e de habitações
ruins" (p. 122).

Em 1929, a intenção de Burgess, mais que em 1923, foi de
fazer uma apresentação das áreas sociais em que se estruturava a
cidade de Chicago, como uma ilustração da análise dessas áreas
nas cidades americanas. Assim, após ter identificado as forças "do
crescimento da cidade e do movimento de grupos de população",
Burgess se voltou a uma "análise dos diferentes tipos de disposição das comunidades, ou seja das formas de organização e das forças econômicas, culturais e políticas". Empreendeu, então, a análise dos elementos da disposição física de Chicago, que incluem:
a divisão da cidade em diferentes áreas por rios, ferrovias elevadas, parques e boulevards; o sistema de transporte local; o padrão
do arruamento; o esquema de localização da indústria e do comércio e dos diferentes tipos de residências; e os serviços públicos (abastecimento d'água, coleta de esgotos, gás e eletricidade).

A identificação da disposição física cumpre uma função teórica: oferece um esquema no qual se desenvolvem as diferentes
formas de organização das comunidades econômicas, culturais e

políticas; e também uma função empírica: é um esquema dentro do qual essas comunidades podem ser estruturadas com proveito e que oferece um agrupamento de áreas permanente para a coleta e organização contínuas de dados estatísticos e para estudos de casos. Não acompanharemos esse detalhamento, que em parte já foi descrito para o artigo de 1923; mas cabe assinalar que Burgess salienta que dentro das "zonas de crescimento urbano são encontrados distritos ou comunidades locais e estas, por sua vez, se subdividem em áreas menores chamadas vizinhanças. Ao fim das contas, os fatores geográficos e os processos de competição fixam os limites e os centros dessas áreas [...]. Preparou-se um mapa das comunidades locais para mostrar o modo pelo qual os rios, as ferrovias, os grandes estabelecimentos industriais, os parques e as avenidas dividem a cidade em suas comunidades locais residenciais e industriais constituintes" (Burgess 1924: 148). O estágio desse mapa, quando contava com setenta e seis comunidades locais, é reproduzido na Figura 17; reproduzimos, depois, a carta de utilizações do solo apresentada por Shaw, no mesmo ano de 1929 (Figura 18).

Além das pesquisas de pós-graduandos e dos trabalhos de pesquisadores engajados em projetos de estudos de áreas e problemas de Chicago e outras grandes cidades, o esquema zonal de Burgess suscitou vários trabalhos acadêmicos geralmente não muito extensos, que tentaram discutir os temas que levantou. O mais ambicioso talvez tenha sido o de Davie 1937, que comentaremos em outro capítulo. Em seu volume de 1938, Alihan dirigiu também uma crítica à teoria zonal de Burgess, que não poderemos expor em detalhes, mas tão somente assinalar, com base em três trechos transcritos em Quinn 1950, o que parece ser sua opinião a respeito. Segundo Quinn, Alihan acreditava que "as zonas não existem como áreas naturais distintas" porque os diversos critérios "que presumivelmente caracterizam as zonas nem sempre exibem distribuições espaciais semelhantes" e que, além disso, os gradientes radiais — que envolvem aumentos ou diminuições de um fenômeno com o aumento da distância do centro da cidade

Figura 17
As comunidades locais de Chicago, com a população de 1920
(extraído de Burgess 1929: 126)

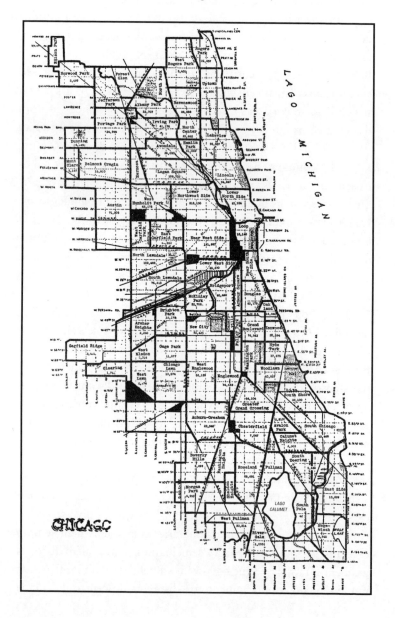

A concepção ecológica da estrutura urbana

Figura 18
Carta dos usos do solo de Chicago
(extraído de Clifford R. Shaw, *Delinquency Areas*, 1929: 18)

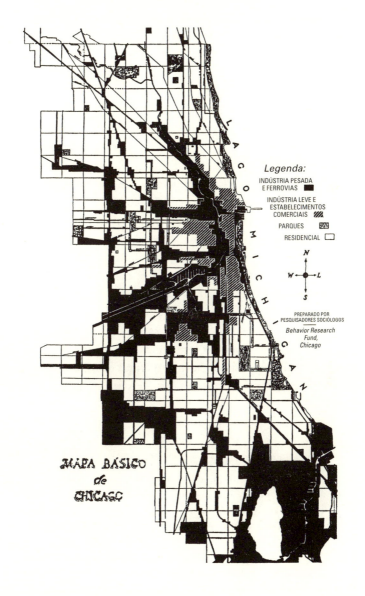

A versão final da teoria da estrutura urbana por Burgess 181

— tornam inválida a concepção de zonas nitidamente separadas" (Quinn 1950: 129). Assim, usando como exemplo a tipologia das famílias de Mowrer que Burgess interpreta por zonas, como uma ilustração, como já vimos, Alihan vê uma "discrepância entre a disposição espacial dos tipos familiares e a dos numerosos fatores em termos dos quais Burgess delimita territorialmente as zonas" (Alihan 1938: 222, cit. *in* Quinn 1950: 130). Alihan acertou ao perceber a base empírica que inspirou a proposição da ideia das zonas urbanas,[18] mas não percebeu que não são áreas homogêneas, mas certa espécie mais elaborada de generalização empírica; o esquema de Burgess constitui um tipo ideal espacial de zonas socioeconômicas da cidade, que não pode ser interpretado empiricamente de modo referencialista; e Alihan também não percebeu que dentro de cada zona típico-ideal se pressupõem áreas socioeconômicas (distrito varejista, colônias de imigrantes, bairros residenciais de trabalhadores etc.) cada uma das quais ilustrada por uma ou mais áreas homogêneas empíricas correspondentes, para cada cidade concreta que se analise com o auxílio do esquema típico-ideal. Como constructo típico-ideal, o quadro zonal não é referencial, não é literalmente descritivo das estrutura espaciais de qualquer cidade concreta, americana ou não — nem de Chicago; e assim, não pode ser testado empiricamente por procedimento de verificação, simplesmente. A crítica de Alihan, neste caso, foi irrelevante: a via de ataque acertada seria como a que foi seguida por Hoyt.

---

[18] Não é gratuita a observação que fazem Burgess e Bogue se referindo às circunstâncias da criação do esquema zonal e ao motivo do respeito com que encaravam as teorias que posteriormente o refinaram: "a hipótese zonal das zonas concêntricas de combinações típicas de usos do solo foi derivada como um abstração a partir das descobertas de diversos estudos ecológicos e demográficos diferentes. As hipóteses da especialização por setores (Hoyt) e da multinucleação (Harris [& Ullman]), que a seguiram, foram derivadas, de maneira semelhante, a partir da pesquisa [empírica]" (Burgess & Bogue 1964: 15-6).

Porém, justamente porque o esquema de Burgess dota a cidade de uma estrutura racional teoricamente significativa é que tem importância, e é por isso, por outro lado, que se pode concordar inteiramente com Burgess quando diz que "qualquer discussão do movimento e da localização de grupos imigrantes e raciais em cidades americanas exige, como primeira condição de clareza, referência explícita a esta classificação básica das zonas urbanas" (Burgess 1928: 52). Poderíamos dizer mais: que a referência a esta tipologia das zonas urbanas é condição para qualquer discussão dos problemas da cidade que se deem ao nível de suas áreas ou de sua estrutura geral.

Tem, assim, o sentido de um reconhecimento e de um elogio a avaliação do esquema de Burgess por Hoyt, que, sob certo aspecto, foi ao mesmo tempo, na prática, seu principal discípulo e seu principal crítico:

> "Burgess, com seu agudo poder de observação e sem todo o grande corpo de dados de censos e de planejamento que se fez disponível desde que escreveu, fez uma notável formulação de princípios que estariam governando o crescimento das cidades americanas em 1929 e relacionou esses princípios aos fatos básicos da sociedade humana." (Hoyt 1964: 92)

E é igualmente por aquele mesmo motivo que uma consideração demasiado simplista e superficial tem levado muitos estudiosos da cidade a uma ignorância da formulação de Burgess; e a ignorância das proposições de Burgess tem levado a uma ignorância da formulação de Hoyt e a ignorância das elaborações desses dois autores tem levado a uma discussão da estrutura urbana singularmente inadequada e mal informada no que tem de mais importante no século XX.

A versão final da teoria da estrutura urbana por Burgess

Parte III

A CONCEPÇÃO SOCIOECONÔMICA DA ESTRUTURA URBANA

A interpretação ecológica da estrutura urbana, que procurava apresentar a organização espacial da cidade como resultado de processos não sociais, impessoais e inconscientes de competição e luta pelo sustento, teve êxito em subtrair a discussão dos problemas da sociedade urbana moderna da estreiteza das concepções religiosas, filantrópicas, voluntaristas e darwinistas que identificavam os "males" urbanos a falhas da natureza humana, a contingências históricas infelizes e passageiras e a funestos "desvios" de um curso natural das coisas promissor em tudo o mais, numa interpretação que misturava reminiscências de preconceitos e superstições a um realismo ingênuo e a um reformismo otimista e baldado, que permeavam as preocupações pela cidade na sociologia norte-americana até os primeiros lustros do século XX. Tal êxito foi relativamente proporcional ao desenvolvimento de esforços de pesquisa empírica teoricamente orientada voltados a alcançar uma abordagem objetiva e geral dos problemas da cidade e a retratar o caráter espontâneo, natural e não intencional do meio social urbano. Entretanto, se as concepções teórico-conceituais ecológicas sugeriam uma inevitabilidade naturalista ou quase fatalista das condições de vida urbana, as pesquisas empíricas que suscitaram se defrontaram com a impossibilidade de encontrar na realidade, diretamente, os dados e indicadores próprios das relações e processos não sociais e inconscientes implicados por aquelas concepções ecológicas. A década de 1930 assistiu, nos domínios dos estudos urbanos da ecologia humana de Chicago, a uma continuação dos esforços de Park numa retomada de suas brilhantes teorizações, a passos novos e significativos de McKenzie e à entrada em cena de um novo teórico da escola, Louis Wirth, cujos artigos de 1933 e 1938 trouxeram revigoramento à sua concepção clássica e ao programa de Park de estudo da cidade de 1915.

Porém, apesar disso, a teorização ecológica, continuamente não implementada nas investigações empíricas, foi sendo preterida por um conjunto de procedimentos de análise interpretativa em que os conceitos e categorias ecológicos cada vez desempenhavam menos algum papel ou mesmo não apareciam mais, passando-se a buscar a interpretação em conceitos que destacavam a organização social básica e aspectos fundamentais da vida econômica como categorias explicativas da estrutura da cidade, sem implicitamente pretender que correspondessem à tradução de supostos processos ecológicos mais gerais. É essa tendência que estaremos propondo designar como a interpretação socioeconômica da estrutura urbana e que se desenvolveu paralelamente à continuidade das pesquisas empíricas da cidade a partir da década de 1930 na ciência social norte-americana.

O mesmo esquema conceitual ecológico cuja unidade e holismo vieram a integrar e desenvolver o estudo da cidade na década de 1920, passou a se revelar até, em certo sentido, um obstáculo talvez maior que o da compreensão da própria estrutura urbana. Por um lado, por exemplo, os êxitos práticos das pesquisas de Burgess chegaram à sua expressão máxima entre 1930 e 1935; entretanto, por outro lado, as observações críticas se acumularam e atingiram, em suas expressões mais amplas, a concepção da ecologia humana com a crítica de Alihan de 1938 e a concepção ecológica da estrutura urbana com o artigo de Davie de 1937, esta como uma crítica interna negativa. A concepção da estrutura urbana proposta por Hoyt em 1939, já não contando com a interpretação ecológica, representou uma elaboração alternativa positiva e progressiva; exatamente o mesmo poderia ser dito da concepção de Harris e Ullman apresentada em 1945. Se não o afastamento da ideia de análise ecológica, pelo menos a aproximação à ideia de uma compreensão socioeconômica já estava presente no próprio texto de Burgess 1930:[19] esta última foi a direção que assumiu preponderantemente a investigação da estrutura urbana desde então, dentro da qual se desenvolveu e se diversificou ao longo das décadas que se seguiram. Nosso objetivo na terceira parte deste estudo é o de acompanhar essa mudança de orientação que ocorreu decisivamente entre 1937 e 1945 em suas linhas gerais.

---

[19] Em seu artigo de 1930, Burgess afirma a certa altura que "os estudos que nos têm dado este novo conhecimento da cidade [que, como um organismo, cresce como resultado da interação de forças dentro e fora dela] vieram em grande parte de abordagens relativamente novas, da história econômica e social, da economia urbana e da ecologia humana. [...] Os materiais desses estudos tendem a mostrar que a cidade tem uma organização natural, [isto é, espontânea,] determinada pela ação de forças, econômicas e sociais, que, com variações menores, parecem ser as mesmas para todas as cidades norte-americanas. A forma que a cidade tende a assumir sob o impacto dessas forças [econômicas e sociais] foi denominada padrão zonal" (Burgess 1930: 161).

11.
A ANÁLISE DOS PADRÕES IRREGULARES
DAS ÁREAS URBANAS FEITA POR DAVIE EM 1937

Maurice R. Davie, um canadense nascido em Toronto em 1893, PhD por Yale em 1918, onde passou a lecionar desde 1921, publicou em 1937 um artigo em que apresentava "as características predominantes" das "vinte e duas áreas que [com as áreas industriais, o distrito comercial central e a Universidade] constituem os elementos ecológicos de New Haven" (Davie 1937: 157); partindo de uma aceitação dos princípios "bem estabelecidos e geralmente aceitos pelos estudiosos da ecologia humana" de que "o crescimento da cidade é determinado pela operação de forças automáticas" e de que ocorre "uma diferenciação em áreas típicas ou naturais, em grande parte através dos processos de competição e seleção" (*ibid.*: 137), tem em mente objetar a Burgess que "é meramente uma hipótese [a ideia de] que o padrão geral que resulta seja um padrão em zonas concêntricas — a única, certamente, que foi oferecida até agora" (*ibid.*), no que, como vimos, está enganado. Crê, assim, que "a distribuição da utilização do solo e da população e das instituições não se conforma ao padrão de zonas concêntricas" (*ibid.*: 142). Propõe-se, então, a apresentar um estudo empírico que supõe que teria sido "a primeira tentativa de verificar a hipótese de Burgess — afirmação falsa, porque várias outras tentativas já tinham sido empreendidas e até para levantar-lhe objeções; o próprio Davie salienta: "sociólogos e ecologistas urbanos de modo geral a têm aceito como verdadeira e os estudiosos da escola de Chicago têm interpretado seus dados à luz desta teoria, muito embora ela signifique uma distorção de suas descobertas" (*ibid.*: 137).

Mencionando a técnica de análise de gradientes, dá o exemplo de Shaw 1929 que, "com base na hipótese de Burgess, calculou as taxas de delinquência juvenil em Chicago por zonas concêntricas a partir do centro da cidade até sua periferia. Seus números indicaram uma pronunciada tendência de as taxas declinarem a cada zona externa sucessiva"; essa técnica, depois aplicada no estudo da delinquência juvenil em diversas outras cidades, revelou "um padrão de distribuição dos gradientes semelhante" (*ibid.*: 138).

Davie diz: "não questionamos a exatidão das descobertas gerais de que a taxa de delinquência, considerada por zonas, tende a decrescer para fora a partir do centro da cidade, mas questionamos sua importância do ponto de vista tanto da ecologia urbana como do problema da própria delinquência. Os fatos mais salientes com relação à distribuição da delinquência são obscurecidos e os dados distorcidos ao se considerar as taxas por zonas" (*ibid.*; v. Figura 19).

Davie ressalta que "as taxas mais altas ocorrem em áreas adjacentes ao *CBD* e a [áreas] de grande desenvolvimento de indústrias", pelo que, conclui, "o critério real das áreas em que são encontradas altas taxas de delinquência é o da proximidade da indústria e do comércio" (*ibid.*: 139), que são, também, áreas "geralmente caracterizadas por deterioração física, população em diminuição, altas porcentagens de nascidos no estrangeiro e de população negra, e altamente tributárias". Além do mais, para Davie, "longe do próprio centro do *CBD*, porém, a indústria e o comércio não se conformam ao padrão dos círculos concêntricos": mesmo em Chicago isso seria evidente. Para ele, "toda zona contém algum desenvolvimento de indústrias [...], e os 'lados' de uma cidade pareceriam muito mais importantes do que as 'zonas'" (*ibid.*); devido sobretudo a esta última observação, já houve quem tenha apontado Davie como um proponente da "teoria dos setores", que Hoyt viria a apresentar em 1939. Davie afirma, em abono a esta interpretação, que o próprio Shaw, ao dar as taxas de delinquência por zonas da cidade separadamente para as metades norte e sul da cidade, indicou que em Chicago a concentra-

Figura 19
As taxas de delinquentes juvenis entre a população masculina
de 10 a 16 anos, em 113 áreas de Chicago
(extraído de Shaw 1929: 61)

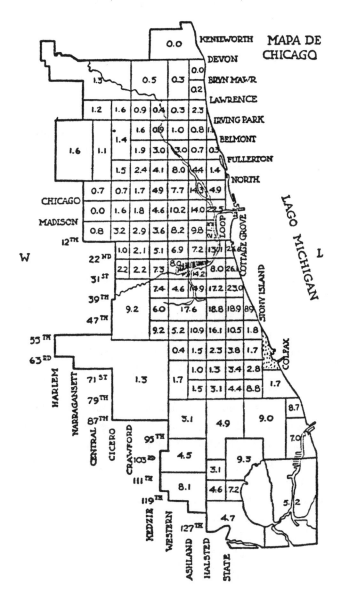

ção industrial é maior no lado sul, nos distritos dos currais e nos das siderúrgicas; "portanto, as taxas de delinquência são maiores aí" (*ibid.*). E "não há nenhum desenvolvimento homogêneo ou típico em qualquer zona", já que, por exemplo, se encontra, no *Lower North Side*, em áreas contíguas, a *Gold Coast*, uma área de casas de quartos de pensão e a *Little Italy*.

Para tentar provar que o próprio caso de Chicago sugere a rejeição do padrão das zonas concêntricas, Davie realizou "um teste completo desta hipótese [...] na cidade de New Haven"; primeiro, estabeleceu a utilização do solo na cidade, nas categorias de "finalidades residenciais, comerciais, industriais, de transporte, de recreação e institucionais" (*ibid.*: 142). Afirma Davie que o resultado dessa parte do estudo mostraria que "o padrão geral da distribuição das utilizações [do solo] em New Haven corresponde estreitamente a princípios reconhecidos" reforçando as descobertas de Hurd 1903 e Bartholomew 1932, "os dois mais importantes estudos, porque indutivos e comparativos, que foram feitos neste campo" (*ibid.*: 142-3).

Assim, "o comércio ou se aglomera no centro da cidade, formando o distrito comercial central, ou acompanha as ruas radiais ou de tráfego e forma subcentros em pontos estratégicos, especialmente em cruzamentos importantes. A indústria pesada se localiza nos terrenos às margens de massas d'água ou ao longo de ferrovias, por causa das vantagens de transporte. A indústria leve, especialmente de natureza local, se espalha por toda a cidade. As residências de uma só família se espalham por toda parte, mas tendem a se concentrar em certas áreas de utilização residencial de alta classe, marcadas por bom acesso, meios de transporte favoráveis, colinas, proximidade de parques e ausência de transtornos. As residências de duas famílias também se espalham por todos os setores da cidade, embora ocorram em maior número quando adjacentes a áreas comerciais e industriais. As residências de múltiplas famílias ocorrem em maior número junto a áreas centrais; nos setores externos se encontram principalmente em ruas radiais ou junto a elas". Essas residências "variam em tipo, desde moradias baratas até apartamentos de alta classe, de acordo com o caráter da vizinhança. As propriedades públicas ou semi-públicas tendem a não formar nenhuma área. As instituições que servem a toda a comunidade (por exemplo, a prefeitura, a agência central dos Correios, a biblioteca central) se localizam no centro; as que se adaptam às necessidades locais ou das comunidades (por exemplo: escolas, igrejas, subdelegacias policiais) encontram-se espalhadas por toda parte" (*ibid.*: 143). E destaca que, em New Haven, "a única exceção ao padrão geral se encontra no caso da Yale University, localizada num setor que normalmente estaria incluído no *CBD*"; é uma instituição "relativamente tão grande a ponto de constituir uma área especial" (*ibid.*).

A seguir, Davie elaborou um mapa "do uso predominante por fachada de ruas", que reforçou a interpretação de que "os usos do solo principais tendem a se agrupar por áreas", que foram então esboçados em outro mapa, que mostrava "as áreas naturais da cidade na medida em que se relacionavam a recursos físicos" (*ibid.*: 143-4).

Com o estabelecimento da distribuição da população de acordo com várias categorias e a indicação das áreas definidas por critérios sociais (de renda, nacionalidade, delinquência etc.), Davie descobriu vinte e cinco áreas naturais distintas (sua carta V, reproduzida na Figura 20), cujos limites eram barreiras fisiográficas (rios, colinas) em 20 casos, ferrovias em 10 casos e ruas em 24. Para Davie, "também a relação das ruas radiais com as áreas naturais" seria importante, pois "a expansão da cidade ocorre ao longo dessas ruas radiais, que proporcionam os meios mais convenientes de acesso à parte central da cidade" (*ibid.*: 144-5). "Isso tende a dar a toda cidade a forma de estrela, exceto por distorções devidas à topografia". A principal influência das ruas radiais sobre as áreas naturais "é proporcionar acesso a elas. Em só 6 das 25 áreas" as ruas radiais atuam como linha de separação entre áreas e em 21 casos "elas ligam áreas" (*ibid.*: 145).

Assim, sem contar o *CBD*, as áreas industriais e a área da Universidade, por excluírem outros usos e conterem apenas uma

Figura 20
As 25 áreas de New Haven
(extraído de Davie 1937: 144-A, reduzido)

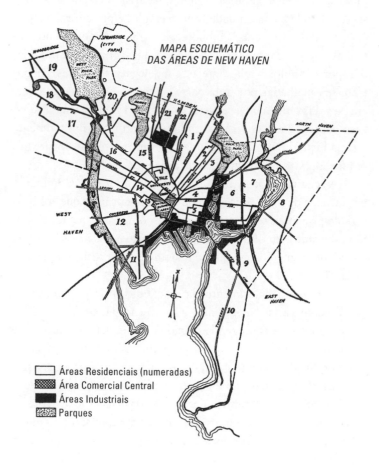

proporção negligenciável da população total, Davie descreveu cada uma das 22 áreas naturais ou distintas que encontrou, "principalmente residenciais e que variam consideravelmente em tamanho e população" (*ibid.*).

Davie afirma que "elas não se conformam a um padrão de círculos concêntricos" e para ressaltar essa interpretação inclui uma carta dessas áreas contendo círculos traçados "de meia em meia milha a partir do centro da cidade. Nenhuma zona assim inscrita é homogênea, sob qualquer aspecto" (*ibid.*: 157; v. Figura 21). Nota apenas que "algumas áreas se parecem umas com as outras, embora cada uma difira de modo apreciável de todas as áreas contíguas" e descreve alguns desses aspectos de dessemelhanças. E conclui insistindo em que "qualquer que seja o critério pelo qual sejam agrupadas, porém, não resulta qualquer padrão de círculos concêntricos" e que a localização dessas áreas "não tem nenhuma relação com nenhum padrão de círculos concêntricos" (*ibid.*).

Propõe ainda "um teste adicional": o exame do que é encontrado dentro de qualquer zona concêntrica. "Cada uma parece ser altamente diversificada. Qualquer tentativa de caracterizá-las como fundamentalmente 'uma zona de transição, uma zona de casas de trabalhadores e uma zona residencial' deve parecer arbitrária" (*ibid.*: 158). Sem que possamos pretender defender Burgess, é o caso de assinalar que Davie não fez um estudo dos processos de formação (a diferenciação e a segregação da população) e da transformação (sucessão, alterações na estratificação, ou o que seja) dessas áreas. Efetivamente, Davie não se apercebeu de que a teoria de Burgess é uma teoria da estrutura e do desenvolvimento da organização espacial da cidade e não uma teoria da estrutura urbana estática sem dimensão temporal. Desse modo, quando rejeita a sequência das zonas concêntricas rejeita a dimensão dinâmica nelas implícita: na profusa apresentação dos dados empíricos de sua análise de New Haven não há sequer uma simples série histórica, para não falar numa análise da sequência de formação das áreas dessa cidade, que considera sem zonas. E mais grave, considera descritivamente as zonas propostas por Burgess, não atentando para sua natureza típico-ideal: a essa ignorância se deveu o malogro de sua crítica.

Davie, todavia, prossegue afirmando enfaticamente que "a hipótese do padrão das zonas concêntricas, portanto, claramente não se aplica a New Haven" e que nem lhe pareceria se aplicar

A análise dos padrões irregulares de Davie em 1937   195

Figura 21
As 25 áreas de New Haven, com círculos a cada meia milha de distância,
a partir da prefeitura (extraído de Davie 1937: 157, reduzido)

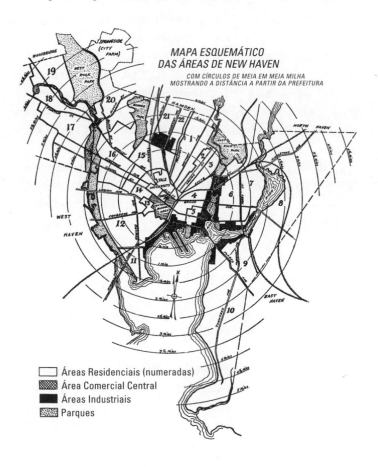

às dezesseis cidades em que Bartholomew 1932 realizou estudos de campo e *surveys* de utilização do solo, ou à cidade de Cleveland e as quatro cidades adjacentes menores, cujas áreas culturais foram estudadas por Green em 1932; destaca que nessas últimas, "as áreas de população [de classe] econômica baixa, embora em geral perto do centro da cidade, não estão de modo algum limitadas aí, mas são encontradas em todas as zonas. São geralmente adjacentes a propriedades industriais e ferroviárias" (*ibid.*: 159).

Então sentencia, finalmente, que "este fator da utilização industrial e ferroviária é que foi principalmente negligenciado no estudo de Burgess": sendo um uso não limitado a qualquer zona e que "depende da topografia e outros fatores, pode ser encontrado em qualquer setor da cidade". O exame do caso de diferentes cidades "deixa de revelar qualquer exemplo de concentração industrial dentro de uma zona concêntrica" e o próprio caso de Chicago seria um exemplo disso (*ibid.*).

Recomendando a utilização de "mapas de zoneamento [...] como um [...] recurso para o estudo do padrão de distribuição dos usos do solo", pois ilustram "essencialmente o que é" e ajudam no preparo "da expansão futura estimada de diferentes tipos de utilização do solo" (*ibid.*), Davie faz um balanço final, no qual alega ter estudado o zoneamento e a utilização do solo de vinte cidades de diversos tipos e tamanhos nos Estados Unidos e no Canadá, do que derivou certos princípios gerais, que listamos no quadro a seguir, e que comparamos com pontos de vista expressos em textos anteriores de Burgess.

É certo que Davie revela apenas um exercício limitado de abstração teórica, talvez intencionalmente, e que não leu muitos dos textos de Burgess (a quem ataca tão fortemente, mas de quem usa com frequência o estilo e as formas de expressão) além do de 1924-25, ou se o fez não foi corretamente, pois as críticas que dirige a Burgess, mesmo que haja má vontade, são insubsistentes se o próprio texto de Burgess 1924-25 for lido com cuidado, bem como o próprio ensaio de McKenzie 1924, que se pode perceber foi considerado por ele em certos aspectos, e se outros textos posteriores de Burgess forem também considerados. É duvidoso que Davie não pudesse tê-los conhecido, na época. Em face deste texto pretensioso e desinformado deliberadamente, não é de admirar que Burgess tenha chamado de obtusos a certos críticos que parecem não tê-lo compreendido onde foi bem claro. Como, além da agressividade, há no texto de Davie esquematismo e simplis-

A análise dos padrões irregulares de Davie em 1937

mo, não é de estranhar que só um autor — Quinn 1940 — tenha se dado ao trabalho de procurar responder de alguma maneira adequada a suas presunções.

Proposições críticas de Davie
confrontadas com pontos de vista expressos por Burgess
acerca da estrutura urbana

Proposições de Davie 1937: 161: princípios gerais que governam a distribuição das utilizações do solo:	*Ponto de vista de cada assunto expresso por Burgess ou contra-argumentação baseada em seus pontos de vista:*
1. Existe um distrito comercial central, de tamanho irregular, mas mais quadrado ou retangular do que circular.	Há cartogramas de Chicago feitos por Burgess ou sob sua orientação, em que se representa o *Loop* de Chicago com uma forma não circular: o *CBD* de Chicago não tem a forma circular e Burgess em mais de uma vez não o representa assim.
2. O uso do solo comercial se estende ao longo das ruas radiais e se concentra em certos pontos estratégicos para formar subcentros.	Assinalado por Burgess 1924-25 e por Burgess 1929.
3. A indústria se localiza perto dos meios de transporte aquático ou ferroviário, onde quer que este possa se encontrar na cidade — e pode se encontrar em qualquer lugar.	Assinalado por Burgess 1929.
4. Residências de baixo grau ocorrem perto de áreas industriais e de transporte.	Assinalado por Burgess 1928 e por Burgess 1929, pelo menos.

5. Residências de segunda e de primeira classes ocorrem em qualquer outro lugar.	Assinalado por Burgess 1929: essas residências ocorrem fora e longe do *CBD*, de usos comerciais, industriais e de residências de baixa classe, mas podem ser atraídas por outros fatores.
[6.] Não há nenhum padrão universal da estrutura urbana.	Burgess NÃO sustenta que há um padrão universal da estrutura urbana: menciona duas tendências de padrão geral e subentende uma terceira, sendo a principal o princípio de expansão radial, por cuja ação a cidade TENDE a assumir um padrão de círculos concêntricos em maior ou menor grau, dependendo de fatores de distorção específicos, que menciona (cf. Burgess 1929). [MAE]
[7.] Não há nenhum padrão de tipo "ideal" [nas estruturas urbanas reais].	Burgess nunca postulou nenhum padrão "ideal" nas estruturas reais das cidades. [Esta proposição de Davie é descabida e pretensiosa, pois não se refuta um tipo ideal a partir de sua não verificação empírica. (MAE)]

12.
A INTERPRETAÇÃO SOCIOECONÔMICA
DOS ÍNDICES ESPACIAIS DA ESTRUTURA URBANA
PROPOSTA POR QUINN

Já vimos que Burgess considerava, possivelmente por sugestão de Park, o esquema das zonas concêntricas como uma representação ideal, ou seja, como uma elaboração típico-ideal e, assim sendo, que o procedimento de interpretação da realidade urbana com sua utilização como resultando da identificação de um conjunto de desvios em relação a esse esquema devidos à ação de certo número de fatores concretos específicos, que introduzem na situação real da cidade distorções discerníveis face ao quadro típico-ideal. Com Davie 1937, todavia, iniciou-se uma tendência contrária — e errônea — que passou a considerar o esquema das zonas concêntricas como constituindo um constructo de outro gênero, não de tipo ideal, mas de um conceito genérico ou mesmo de uma generalização *law-like*, envolvendo um procedimento de verificação empírica da ocorrência do padrão teórico, cujo significado passou a ser entendido como referencial ou literalmente descritivo, como uma hipótese universal ou lei geral. Dado que este procedimento não poderia permitir a confirmação do presumido padrão genérico, Davie insistentemente afirmou a não existência de um padrão zonal concêntrico na estrutura das cidades (e *neste* sentido acertadamente), com o que anulava resultados valiosos de pesquisas.

Quando Alihan, no ano seguinte, continuando esta tendência equivocada, afirmou que não se observa consistência entre gradientes e áreas naturais com as zonas entendidas como macro-áreas naturais da cidade — o que, decididamente, não são —, Quinn, também raciocinando nessa linha, imaginou o desenvolvimento *ad hoc* da hipótese da distância ecológica de custo-tem-

A concepção socioeconômica da estrutura urbana

po, que aparentemente salvaria a teoria da refutação, que apresentou em 1940. Se este núcleo de sua argumentação não se constituiu numa interpretação forte da concepção ecológica da estrutura da cidade, ajudou-o, entretanto, a intuir problemas e desenvolvimentos importantes envolvendo a teoria da estrutura urbana.

Quinn 1940 propôs uma resposta imaginosa e criativa às críticas dirigidas "à hipótese de Burgess com base em irregularidades locais" — pensando em Davie 1937 e Alihan 1938 —, que distinguiu em dois tipos: "o primeiro tipo de crítica contradiz completamente a hipótese e declara que não existe nenhum padrão ideal. O segundo tipo de crítica declara que a existência de severas distorções destrói o valor da hipótese, muito embora a tendência para um padrão teórico ideal possa ser admitida" (Quinn 1940: 211). Ao segundo tipo de crítica responde com o argumento de que "se existe sempre uma tendência definida para uma estrutura zonal ideal, então este fato se torna essencial para a explicação adequada da estrutura espacial de qualquer cidade individual" (*ibid.*); assim, se existe a tendência para se formarem zonas, sua consideração "é necessária para a explicação completa", ao lado das condições locais de topografia, ruas e transporte que "indubitavelmente desempenham um papel importante na moldagem da estrutura urbana" (*ibid.*) e "o padrão ideal tem validade e valor independentemente do número e da seriedade das distorções que o modificam" (*ibid.*: 211-2).

Quinn dedica a maior parte do artigo à consideração do primeiro tipo de crítica, que refuta o padrão zonal ideal. Em McKenzie 1926, encontra desenvolvido o conceito — que aparece intuído num raciocínio frequente, mas só expresso numa proposição de Burgess 1924-25, como tivemos ocasião de ver num capítulo anterior — de que "a distância ecológica deve ser medida [...] em termos de tempo e custo, em contraste com a distância linear, que é medida por pés, milhas ou metros" (*ibid.*: 212). Para ele, "tanto os defensores como os oponentes da hipótese de Burgess incidiram no erro de negligenciar esta distinção", o que "conduziu a confusão ao se testar a hipótese. Nenhuma fórmula adequada foi criada para combinar o tempo e o custo numa medida única de distância ecológica" (*ibid*.). Usando apenas o aspecto do tempo da distância ecológica, ataca a acusação de Davie 1937 da ausência de zonas circulares concêntricas, alegando que "em nenhuma parte de seu estudo, porém, Davie tentou delimitar zonas ecológicas de custo-tempo e usá-las para o teste da hipótese de Burgess", não aplicando, assim, "o teste crucial que a pesquisa ecológica adequada exige" (*ibid*.). Mas reconhece que "de fato, nenhum estudo conhecido pelo presente autor faz este importante teste" (*ibid*.).

Mas Quinn vai além e retoma a afirmação de Davie de que "os *CBDs* de várias cidades tendem realmente a ser de forma ou irregular ou retangular", fatos observados que, para Davie, contradizem a teoria das zonas circulares. Quinn alega que "um padrão *espacial* retangular ou irregular [...] não nega a existência de zonas *ecológicas* circulares" (*ibid*.); e demonstra, por um exemplo fundado em sua figura I-A e I-B (v. Figura 22), a compatibilidade de uma estrutura espacial retangular com uma estrutura ecológica (de custo-tempo) circular. E "de modo semelhante, com transporte de velocidades que variam ao longo de diversas ruas, o padrão espacial pode tomar a forma de estrela ou de uma forma altamente irregular sem violar o padrão ideal de zonas concêntricas de custo-tempo" (*ibid*.: 213).

Afirma, então, que essa discussão "indica que a estrutura espacial de uma área, que pode ser plotada diretamente em mapas espaciais, não se conforma necessariamente com a estrutura ecológica. De fato, raramente as duas são idênticas, se é que chegam a sê-lo alguma vez". E afirma de modo bem claro: "não se pode observar diretamente a estrutura ecológica como um fenômeno de simples distribuição espacial. A estrutura ecológica somente pode ser descoberta através de abstrações em termos de distância ecológica de custo-tempo". E termina o raciocínio dizendo que "a estrutura ecológica serve apenas como um entre diversos meios para a análise e interpretação da estrutura espacial" (*ibid*.: 214). Tentando deixar mais clara esta distinção entre "os aspectos espacial e ecológico da estrutura local", Quinn apresenta um "exemplo simplificado", representado pelas figuras II-A e II-B (v. Figura 22). Nele ter-se-ia uma área localizada numa colina aplainada, a mais ou menos duas milhas do centro de uma cidade, percorrida, como transporte público, apenas por linhas de bondes, num circuito em sua periferia, em ambas as direções, que convergem ao ponto X (*ibid.*: 214-5). Supondo que os bondes percorram quatro quarteirões por minuto e as pessoas a pé cubram um quarteirão por minuto, um padrão de ruas em tabuleiro de xadrez aproximadamente como o representado na carta simplificada e desconsiderando o tempo de espera da condução, pode-se chegar às áreas de forma irregulares "dentro dos respectivos intervalos de tempo que se pode ver na figura II-A, na qual M fica 1 minuto mais próximo do centro da cidade que o ponto N, em termos da distância ecológica de custo-tempo, apesar de N se situar espacialmente muito mais próximo. Reduzindo-se a um padrão ecológico de custo-tempo que se irradia a partir de X, as zonas dessa área se apresentam com um padrão circular ideal, como na figura II-B. Desconsiderando-se os fatores de distorção, ver-se-ia que "os tipos de construções residenciais correspondem aproximadamente às zonas de tempo": A e B contendo as construções mais antigas e de uso mais intensivo; C as melhores residências, muitas sendo do tipo das de duas famílias; e em D aparecendo as melhores residências de uma só família (*ibid.*: 215). Seria o caso, entretanto, de destacar que em II-B, Quinn teria se enganado, pois, para coerência, M se situaria na zona C e N na zona D; e, curiosamente, nada diz sobre a zona E. De qualquer forma, Quinn conclui que "quando se traçam as zonas ecológicas idealizadas de custo-tempo por raios distanciados de 1 minuto que se estendem desde o ponto X, os padrões espaciais aparentemente irregulares dessa área efetivamente se conformam algo estreitamente à expectativa da hipótese de Burgess. Progressivamente aparecem as melhores moradias à medida em que se movimenta para fora a partir do ponto X ao longo de raios de custo-tempo em direção às partes menos acessíveis da área" (*ibid.*).

A interpretação socioeconômica dos índices espaciais de Quinn

Figura 22
Zonas ecológicas e zonas espaciais, segundo Quinn (extraído de Quinn 1940: 213-4. Versão em Pierson *1970*: 374-5, corrigida)

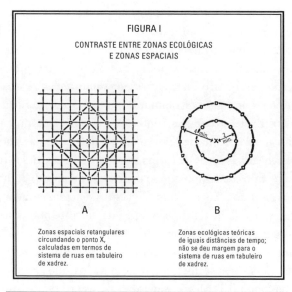

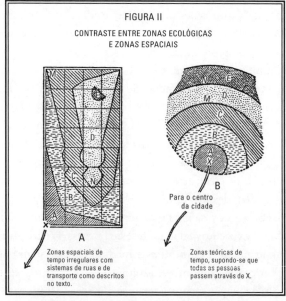

Quinn em seguida admitiu que "Davie propõe uma crítica aparentemente válida ao padrão das zonas urbanas *circulares* [...] com base na alegação de que a indústria pesada deve ser considerada como uma parte normal da organização urbana mais do que como um fator anormal de distorção": o padrão das zonas circulares concêntricas de Burgess teria sido traçado "em termos de comércio, residências e indústrias leves", omitindo a indústria pesada e, assim, "se aplica somente a uma cidade organizada em torno de um único ponto de dominância". Como "a hipótese de Burgess presumivelmente se aplica às modernas cidades comerciais-industriais norte-americanas", Quinn considerou necessário incluir "a indústria pesada como uma parte do padrão ideal da estrutura da cidade", o que exigiria "pelo menos teoricamente, alguma reformulação da hipótese de Burgess, porque a indústria, assim como o distrito comercial central, constitui um ponto funcional de dominância para uma parcela da população" (*ibid.*: 215). E propôs que, com "duas ou mais áreas distintas de dominância — comercial e industrial —" envolvendo parcelas consideráveis de população, "um padrão circular concêntrico simples não mais representa a organização ideal" (*ibid.*: 215-6), com o que sugeriu a ideia que foi concretamente formulada cinco anos mais tarde por Harris & Ullman, na teoria da estrutura urbana dos núcleos múltiplos, que veremos mais adiante.

Quinn propôs também que Burgess "não salientou suficientemente um importante fator de distorção da estrutura ecológica de uma cidade": o da inércia histórica, pela qual, com o passar do tempo, "funções localizadas de acordo com os princípios ecológicos quando a cidade era menor parecem seriamente deslocados" quando a cidade cresce. "As zonas isócronas (i.e., de igual tempo) mudam seus limites espaciais com as mudanças no transporte" (*ibid.*: 216). Assim, a combinação de dois conjuntos de fatos: "(1) a relativa imobilidade de diversas funções [prédios, ruas, ferrovias, áreas culturais], e (2) a mudança dos limites espaciais das zonas isócronas, resulta em sérias distorções da estrutura ecológica de uma cidade em seu crescimento", o que lhe pareceu indicar a necessidade de elaboração "de uma série de mapas de custo-tempo para vários períodos de crescimento urbano", para o teste da hipótese zonal (*ibid.*). Quinn talvez não conhecesse o trabalho desenvolvido em Chicago durante a década de 1920 por Burgess, que abrangeu análises desse tipo, mas como, lamentavelmente, não esclarece os fatos específicos que lhe suscitaram esta crítica, fica difícil precisá-la no contexto da discussão da teoria de Burgess.

Uma questão a nosso ver artificial, diante da qual Quinn parece hesitar ou vacilar, é a que chama de "as zonas como áreas naturais *versus* as zonas como abstrações": supõe que o enunciado de Burgess implica ("ainda que ele não o declare explicitamente") em que "as zonas são áreas naturais caracterizadas por combinações definidas de critérios ecológicos e sociais — função, tipo de construções, composição da população, mobilidade, valor do solo e índices de desorganização pessoal e social. Subjacentes a algumas das óbvias diversidades de fenômenos culturais e sociais, existem presumivelmente combinações persistentes de critérios que caracterizam essas várias zonas [...]. A hipótese de Burgess parece pressupor, portanto, que as zonas possuem, pelo menos em certa medida importante, as qualidades de áreas naturais distintas" (*ibid.*). Pressuposta pela maioria dos estudos "que tentaram interpretar a distribuição espacial de casamentos, divórcios, *gangs*, suicídios ou delinquência em termos de um esquema de referência ecológico" estaria a noção de que os fenômenos ecológicos e os fenômenos sociais "são tão estreitamente ligados que os primeiros podem servir de índices dos últimos [sic]", conexão sugerida por Park (o que torna a postulação de Quinn compreensível; cf. Park 1929-C: 190-1, por exemplo; porém devemos alertar que não é o procedimento de Burgess, que Quinn pretenderia discutir) e Quinn admite que "nunca foi demonstrada através de análises e investigações concretas" (*ibid.*: 216-7). Embora "a validade da hipótese zonal de modo algum dependa da existência de qualquer relação estreita entre fenômenos ecológicos e sociais" (*ibid.*: 217), o que é correto, Quinn assinala que, a seu ver, até que aquela relação "tenha sido claramente demonstrada, os estudos espaciais dos fenômenos sociais não podem ser usados para provar ou desconfirmar [*disprove*] a existência de zonas ecológicas", o que também é correto, porém não pelo motivo que Quinn indica.

Mas com essa conclusão, sente-se capaz de enfrentar o equívoco argumento de Alihan, que atacou a noção das zonas, como áreas naturais, de dois modos. (1) Primeiro, afirmando que os gradientes radiais, envolvendo graduais aumentos ou diminuições dos fenômenos na medida em que se afastam do centro da cidade, tornam impossível conceber as zonas como demarcadas por nítidas interrupções das variáveis usadas como critérios — o que Quinn objeta acertadamente lembrando que na física, a "gradual mudança no comprimento dos raios luminosos através de um espectro de cores de um arco-íris pode ser tomado como um exemplo de gradiente [...]; distintas zonas de vermelho, amarelo e azul aparecem no arco-íris, embora nenhuma linha nítida de demarcação possa ser traçada entre elas" e assim "zonas distintas aparecem mesmo onde existem gradientes inquestionavelmente". (2) O segundo modo de crítica de Alihan que Quinn recorda é o de que critérios diferentes mostram distribuições diferentes e assim não se pode traçar nenhum conjunto único de zonas que inclua a todas. Quinn recua e admite que "se os critérios significativos não podem ser correlacionados de modo a delimitar um conjunto único de zonas como áreas naturais, então uma zona se torna apenas uma abstração traçada em termos de um único critério ou de um conjunto limitado de critérios estreitamente relacionados" (*ibid.*: 217), afastando-se da solução da questão após ter chegado perto dela. E diz crer que "os estudos existentes não resolvem claramente este ponto proposto por Alihan, pelo que seria preciso pesquisar mais para "(1) descrever cuidadosamente os critérios ecológicos importantes a serem usados, e (2) determinar se podem ser correlacionados para delimitar zonas ecológicas como áreas naturais" (*ibid.*), o que é teoricamente desnecessário e empiricamente um problema de resolução para cada caso ou uma questão de talento inventivo; de qualquer forma, um falso problema metodológico, proposto pela intenção de Alihan em fazer uma demolição completa da ecologia humana.

Assim, Quinn se vê na situação de afirmar que "a evidência disponível indica a existência provável de uma tendência importante para a formação de zonas ecológicas concêntricas de custo-tempo" (*ibid*.: 217-8), que "idealmente só assumem a forma circular em cidades com um único centro [e], pelo menos logicamente, formas não circulares em comunidades urbanas de duplo centro ou múltiplos centros. Portanto, atualmente, embora não tenha sido claramente provada ou desconfirmada, a hipótese zonal de Burgess parece possuir suficiente mérito para garantir a extensa pesquisa necessária para seu teste cuidadoso" (*ibid*.: 218). E sugere que "um programa de investigação adequado" para testar a hipótese zonal de Burgess (ou qualquer outra hipótese ecológica da estrutura urbana) "em qualquer cidade dada" envolve oito itens, dos quais só ressaltaremos aqui dois requisitos:

"3. O desenvolvimento e a precisão de conjuntos adequados de critérios ecológicos para caracterização das zonas;" e

"8. A formulação de hipóteses alternativas — possivelmente incluindo padrões zonais não circulares, padrões que envolvam ou mais ou menos que cinco zonas, ou diversos padrões não zonais de estrutura ecológica."

Apesar de não ter percebido o caráter típico-ideal da teoria de Burgess, Quinn teve, assim, sensibilidade para pressentir alguns desenvolvimentos e derivações que a teoria da estrutura urbana viria a ter posteriormente.

13.
A TEORIA DOS SETORES DA ESTRUTURA URBANA PROPOSTA POR HOYT

Ao elaborar o relatório dos levantamentos de dados e pesquisas conduzidos por uma equipe que coordenou da *Federal Housing Administration*, Homer Hoyt apresentou a teoria dos setores da estrutura urbana, um esquema teórico-conceitual de análise que, apesar de levar em conta várias contribuições de Burgess, se afastava claramente da perspectiva de interpretação da ecologia humana, para se valer manifestamente de uma interpretação baseada em dados e conceitos econômicos e sociais e na clara pressuposição de processos, relações e fatores de natureza socioeconômica para a explicação da estrutura espacial da cidade. Constituiu-se na contribuição mais importante e elaborada depois da de Burgess e reflete uma ampliação do conhecimento das regularidades do desenvolvimento da estrutura urbana, de que busca uma sistematização racional.

Logo no início da apresentação da parte principal de sua formulação, Hoyt destacou que "o interesse deste trabalho é fundamentalmente pelas áreas residenciais"; entretanto, também "os outros tipos de usos do solo são considerados por causa de sua influência sobre os setores residenciais da cidade" (Hoyt (1939) *1959*: 499). A justificativa deste procedimento partiu de uma constatação fundamental: "na consideração do crescimento de uma cidade, o movimento da área de altas rendas é, num certo sentido, o mais importante, porque tende a arrastar consigo o crescimento da cidade inteira na mesma direção" (*ibid.*: 501).

Restringiremos nossa exposição deste importante trecho da formulação de Hoyt 1939 apenas às proposições de alcance teórico, evitando as numerosas exemplificações e as profusas interpretações de casos empíricos nela contidas.

O núcleo dessas formulações está numa série de considerações, segundo as quais "aparentemente, há uma tendência das vizinhanças dentro de uma cidade mudarem de acordo com o que pode ser chamado de 'a teoria dos setores' da mudança das vizinhanças. A compreensão do esquema dentro do qual este princípio opera será facilitada em se considerando a cidade inteira como um círculo e as várias vizinhanças como se situando em setores que se irradiam a partir do centro desse círculo. Nenhuma cidade se conforma exatamente a este padrão ideal, naturalmente, mas essa forma geral é útil na medida em que, em nossas cidades americanas, os diferentes tipos de áreas residenciais tendem a crescer para fora ao longo de raios bastante distintos e o crescimento novo sobre o arco de um dado setor tende a assumir o caráter do crescimento inicial nesse setor" (*ibid.*: 501).

Estamos, então, mais uma vez, diante de uma elaboração típico-ideal, que tenta dar conta de processos espaciais do crescimento urbano — mas com uma abstração diferente da de Burgess. Hoyt deixa em segundo plano os outros usos do solo além dos residenciais — que não irá ignorar, entretanto, como veremos — e passa a apresentar a estrutura de áreas sociais da cidade através do critério da caracterização dos grupos sociais que as habitam pelas suas categorias de renda. Os setores assim delimitados expressariam claramente a dinâmica do desenvolvimento urbano: "assim, se um setor de uma cidade se desenvolve primeiro como uma área residencial de baixas rendas, ele tenderá a reter esse caráter por longas distâncias na medida em que o setor se expande através do processo de crescimento da cidade. Por outro lado, se uma área de altas rendas vem se estabelecer em outro setor da cidade, ela tenderá a crescer ou a se expandir dentro desse setor e novas áreas de alto padrão tenderão elas próprias a se estabelecer na extensão externa do mesmo setor. Essa tendência é retratada [na Figura 23], pelas mudanças na localização das áreas residenciais elegantes em seis cidades americanas entre 1900 e 1936.

Figura 23
As mudanças de localização das áreas residenciais elegantes em seis cidades americanas entre 1900 e 1936. As áreas residenciais elegantes estão assinaladas em preto (extraído de Hoyt (1939) *1959*: 502)

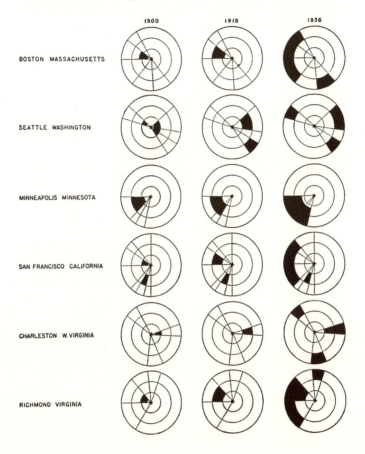

Falando de modo geral, diferentes setores de uma cidade apresentam caráter diferente, de acordo com os tipos originais das vizinhanças em seu interior" (*ibid.*).

A Figura 24 ilustra o procedimento adotado por Hoyt para o caso da cidade de Richmond, e as Figuras 25 e 26, para o caso de Chicago.

Figura 24
A distribuição das áreas residenciais por classes de rendas em
Richmond (Virginia), em 1934, e a sua representação esquemática
(extraído de Hoyt 1939: 35, 77, detalhe ampliado)

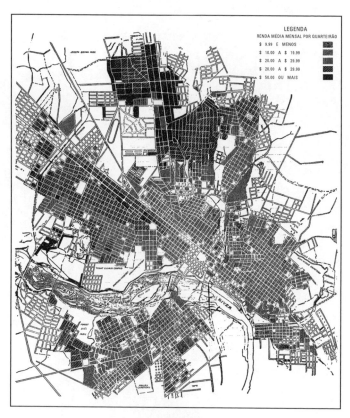

RICHMOND, VA.

Figura 25
A redistribuição das indústrias e o crescimento do
distrito comercial central em Chicago, entre 1857 e 1930
(extraído de Hoyt 1939: 110)

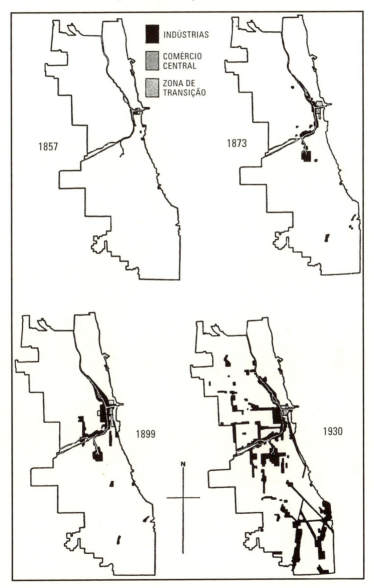

A teoria dos setores da estrutura urbana proposta por Hoyt

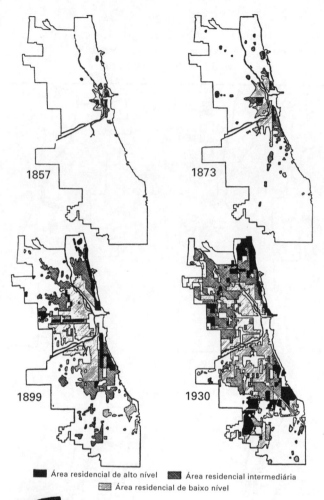

■ Área residencial de alto nível   ■ Área residencial intermediária
▨ Área residencial de baixo nível

CHICAGO, ILL.

Figura 26
O crescimento das áreas residenciais por classes de rendas em Chicago, entre 1857 e 1930, e sua representação esquemática por setores (extraído de Hoyt 1939: 166, 77, detalhe ampliado)

Antes de apresentar "a formulação dos princípios que definem o caminho do crescimento das vizinhanças", Hoyt estabeleceu "uma técnica para a determinação do padrão do movimento das áreas residenciais por classes de rendas". Assim propõe o problema a ser enfrentado: "a partir das áreas de altas rendas que se localizam frequentemente na periferia de um ou mais setores das cidades americanas, há uma gradação para baixo das rendas, até que se atinja as áreas de rendas baixas próximas ao centro comercial"; essas áreas de rendas baixas "comumente são amplas e podem se estender desde este centro até a periferia num dos lados da comunidade urbana" (*ibid.*: 499).

Certamente, "as vizinhanças de rendas altas, baixas e intermediárias" não ocuparam sempre essas localizações no sítio urbano: "suas posições no presente são pontos alcançados no curso de um movimento que ocorreu durante certo período de tempo". Não é diretamente "um movimento de construções, mas uma alteração e uma mudança no caráter dos ocupantes" das construções já existentes "[o que] produz a mudança das vizinhanças. Novos padrões de áreas de classes de rendas se formam à medida em que a cidade cresce e se acrescentam novas construções tanto por expansão vertical como por expansão lateral" (*ibid.*).

Para traçar o percurso seguido pelas comunidades residenciais dos vários graus de rendas, se faz necessária "uma técnica para se medir o movimento dos diferentes tipos de vizinhanças por classes de rendas, de modo que se possa estabelecer o padrão de movimento"; uma vez isso feito, pode-se "formular princípios que explicam as causas das mudanças das vizinhanças" (*ibid.*).

Naturalmente, seria desejável se ter uma série de mapas que mostrassem a renda média das moradias, quarteirão por quarteirão, em diferentes datas — o que permitiria "uma comparação exata das áreas por classe de rendas em diferentes intervalos de tempo" —, porém só é possível fazer tais mapas para anos recentes, pois só se dispõem de dados de levantamentos de propriedades imobiliárias desde há pouco tempo, quando existem. Diante da falta dessas informações e da vital importância "da questão da forma e do movimento de diferentes áreas de classes de rendas", Hoyt se dispõe a "usar a melhor evidência disponível, mesmo que não seja tão exata" como se desejaria.

Comparando "um mapa que mostre as várias áreas de rendas hoje com um mapa que mostre toda a área ocupada num período anterior de tempo", se descobre, "como no caso de Washington, que todas as áreas de rendas mais altas de 1934 se situam além dos limites da área ocupada em 1887" pela cidade; "é evidente que o setor residencial melhor movimentou-se desde algum ponto situado dentro da área ocupada por casas em 1887 para uma nova área que naquela época estava inteiramente vaga" (*ibid.*).

À falta dos mapas de fatores dinâmicos que se desejaria, pode-se esboçá-los "a partir da evidência reunida aos poucos entre os habitantes mais antigos", que foram "testemunhas oculares da mudança de caráter das vizinhanças. Se certo número desses residentes for consultado independentemente e se cada um corroborar os outros, pode ser colocada muita confiança em sua evidência. [...] Do mesmo modo, a localização de áreas comerciais e de fábricas pode ser desenhada para os mesmos períodos de tempo" (*ibid.*: 500-1). A evidência desses testemunhos de memória "pode ser depois checada por meio de um estudo das áreas esboçadas. Antigas áreas elegantes comumente deixam seus traços sob a forma de algumas mansões obsoletas que ainda permanecem. Frequentemente velhas fotografias e registros históricos revelam o caráter das vizinhanças de um período mais antigo". E acrescenta: "*As vizinhanças de alta renda de uma cidade não saltitam a esmo no processo de seu movimento: elas seguem um caminho definido num ou em mais setores da cidade*" (*ibid.*: 501).

O movimento da área de altas rendas, ao tender a arrastar consigo o crescimento da cidade em sua direção, é, para Hoyt, o mais importante nesse processo. A área de altas rendas — onde, em algum ponto, "se localizam as residências dos líderes da sociedade" — é, na cidade, o ponto das rendas mais altas ou o polo das rendas mais altas: o padrão das rendas residenciais diminui a partir dele na medida em que grupos de rendas menores procuram chegar tão perto dele quanto possível; além disso, no processo de crescimento urbano, ele tende a se movimentar para fora a partir do centro da cidade ao longo de uma certa avenida ou via lateral. "As casas novas construídas para ocupação pelos grupos de rendas mais altas se situam nas margens externas das áreas de altas rendas. Na medida em que essas áreas crescem para fora, os grupos de rendas mais baixas e intermediárias se filtram nas casas abandonadas pelos grupos de rendas mais altas" (*ibid.*). Como resultado desse "movimento para fora das vizinhanças de altas rendas nas cidades americanas, as áreas elegantes do presente estão localizadas sobretudo além das áreas inicialmente ocupadas das cidades americanas"; Hoyt indica Washington e mais quatorze cidades estudadas por ele como exemplos onde isso ocorreu. Assinala que "as vizinhanças residenciais de altas rendas ou de alto padrão precisam quase necessariamente se movimentar para fora, em direção à periferia da cidade, [pois,] na medida em que representam os grupos de rendas mais elevadas, não há casas acima delas abandonadas por outro grupo. Os ricos devem construir casas novas em terrenos vagos". Como "de cada lado [das áreas que ocupam] fica comumente uma área de rendas intermediárias, [...] elas não podem se movimentar para os lados" e, assim, "comumente, esses terrenos vagos se encontram disponíveis exatamente à frente da linha de percurso da área [dos ricos], porque, antecipando a tendência do crescimento elegante, os empresários de terrenos ou as restringem para uso das altas classes ou os especuladores estabelecem um valor dos terrenos demasiado alto para o grupo de rendas baixas ou o intermediário" (*ibid.*: 503).

Algumas vezes o polo de altas rendas pode saltar para áreas novas na periferia da cidade, mas comumente essas novas áreas estão na linha de crescimento das áreas de altas rendas. Os ricos raramente invertem seu caminho, seguindo de volta para as casas obsoletas que abandonam. A exceção a este movimento para fora é o desenvolvimento de áreas de apartamentos de luxo em áreas residenciais antigas (*ibid.*: 503). "Portanto, a tendência na-

Figura 27
Distribuição esquemática por setores das áreas residenciais
por classes de rendas em 30 cidades americanas
(extraído de Hoyt 1939: 77)

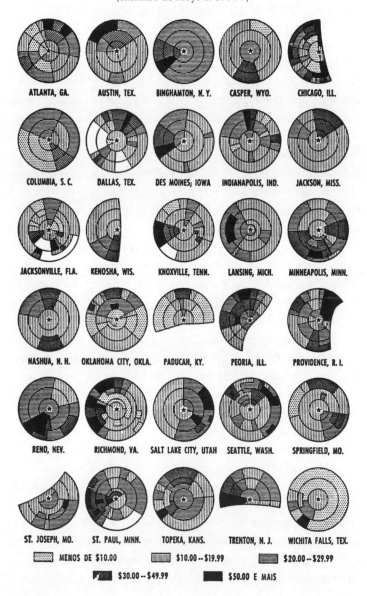

Figura 28
As áreas ocupadas em diferentes períodos e o crescimento das áreas ocupadas em Chicago, entre 1830 e 1936 (extraído de Hoyt 1939)

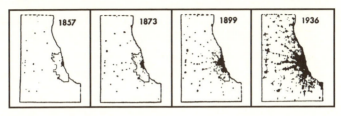

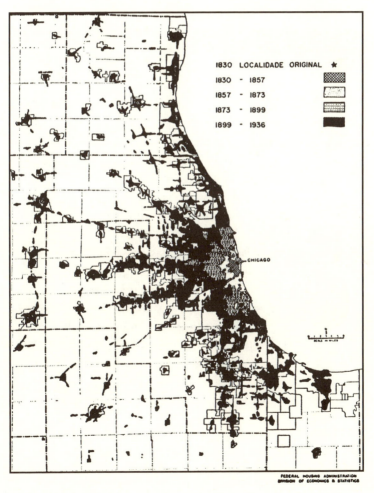

A teoria dos setores da estrutura urbana proposta por Hoyt

tural da área de altas rendas é movimentar-se para fora, em direção à periferia da cidade, no mesmo setor em que a área de altas rendas começou" (*ibid.*).

Nesta altura da análise de Hoyt surge, então, a indagação: "o que determina o ponto de origem das áreas das mais altas rendas da cidade e a direção e o padrão de seu futuro crescimento?" Hoyt ressalta que, como "o setor das altas rendas é o polo ou centro de atração que arrasta as outras áreas residenciais consigo", a resposta a esta questão "é de vital importância para todos os estudiosos do crescimento urbano"; assinala ainda que "em todas as cidades estudadas, a área residencial de alto padrão tem seu ponto de origem perto do centro varejista ou de escritórios", que é o local "onde os grupos de renda mais alta trabalham e é o ponto mais afastado do lado da cidade que possui indústrias ou depósitos" (*ibid.*).

Assim, postula: "em cada cidade, a direção e o padrão de crescimento futuro tendem, então, a ser governados pela combinação das seguintes considerações:

1. O crescimento residencial de alto padrão tende a seguir desde o ponto de origem dado, ao longo de vias estabelecidas de percurso ou em direção a outro núcleo de construções existente ou em direção a centros comerciais" (*ibid.*: 503-4).

2. "A zona das áreas de rendas altas tende a progredir em direção aos terrenos mais altos que estão livres do risco de inundações e a se espalhar ao longo das margens de lagos, baías, rios e oceanos, onde tais margens de águas não sejam usadas por indústrias" (*ibid.*: 504).

3. "Os distritos residenciais de altas rendas tendem a crescer em direção ao setor da cidade que tem campo livre e aberto, além dos limites e longe dos setores de 'beco sem saída' que são limitados por barreiras naturais ou artificiais à expansão" (*ibid.*).

4. "As vizinhanças residenciais de mais altos preços tendem a crescer em direção às casas dos líderes da comunidade" (*ibid.*).

5. "As tendências de movimento dos edifícios de escritórios, bancos e lojas arrastam as vizinhanças residenciais de preços mais elevados na mesma direção geral" (*ibid.*: 505).
6. "As áreas residenciais de alto padrão tendem a se desenvolver ao longo das vias de transporte mais rápido existentes" (*ibid.*).
7. "O crescimento das vizinhanças de altas rendas continua na mesma direção por um longo período de tempo" (*ibid.*).
8. "As áreas de apartamentos de luxo de altas rendas tendem a se estabelecer próximas do centro comercial em áreas residenciais antigas" (*ibid.*).
9. "Os empresários de imóveis podem desviar a direção do crescimento residencial de alto padrão" (*ibid.*: 506).

Após apresentar para cada proposição exemplos de casos ilustrativos em inúmeras cidades, Hoyt conclui que "como resultado de algumas dessas forças, ou de todas, as vizinhanças de altas rendas se estabelecem, assim, num setor da cidade e tendem a se movimentar nesse setor para a periferia da cidade" (*ibid.*).

Hoyt afirma que "é difícil para as vizinhanças de altas rendas mudar de repente" a direção de sua expansão ou "passar a movimentar-se para um novo quadrante da cidade" — mesmo se o setor em que seu crescimento começou "não possui todas as vantagens" — porque, na medida em que se expandem, "as áreas de rendas baixas e intermediárias estão da mesma forma crescendo e se expandindo e ocupando e utilizando as terras ao lado da área de altas rendas, bem como de outros setores da cidade" (*ibid.*). E quando essas outras áreas adquirem um caráter de baixas rendas, "é muito difícil mudar esse caráter", exceto para uso por edifícios de apartamentos. Assim, se no começo do crescimento das cidades, as vizinhanças de altas rendas podem ter uma considerável margem de escolha da direção para a qual irão se movimentar, "essa amplitude de escolha é restringida na medida em que a cidade cresce e começa a ser preenchida de um ou mais lados por construções de baixas rendas" (*ibid.*).

Existe a possibilidade de as vizinhanças de altas rendas tomarem posse de setores onde existem alguns poucos casebres, que são removidos "ou submergidos na maré do crescimento"; Hoyt cita como exemplos casas de negros compradas e demolidas em algumas cidades do sul "para abrir caminho para um desenvolvimento de alto padrão". Isso, porém, só é possível onde as casas são frágeis ou espalhadas, a terra é barata e ocupada pelos proprietários ou os residentes estão sob domínio de outros, condições difíceis de reunir. O custo da aquisição e derrubada de construções maiores e "a impossibilidade prática de adquirir vastas áreas de proprietários dispersos comumente evita que as áreas de altas rendas ocupem terrenos" já sendo usados por residências de padrão médio ou baixo (*ibid.*: 507).

Porém, "com o raio da área ocupada das cidades sendo gradualmente estendido pelo automóvel, há pouca dificuldade em assegurar terra para expansão de áreas de altas rendas, porque o setor de altas rendas da cidade se expande num arco cada vez mais amplo à medida em que avança [mais para longe] a partir do centro comercial" (*ibid.*).

Outra questão importante é a de "como os vários tipos de áreas de altas rendas são afetados pelo processo de crescimento dinâmico da cidade" e como se relacionam "uns com os outros numa sequência histórica".

"O primeiro tipo de desenvolvimento de altas rendas foi o tipo axial, com casas de alto padrão numa ou mais das longas avenidas que conduzem diretamente ao centro comercial." Os principais exemplos desse tipo de desenvolvimento ocorreram entre as décadas de 1870 e 1900; nele, a área elegante se expandiu numa longa fileira ao longo de uma via radial a partir do centro comercial. "Houve comumente uma abrupta transição, dentro de uma curta distância, em cada lado da rua de alto padrão."

O tipo axial de área de altas rendas regrediu rapidamente com a difusão do automóvel, que tornou as avenidas menos atraentes como locais de residência dos abastados. "Não mais restritas às classes superiores [...], as velhas avenidas perderam a posição social" (*ibid.*). Para conseguir isolamento, os ricos fizeram construir mansões em áreas de bosques, ocultas por árvores, com tal privacidade que as casas assim protegidas das vistas do público só podiam ser vistas de fora de avião (*ibid.*). O mesmo foi feito em comunidades-jardins segregadas para as residências dos abastados dos grupos de altas rendas.

Esse novo tipo de área de alto padrão era de forma quadrada ou retangular, "dando as costas para o mundo externo, com ruas serpenteantes, bosques e seus próprios centros comunitários" e comumente se localizando "ao longo da linha das antigas áreas axiais de alto padrão" (*ibid.*).

Assim, enquanto "algumas das velhas áreas de altas rendas de tipo axial ainda mantêm um prestígio que decai e podem ainda ser classificadas como áreas de altas rendas, a nova área de altas rendas assume na estrutura da cidade uma forma de leque ou de funil, se expandindo desde um fulcro central até alcançar a periferia da cidade" (*ibid.*).

"Contudo, o antigo desenvolvimento em fileiras das áreas de altas rendas ainda se afirma no caso de expansão dessas áreas ao longo de beiras d'águas" (*ibid.*: 507-8). E se constroem casas na crista de morros ao longo de estradas serpenteantes, em trechos de colinas e bosques tornados acessíveis pelo automóvel.

A cidade suburbana elegante, com origens até anteriores à Guerra Civil, é um tipo de área de alto padrão que persiste: "antigas cidades elegantes [...] mantiveram seu caráter original e expandiram seu crescimento" e outras novas se estabeleceram (*ibid.*: 508).

Relativamente recente é o desenvolvimento da área dos apartamentos de luxo "que veio depois de 1900, quando os ricos deixaram de desejar manter casas esmeradas na cidade e quando a casa de uma só família de alto padrão começou a se localizar longe do centro comercial". Seu sentido é o de um grupo de pessoas ricas que, "desejando viver perto do centro comercial e evitar a despesa e o transtorno de manter um cortejo de criados, buscou a conveniência de altos prédios de apartamentos com elevadores" (*ibid.*).

Desse modo, as áreas de alto padrão tendem a se apossar dos terrenos residenciais mais favoráveis pagando os valores mais elevados. Os grupos de rendas intermediárias tendem a ocupar os setores de cada cidade que são adjacentes à área de altas rendas: é que as pessoas desse grupo "têm rendimentos suficientes para pagar por casas novas com facilidades sanitárias modernas" (*ibid.*). Assim, o novo crescimento das áreas de classe média ocorre na periferia da cidade perto das áreas de alto padrão ou algumas vezes em pontos além dos limites das áreas de classe média mais antigas (*ibid.*).

"Os ocupantes de casas das categorias de rendas baixas tendem, na cidade, a se movimentar para fora em faixas que partem do centro, principalmente se filtrando em casas deixadas para trás pelo grupo de rendas altas", das quais uma percentagem relativamente alta necessita de reparos, ou erguendo, na periferia da cidade, barracos que, com frequência, carecem de instalações de água encanada e esgotos modernas e se situam em ruas não pavimentadas. "A franja de barracos da cidade comumente se situa na extensão de um setor de baixas rendas" (*ibid.*).

Hoyt também destaca que "dentro mesmo da área de baixas rendas há movimentos de grupos raciais e nacionais" e sua descrição desses movimentos de população não é muito diferente da oferecida por Burgess. E constata que, "na estrutura da cidade, há uma constante mudança dinâmica das áreas de classes de rendas [...], um constante movimento das vizinhanças para fora, porque na medida em que se tornam mais velhas, tendem a ser menos desejáveis" (*ibid.*: 509).

Nesse processo de mudança das áreas de rendas na cidade, "forças constante e firmemente em ação causam uma deterioração das vizinhanças existentes": Hoyt descreve a deterioração como um processo que caracteriza uma fase do "ciclo de vida" de uma vizinhança. A vizinhança composta por casas novas de estilo o mais moderno e de propriedade de casais jovens com filhos pequenos se encontra em seu apogeu e nesse período de juventude "tem vitalidade para lutar contra a doença da ruína", pois "os proprietários resistirão com vigor à invasão de forças de diferenciação, devido a seu orgulho pelas casas e seu desejo de manter um ambiente favorável para suas crianças". Como as casas são do último estilo, não sofrem a competição de outras superiores na mesma faixa de preço e podem ser vendidas pelo custo aproximado de construção de uma nova, sob condições normais (*ibid.*).

Porém, "tanto as construções como as pessoas vão sempre ficando mais velhas. A depreciação física das construções e o envelhecimento das famílias vão constantemente diminuindo as forças vitais da vizinhança. As crianças crescem e se mudam. As casas com idade aumentando se deparam com gastos de reformas mais altos. Esse forte processo de deterioração é acelerado pela obsolescência"; quando um tipo novo e melhor de construção relega as mais antigas a uma posição secundária, que não mais lutam para repelir as forças de diferenciação, "uma classe de rendimentos mais baixos sucede os ocupantes originais. A ocupação por proprietários diminui à medida em que os primeiros proprietários vendem ou se mudam ou perdem suas casas por execução de hipotecas. Há, com frequência, um declínio súbito de valor devido a uma nítida transição do caráter da vizinhança ou a um período de depressão no ciclo dos negócios imobiliários. Tais mudanças internas, devidas à depreciação e à obsolescência [...], causam mudanças nas localizações das vizinhanças". E "quando, além disso, uma corrente de imigrantes ou de membros de outros grupos raciais aflui para o centro do organismo urbano, essas forças também causam deslocamentos no padrão existente das vizinhanças" (*ibid.*: 509).

Hoyt assinala que os efeitos dessas mudanças variam de acordo com o tipo de vizinhança:

1. "As vizinhanças de padrão mais alto, ocupadas por mansões dos ricos, estão sujeitas a uma taxa de obsolescência extraordinária. As casas de grandes dimensões, nos moldes de um palácio ou castelo feudal", quando deixadas pelos ricos, não encontram "uma classe de

rendimentos ligeiramente mais baixos que venha comprá-las [...] e mantê-las", nelas se filtrando para uso por uma só família. "Em consequência, elas só podem ser convertidas em casas de pensão, escritórios, clubes ou instalações de indústrias leves, para os quais não foram projetadas." A atração desses tipos de usos "causa uma deterioração da vizinhança e uma posterior diminuição de valor. Essas mansões frequentemente se tornam elefantes brancos [...]" (*ibid.*).

2. As vizinhanças de rendas intermediárias, com casas projetadas para pequenas famílias, podem ser repassadas para um grupo de rendimentos ligeiramente mais baixo, assim que perdem algo de suas condições desejáveis originais pela idade e obsolescência. Quando transmitida a um grupo de rendimentos mais baixos, "a casa é ainda usada para a finalidade essencial para a qual foi projetada" e tem uma perda de valor que não é tão grande. Como "sempre há uma filtração de classe para ocupar as casas nas vizinhanças de rendas intermediárias, [...] uma certa estabilidade de valor é assegurada" (*ibid.*).

3. Nas áreas de baixas rendas, as construções ocupadas por trabalhadores mais pobres não especializados ou casuais têm "perdas de rendimentos e taxas de desocupação as mais elevadas" (*ibid.*). "Os quarteirões piores antes eram ocupados por imigrantes recém-chegados. Com o declínio da imigração", as construções piores dessa franja submarginal de habitação viriam a ser demolidas para economizar impostos ou condenadas e "interditadas à medida em que os residentes se filtram para casas melhores" (*ibid.*: 510).

"Assim, as vizinhanças de rendas intermediárias tendem a preservar sua estabilidade melhor do que as áreas ou de rendas mais altas ou de rendas mais baixas" (*ibid.*).

"A construção de novas moradias na periferia de uma cidade, tornada acessível por novos sistemas de circulação, põe em movimento forças que tendem a extrair populações de casas mais velhas e causar um movimento de todos os grupos para um degrau acima, deixando as casas mais velhas e mais baratas para serem ocupadas pelas famílias mais pobres ou para ficarem vagas. A competição constante de novas áreas é ela própria uma causa de mudança nas vizinhanças. Todo surto de construções, [com a produção de novas casas] equipadas com os recursos mais modernos, empurra todas as construções existentes para um degrau abaixo na escala das condições desejáveis" (*ibid.*).

Assim, segundo a concepção de Hoyt, o princípio fundamental de explicação do processo de "sucessão" das classes de rendas nos setores da cidade, que vão sucessivamente descendo a níveis mais baixos da escala de estratificação social e econômica, é o processo de filtração, que se inicia pela da classe média nos setores de bairros elegantes que os ricos vão abandonando. A teoria de Hoyt veio tendo, durante muito tempo, uma avaliação muito favorável diante da teoria de Burgess, como, por exemplo, a que expressou Nelson, para quem a teoria dos setores — ou das cunhas, como alguns autores vieram a nomeá-la, também —, "porque leva em conta tanto a distância como a direção a partir do centro da cidade, é um aperfeiçoamento em relação ao esforço anterior de Burgess" (Nelson 1969: 79).

E não é sem interesse salientar que Hoyt aprimorou e refinou a dimensão dinâmica presente no esquema de Burgess, ao indicar que a consideração da diferenciação dos setores urbanos em diversas épocas permite determinar diferentes fases históricas do desenvolvimento da estrutura da cidade, que ajudam a explicá-la — bem ao contrário de Davie, portanto, que excluiu essa dimensão.

14.
A TEORIA DOS NÚCLEOS MÚLTIPLOS DA ESTRUTURA URBANA DE HARRIS E ULLMAN

A ideia de interpretar a estrutura da cidade através da formação de vários núcleos em seu interior, já sugerida por Burgess, foi proposta por Chauncy D. Harris e Edward Ullman, num artigo publicado no número especial sobre o tema "Construindo a Cidade do Futuro", de novembro de 1945, editado por Robert B. Mitchell, diretor da "Comissão de Planejamento da Cidade de Filadélfia", dos *Annals* da Academia Americana de Ciência Política e Social, número apresentado como "uma contribuição [...] à busca de um sentido de direção àqueles que tentam dirigir o desenvolvimento da cidade", pelo seu editor (p. viii). No artigo, os autores apresentam "uma tipologia dos tipos de distribuição e dos padrões internos das cidades" (Harris 1978: 66).[20]

---

[20] O artigo resultou de um convite de Mitchell a Harris, como este relata em seu depoimento: "Mitchell convidou-me para preparar um artigo sobre as bases geográficas do urbanismo. Pedi-lhe permissão para fazê-lo num artigo em conjunto com Ullman e esta permissão foi dada. Foi Ullman que sugeriu que fizéssemos um artigo teórico com tipologias de distribuições de cidades e de estruturas internas" (Harris 1978: 69). Estando ambos prestando serviço militar em Washington, durante a II Guerra Mundial, Harris e Ullman trabalharam no texto principalmente nos fins de semana. Foi um trabalho em conjunto e "seria difícil dizer quem escreveu qual parte, tão entrelaçadas eram nossas ideias" (*ibid.*). "Com respeito às três generalizações da estrutura interna das cidades, ambos conhecíamos a generalização das zonas concêntricas de Burgess. Ullman primeiro sugeriu a inclusão da teoria dos setores de Homer Hoyt, anteriormente desconhecida para mim. Sugeri a necessidade de acrescentar um terceiro padrão, de núcleos múltiplos, que

O artigo tornou-se um clássico no estudo da estrutura urbana entre os sociólogos e os geógrafos. Divide-se em duas partes, a primeira delas intitulada "A Base das Cidades", voltada a estabelecer um conjunto de tipos de cidades enquanto fornecedoras de serviços urbanos para um território: as cidades como lugares centrais, como focos de transporte e pontos de transferência de cargas e como pontos de concentração de serviços especializados. Na introdução do artigo, Harris e Ullman assinalam que as cidades "se desenvolvem em padrões definidos, em resposta a necessidades econômicas e sociais"; e destacam: "cada cidade é única no detalhe, mas se assemelha a outras em função e padrão. O que se aprende acerca de uma auxilia no estudo da outra. Os tipos de localização e de estrutura interna se repetem com tanta frequência que amplas e sugestivas generalizações são válidas, especialmente se limitadas a cidades de tamanho, função e cenário regional semelhantes" (Harris & Ullman 1945: 7).

A segunda parte do artigo, que diz respeito ao objeto de nosso interesse, intitulada justamente "A Estrutura Interna das Cidades", tenta dar conta das teorias que tratam do padrão dos

---

inicialmente ele relutou em admitir, mas após uma discussão concordamos que constituía uma útil generalização adicional. A generalização dos núcleos múltiplos surgiu de minhas observações na Europa em 1934-37, onde muitas cidades tinham diferentes núcleos para o comércio e o governo (notavelmente Londres, com centros separados da comunidade de comércio na *City* e da realeza e o parlamento em Westminster, separados há muitos séculos por uma agradável caminhada através dos campos agrícolas ao longo da *Strand*); ou de minha obra sobre Salt Lake City, em que notei os diferentes requisitos de localização dos distritos varejista e atacadista, um ligado a fluxos de pedestres, o outro inicialmente à ferrovia, com um distrito comercial externo localizado para servir às áreas residenciais mais afastadas de uma cidade assimétrica. Assim, de nossas bagagens e interesses individuais, e de nosso intercâmbio de ideias em vívido diálogo, veio essa tipologia sumária dos tipos de distribuição das cidades e dos padrões internos. Não era um artigo de pesquisa. Não era uma revisão da literatura, pois as notas de rodapé só se referiam a trabalhos de Burgess, Hoyt e, algo imodestamente, de Ullman e Harris" (*ibid.*: 70).

A teoria dos núcleos múltiplos de Harris e Ullman

usos do solo dentro da cidade, "dos fatores que o produziram e dos meios necessários às atividades localizadas dentro de distritos específicos (*ibid.*: 12). Reconhecem que "embora o padrão interno de cada cidade seja único em sua combinação particular de detalhes, a maioria das cidades americanas possui distritos comerciais, industriais e residenciais" e é basicamente em termos da organização espacial desses elementos que procuram mostrar como se tem tentado identificar "as forças subjacentes" a esses padrões através de três generalizações. Harris e Ullman identificam e apresentam essas generalizações, as duas primeiras resumidamente, como a teoria das zonas concêntricas, de Burgess e a teoria dos setores, de Hoyt — esta como um desdobramento da teoria do desenvolvimento axial que dá à cidade a forma de estrela, apresentada por Hurd no começo do século (*ibid.*: 13-4). A terceira é a teoria dos núcleos múltiplos, que apresentam pela primeira vez e em cuja formulação nos deteremos.

Harris e Ullman destacam que "em muitas cidades, o padrão de uso do solo se constrói não em torno de um único centro, mas em torno de diversos núcleos separados" (o que ilustram através da Figura 29); isso pode acontecer em dois tipos de casos: no primeiro, porque "em algumas cidades esses núcleos existiram desde as próprias origens da cidade", como em Londres; no segundo porque "em outras, eles se desenvolveram à medida em que o crescimento da cidade estimulou a migração e a especialização", como em Chicago, "na qual a indústria pesada, inicialmente localizada ao longo do Rio Chicago, no coração da cidade, migrou para o Distrito de Calumet, onde atuou como um núcleo de um novo desenvolvimento urbano extensivo" (*ibid.*: 14).

"O núcleo inicial de uma cidade pode ser o distrito varejista numa cidade que é lugar central, as instalações portuárias ou ferroviárias numa cidade de transferência de cargas, ou a usina, a mina ou a praia numa cidade com função especializada." Para eles, "o surgimento de núcleos separados e de distritos diferenciados reflete uma combinação de quatro fatores" que enumeram e cuja ação exemplificam:

Figura 29

"As generalizações da estrutura interna das cidades. A teoria das zonas concêntricas é uma generalização para todas as cidades. A organização dos setores na teoria dos setores varia de cidade para cidade. O diagrama para os núcleos múltiplos representa um padrão possível entre inumeráveis variações." (extraído de Harris & Ullman 1945: 13)

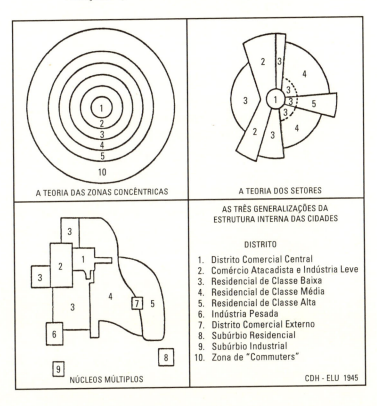

1. "Certas atividades exigem facilidades específicas" — por exemplo, o "distrito varejista se vincula ao ponto de maior acessibilidade dentro da cidade, o distrito portuário à margem d'água disponível, os distritos manufatureiros a grandes quadras de terrenos e a conexões ferroviárias ou aquáticas, e assim por diante" (*ibid.*).
2. "Certas atividades semelhantes se agrupam porque lu-

cram com sua coesão." Pode-se apontar como exemplo, além dos agrupamentos de indústrias e das cidades industriais, "os distritos varejistas que se beneficiam do agrupamento, que aumenta a concentração de clientes potenciais e torna possível a comparação" de diferentes lojas, e também "os distritos financeiros e de prédios de escritórios, que dependem de meios de comunicação entre os escritórios dentro do distrito" (mas apontam que há certos estabelecimentos de serviços, como os postos de gasolina, que são exceções a essa tendência) (*ibid.*: 14).

3. "Certas atividades diferentes são prejudiciais umas às outras. — O antagonismo entre o desenvolvimento de fábricas e de residências de alta classe é bem conhecido. As fortes concentrações de pedestres, automóveis e bondes no distrito comercial são antagônicas às instalações ferroviárias e aos carregamentos nas ruas necessários no distrito atacadista e às instalações ferroviárias e ao espaço de que precisam os grandes distritos industriais e vice-versa" (*ibid.*: 14-5).

4. "Certas atividades são incapazes de proporcionar as altas rendas dos sítios mais desejáveis. Este fator opera em conjunção com o precedente". — As atividades de atacado e de armazenamento de cargas, que exigem grandes salões, ou casas de classe baixa, incapazes de pagar o luxo dos terrenos altos com uma vista panorâmica, são bons exemplos.

"O número de núcleos que resulta do desenvolvimento histórico e da operação das forças de localização varia grandemente de cidade para cidade. Quanto maior é a cidade, mais numerosos e especializados são os núcleos" (*ibid.*: 15). Como quer que seja, na maioria das grandes cidades norte-americanas se desenvolveram, ao redor dos núcleos, distritos de seis tipos, que Harris e Ullman caracterizam e exemplificam:

(i) *O distrito comercial central.* — Situado no centro dos meios de transporte dentro da cidade, "devido ao crescimento assimétrico da maioria das grandes cidades, geralmente não está, hoje em dia, no centro da área da cidade, mas efetivamente perto de uma porção lateral, como no caso de uma margem de lago ou de rio [...]. Porque as vias de transporte interno estabelecidas convergem para ele, é o ponto de mais conveniente acesso desde todas as partes da cidade e o ponto dos mais altos valores do solo. O distrito varejista, no ponto de acessibilidade máxima, é alcançado a pé; só o movimento de pedestres e de transporte de massas pode concentrar o grande número de clientes necessário para manter lojas de departamentos, de variedades e de roupas, que são características desse distrito. Nas cidades pequenas, as instituições financeiras e os edifícios de escritórios se intercalam com lojas de varejo, mas nas grandes cidades o distrito financeiro é separado, próximo, mas não no ponto de maior facilidade de acesso dentro da cidade. [...] Edifícios governamentais também estão comumente próximos, mas não no centro do distrito varejista" (*ibid.*).

(ii) *O distrito atacadista e de indústrias leves.* — Convenientemente dentro da cidade, mas próximo do foco dos meios de transporte para fora dela, os atacadistas servem principalmente uma região tributária atingida por ferrovia ou caminhão e obtêm uma base econômica pequena da própria cidade; "assim, estão concentrados ao longo de linhas ferroviárias, normalmente adjacentes ao *CBD* (mas não o circundando). Muitos tipos de indústrias leves que não exigem construções especiais são atraídos pelas facilidades desse distrito ou de outros semelhantes: bom transporte ferroviário e rodoviário, disponibilidade de construções altas e proximidade dos mercados e da mão de obra da própria cidade" (*ibid.*).

(iii) *O distrito das indústrias pesadas.* — Situado perto da periferia atual ou antiga da cidade, porque "as indústrias pesadas exigem amplos terrenos", frequentemente além dos setores já divididos em quarteirões e ruas, além de bom transporte ferroviário ou aquático. "Com o desenvolvimento dos anéis viários e dos pátios de manobras, os sítios na periferia da cidade podem ter melhor serviço de transporte que aqueles próximos do centro" (*ibid.*). E os transtornos das grandes indústrias — barulho, mau-cheiro, sujeira, resíduos, transportes que dificultam o trânsito etc. — todos eles "favorecem o crescimento da indústria pesada longe do principal centro da grande cidade" (*ibid.*: 16).

(iv) *Os distritos residenciais.* — Os distritos residenciais de alta classe geralmente se situam em terrenos altos e bem drenados, longe de transtornos como ruídos, odores, fumaças e linhas ferroviárias. Os de baixa classe tendem a surgir próximos a distritos fabris e ferroviários, onde quer que se localizem na cidade. Devido à obsolescência das construções, os distritos residenciais mais antigos das margens internas das cidades são os mais favoráveis para invasão por grupos incapazes de pagar aluguéis altos. "As vizinhanças residenciais têm certo grau de coesão. Os casos extremos são os grupos etnicamente segregados, que se agrupam, embora incluam membros em muitos outros grupos econômicos" (*ibid.*).

(v) *Os núcleos menores.* — Incluem "centros culturais, parques, distritos comerciais externos e pequenos centros industriais. Uma universidade pode formar um núcleo para uma comunidade semi-independente. [...] Os parques e áreas de recreação [...] podem formar núcleos residenciais de alta classe". E "os distritos comerciais externos podem se tornar, com o tempo, centros importantes". Por outro lado, "muitas instituições pequenas e pequenas indústrias leves individuais [...] dispersas pela cidade podem nunca se tornar núcleos de distritos diferenciados" (*ibid.*).

(vi) *Subúrbios e satélites.* — "Os subúrbios, ou residenciais ou industriais, são característicos da maioria das grandes cidades norte-americanas. O surgimento do automóvel e o melhoramento de certas linhas ferroviárias suburbanas de *commuters* em algumas poucas grandes cidades estimularam o processo de suburbanização." Já "os satélites diferem dos subúrbios pelo fato de estarem separados da cidade central por muitas milhas e em geral têm poucos *commuters* diários desde a cidade central e para ela, muito embora as atividades econômicas do satélite sejam estreitamente engrenadas às da cidade central [...]" (*ibid.*).

Na seção final do artigo, ao fazerem uma "avaliação dos padrões de usos do solo", os autores afirmam que "a maioria das cidades exibe não somente uma combinação dos três tipos de base econômica", isto é, funções de lugares centrais, de pontos de transferências de cargas e de serviços especializados, mas também aspectos das três teorias dos padrões de usos do solo (*ibid.*).

"O aspecto das zonas concêntricas tem seu mérito", como um quadro geral sujeito a modificações devidas à topografia e ao transporte e a usos do solo anteriores: "não é um padrão rígido, visto que o crescimento ou a organização com frequência refletem a expansão dentro dos setores ou o desenvolvimento ao redor de núcleos separados" (*ibid.*).

"O aspecto dos setores aplicou-se em particular ao movimento dos distritos residenciais para fora". As duas teorias "enfatizam a tendência geral das áreas residenciais centrais a declinarem de valor à medida em que novas construções têm lugar nas margens externas" da cidade; mas, "a teoria do setores é mais penetrante em sua análise desse movimento" (*ibid.*: 16-7).

A teoria das zonas concêntricas, "como um padrão geral", e também a teoria dos setores "enquanto fundamentalmente aplicada a padrões residenciais, supõem (embora não explicitamente) que há somente um único centro urbano em torno do qual o uso do solo se organiza simetricamente" ou em padrões concêntricos ou em padrões radiais. "Em termos teóricos amplos, um tal pressuposto pode ser válido, porquanto a vantagem da distância, apenas, favoreceria tanta concentração quanto possível num pequeno *core* central." Mas "surgem núcleos separados", devido à impossibilidade física efetiva de tal concentração e à existência de fatores de separação "tais como os altos aluguéis no centro, só compensados por poucas atividades; a vinculação natural de certas atividades ao transporte extraurbano, ao espaço ou a outras facilidades; as vantagens da separação de atividades diferentes e a concentração das funções semelhantes" (*ibid.*: 17).

A teoria dos núcleos múltiplos de Harris e Ullman

"O padrão em constante mudança do uso do solo propõe muitos problemas. Próximo ao centro se deixa terrenos vagos ou retidos por construções de *slums* antissociais" antecipando a expansão de atividades de rendas mais elevadas, o que ocasiona custos ocultos à cidade, em termos de um meio mais pobre e excessiva proteção de polícia, de bombeiros e de saneamento, o que dá força à defesa do subsídio à remoção das favelas. "Entretanto, a zona de transição não é em toda parte uma zona de deterioração com *slums*, como testemunha o desenvolvimento de apartamentos de alta classe perto do centro da cidade [...]". Outro problema é o de que na periferia da cidade uma subdivisão muito ambiciosa "resulta em terrenos sem uso sendo servidos por serviços públicos urbanos como esgotos e transportes". A emancipação política de muitos subúrbios ocasiona "uma falta de responsabilidade cívica pelos problemas e gastos da cidade na qual os suburbanitas trabalham" (*ibid.*).

As apreciações da formulação da estrutura urbana proposta por Harris e Ullman têm destacado sua adequação, de modo especial, ao caso das cidades contemporâneas, mas têm, ao mesmo tempo, levantado algumas objeções. Richardson sintetiza as críticas propostas em diversas análises tanto por geógrafos como por economistas; embora reconhecendo que "leva em consideração os fatores do mundo real de um modo mais completo do que as outras duas abordagens [as de Burgess e de Hoyt], tal como Harris & Ullman a conceberam, ela representa simplesmente um retrato de uma cidade num determinado momento" (Richardson 1975: 159). Assim, opina que "em sua forma original, não é uma teoria do uso do solo. Para se tornar operacional, tem de ser traduzida em termos dinâmicos e ser dotada de capacidade de predição" (*ibid.*) e que a hipótese original não indicaria como conseguir isso. Segundo a teoria, "em termos gerais, quanto maior a cidade, maior o número de núcleos que possui. [...] Uma vez desenvolvido, cada núcleo fornece um foco para um padrão hierárquico de uso do solo e para um gradiente de aluguel em torno dele" (*ibid.*: 158-9). As formas das áreas da cidade e as funções dos núcleos podem variar bastante, mas refletirão sempre as mesmas tendências básicas; assim, sugere que "um núcleo novo pode aparecer como resultado da atuação das forças de mercado ou como uma unidade planejada talvez em resposta ao congestionamento do centro; poderia se desenvolver em torno de uma infraestrutura já existente ou por causa do desenvolvimento de novas unidades de serviços" (*ibid*.: 159-60). Ademais, a própria eficiência da rede de transporte poderia determinar se o crescimento ocorreria "no centro da cidade ou por meio da criação de um novo núcleo" (*ibid*.: 160). Em suma, conclui Richardson, "para que o conceito dos núcleos múltiplos seja mais do que uma simples descrição, são necessários aperfeiçoamentos consideráveis para explicar as condições sob as quais novos núcleos se desenvolvem e indicar suas prováveis localizações no futuro" (*ibid*.).

Johnson destaca ainda que "o elemento único que é introduzido pela aceitação da relevância de fatores históricos e de sítio [individual de cada cidade] significa que a teoria dos Núcleos Múltiplos não pode produzir um modelo simples da estrutura urbana, imediatamente discernível na forma de cada cidade [...], nem exclui a probabilidade de que elementos das organizações concêntrica e por setores sejam também encontrados em cidades particulares. Talvez seja melhor encarar essa abordagem muito mais como um guia para pensar a respeito da estrutura da cidade e não como uma generalização rígida a respeito da forma urbana" (Johnson 1972: 178-9).

Apesar disso, o esquema ideal proposto por Harris & Ullman encontrou reconhecimento na literatura sociológica e geográfica. O artigo tornou-se clássico: Mayer & Kohn citam-no como "talvez o artigo melhor conhecido e mais amplamente citado de toda a literatura de geografia urbana" (Mayer & Kohn 1959: 275) e, por outro lado, até por volta de 1976, havia sido reproduzido em pelo menos quatro coletâneas importantes de sociologia urbana.

15.
O DESENVOLVIMENTO DAS INTERPRETAÇÕES ECOLÓGICAS E SOCIOECONÔMICAS DA ESTRUTURA URBANA

Nossa análise até este ponto, partindo de Park 1915 e chegando a Harris & Ullman 1945, cobriu um período de três décadas de formulações sobre a estrutura urbana, iniciando pela fase de seu tratamento pela ecologia humana e se estendendo pela fase de tratamento socioeconômico. Temos já caracterizado um conjunto suficientemente amplo e expressivo de formulações relativas a concepções e interpretações da estrutura urbana nas ciências sociais norte-americanas na primeira metade do século XX que, mesmo não sendo exaustivo, é plenamente significativo ao centrar-se naquelas mais estratégicas no desenvolvimento teórico que nos interessava traçar.

Antes de uma avaliação metodológica do material que se descreveu, cabe uma apresentação sucinta das linhas gerais nas quais continuaram a se desenvolver as tendências, campos e abordagens presentes nos trabalhos e interesses até aqui expostos.

Após o período entre 1937-1941, em que a publicação de certo número de obras e artigos voltou a trazer à cena do debate acadêmico a problemática da natureza da ecologia humana e da interpretação ecológica em sociologia, os anos de 1942 a 1947 assistiram a um certo abrandamento daquele debate. Como corrente de teoria sociológica, a ecologia humana, como aliás quase toda a sociologia de Chicago, foi fortemente eclipsada nos Estados Unidos pela ascensão do funcionalismo, que dela sugeriu uma interpretação desfavorável; após a II Guerra Mundial, passou por breves impulsos de retomada de temas e problemas, através de contribuições individuais mais ou menos isoladas, ao mesmo tempo em que acentuou-se sua diversificação em subcorrentes.

Assim, enquanto em 1947 Firey publicou uma crítica ao esquema clássico de Burgess, Bogue publicou em 1949 um estudo das áreas metropolitanas que foi entendido como um revigoramento da abordagem clássica. Em 1950, Hawley e Quinn publicaram livros com o mesmo título: Hawley é um discípulo de McKenzie que, influenciado por contatos com os economistas Hoover e Isard, elaborou um tratado que revia posições básicas da ecologia humana clássica; Quinn, por sua vez, apresentou um tratado que é em grande parte um levantamento dos problemas e temas, em apresentação didatizada de pontos de vista que desenvolvia desde doze anos antes. Durante a década de 1950 surgiram contribuições de Schnore e de Duncan e, em menor proporção, de Hauser; na década de 1960 seus escritos foram se espaçando; Hawley prosseguiu levando adiante uma linha própria, com textos frequentes durante 1950-65, tendo ainda ensaios recentes (1984 e 1986) e coletâneas. Todos esses autores se vinculam à tendência que se definiu a partir de mais ou menos 1940, que Theodorson denominou de *ecologia humana neo-ortodoxa* (Theodorson 1961: 129). O tratamento econômico de Hawley e o conceito de "complexo ecológico", defendido sobretudo por Duncan e Schnore (*in* Duncan & Schnore 1959, entre outros textos), seriam os aspectos mais originais a se considerar nesse desdobramento da tradição ecológica de Chicago.

Uma outra sequência de desenvolvimentos poderia ser identificada, que talvez se pudesse designar como uma tendência geral de empirismo ecológico na sociologia, e que evoluiu em três momentos: o primeiro foi o de *análise de áreas sociais* (Theodorson 1961: 131-2), desde Shevky & Williams 1949 e Shevky & Bell 1955, até, mais recentemente, Robson 1971, por exemplo. Envolve a aplicação de certo número de técnicas de análise de variáveis, reunidas em torno de estratificação socioeconômica, de índices de urbanização e de segregação étnica, a partir do que inclui o estudo de diversos problemas substantivos das áreas sociais da cida-

Interpretações ecológicas e socioeconômicas da estrutura urbana   239

de, concebidas como um desdobramento conceitual mais sofisticado da noção de áreas naturais de Park, na fase clássica.

Os dois momentos seguintes representam um desenvolvimento cada vez maior das técnicas de pesquisa e de tratamento estatístico dos dados empíricos, numa incorporação crescente de computadores e dos tratamentos quantitativos que eles viabilizaram: o da *análise ecológica quantitativa* da década de 1960 que, constituindo uma ampliação da pesquisa ecológica nas ciências sociais, além da sociologia, interessou também à geografia humana, à ciência política e à psicologia social (v., por exemplo, Dogan & Rokkan 1969); e o da *ecologia fatorial* da década de 1970, que também constituiu uma convergência de interesses entre sociólogos e geógrafos com ênfase nos estudos da cidade (v. em especial Berry & Rees 1969; Timms 1975 e Berry & Kasarda 1977).

Theodorson aponta ainda outra variante surgida desde fins da década de 1940 e que veio se desenvolvendo ao longo da década de 1950: a *sociocultural*, que enfatiza a cultura como conceito explicativo fundamental nos estudos de ecologia humana, desde o ensaio de Firey 1945 e outros textos posteriores, domínio por onde ingressaram na pesquisa ecológica estudiosos de outros campos das ciências sociais. Certo grau de integração das abordagens neo-ortodoxa e sociocultural da ecologia humana proporcionou um aumento dos estudos na década de 1950, voltados para a diversidade dos padrões ecológicos em contextos culturais outros que os da América anglo-saxônica: os da América Latina e dos continentes europeu, asiático e africano (cf. Sjoberg 1960 e Schnore 1976).

Esses desdobramentos da ecologia humana após a II Guerra Mundial em grande medida se enquadram como subcorrentes da própria sociologia urbana, cujo desenvolvimento nos Estados Unidos foi classificado por Sjoberg em oito escolas, com base no conjunto de variáveis especiais a que cada uma dava prioridade: a da urbanização, a subsocial, a do complexo ecológico ou da subsistência, a econômica, a ambiental, a tecnológica, a da orientação para os valores (sociais ou culturais) e a do poder social (isto é, da luta pelo poder na ocupação do solo na sociedade) (v. Sjoberg 1965: 158-78). Meadows e Mizruchi reduzem-nas a três orientações divergentes: (1) a abordagem da urbanização-desorganização, (2) a abordagem ecológica e (3) a abordagem da orientação para os valores (cf. Meadows & Mizruchi 1969: 6-9). Nesses desdobramentos, a sociologia urbana norte-americana assumiu características próprias e um domínio mais amplo de temas, ao mesmo tempo aprofundando seus contatos com outras ciências sociais — sobretudo a economia urbana, a geografia urbana e mesmo a antropologia urbana e a história urbana — e conhecendo um relativo declínio do tratamento do tema das relações espaciais enquanto tais.

De início, no interior da ecologia humana, a dimensão espacial só passou a relativo segundo plano na peculiar linha desenvolvida por Hawley desde a década de 1940. Na medida em que algumas das novas subcorrentes da ecologia humana tenderam a se afastar do interesse original pela própria ecologia, convertendo-se em modalidades de análise espacial dotadas de técnicas cada vez mais sofisticadas de tratamento de dados empíricos de distribuição de fenômenos sociais, ocorreu um progressivo ocaso da ecologia humana teórica na sociologia urbana norte--americana; em paralelo, os estudos de comunidades perderam também em muito a dimensão espacial que constituía interesse central na ecologia humana desde as suas origens. Warren descreveu as seis deferentes concepções das comunidades presentes na extensa literatura sobre o tema que se desenvolveu desde então no âmbito da sociologia americana: a comunidade entendida como espaço, nos estudo das relações espaciais em comunidades rurais e urbanas; a comunidade como as pessoas que constituem uma população; a comunidade como instituições e valores compartilhados; a comunidade como interação; a comunidade como uma distribuição de poder; e a comunidade como um sistema social (Warren 1978: 21-51).

Por outro lado, o tratamento da estrutura urbana passou a ser levado a efeito, também, noutra série de sucessivas formulações que, após a II Guerra Mundial, progressivamente foram substituindo a interpretação ecológica — quer na versão clássica, quer nas versões renovadas que se esboçavam — por interpretações nas quais as categorias ecológicas não intervinham, e que designamos amplamente, aqui, como interpretações socioeconômicas; essas repousaram, individualmente, em tradições disciplinares e perspectivas teóricas bastante diferentes, na medida em que a temática da estrutura urbana passou a extravasar os domínios estritos da sociologia, apenas.

A preocupação espacial que foi relegada a segundo plano pela sociologia urbana não ecológica pós-1950 incorporou-se nitidamente ao interesse desenvolvido pela cidade em outras ciências sociais nos Estados Unidos, principalmente na economia e, com muito mais razão e ênfase, na geografia.

Assim é que, na economia, depois das contribuições de Hurd 1903 e Bartholomew 1932, tomou corpo a subdisciplina da economia espacial, incentivada pela contribuição de Lösch 1938 e a obra de Hoover 1937 e depois com as de Walter Isard e de William Alonso. Os problemas e as características da organização espacial das comunidades e do uso do solo vieram a ser tratados pelos economistas como problemas de competição das forças envolvidas nas atividades econômicas (demandas, mercado, concentração, trocas etc.) pelo solo e, de um modo mais geral, pela localização urbana ou regional. Um exemplo de trabalho pioneiro é o de Hoover 1948 (em especial seus capítulos 6 e 8); Bartholomew 1955 representa também uma continuidade entre os economistas do interesse pelos usos do solo urbano; a teoria do valor do solo urbano ganhou novo impulso com o trabalho marcante de Alonso 1964. Alguns economistas chegaram a sugerir esquemas das cidades em suas teorias da localização, como Isard 1956, ampliando as análises de equilíbrio microeconômico para aspectos espaciais vários, como os relativos a estágios do crescimento urbano, os mercados urbanos, os ciclos econômicos urbanos etc. (cf. Vernon & Hoover 1976 e Thompson 1976).

Inicialmente concebida em termos de variação dos custos de

transporte de acordo com a variação da distância, a análise econômica espacial passou depois a considerar os aspectos mais complexos das economias de escala e as de localização (cf. Hoover 1948: 26 e segs.) e também as economias de urbanização (Isard 1956: 182).

A partir de então, a complexidade da estrutura urbana não mais pode ser representada através de um padrão único de esquematização clara; assim, na economia, sobretudo, um tratamento matemático tendeu mais recentemente a eclipsar ou obliterar o tratamento mais propriamente espacial, como atestam, por exemplo, o desenvolvimento dos estudos dos processos de filtração (inicialmente postulados por Hoyt 1939) após 1960 (v. Smith 1964) e os rumos que tomou a chamada ciência regional desde meados da década de 1970.

Na geografia urbana norte-americana, o primeiro impulso para o estudo da estrutura urbana deveu-se ao clássico artigo de Colby 1933, que "representa um importante enunciado da operação das forças básicas, cuja resultante é a evolução da forma funcional e física da cidade. Embora os princípios fossem anteriormente conhecidos pelos economistas que tratam [dos usos e dos valores] do solo, a contribuição de Colby consistiu numa formulação dos princípios em termos geográficos e na apresentação de numerosos exemplos" (Mayer & Kohn 1959: 275).[21]

---

[21] Diz Colby (1933) *1959*: 287, que, aparentemente, os desenvolvimentos de função, forma e padrão das cidades "são governados por um conjunto definido, embora ainda imperfeitamente reconhecido, de forças", entre as quais "dois grupos se salientam de modo proeminente. O primeiro grupo é formado por forças centrífugas que impelem as funções a migrar desde a zona central de uma cidade em direção a sua periferia, efetivamente para ela ou para além, enquanto que o segundo inclui poderosas forças centrípetas, que mantêm certas funções na zona central e atraem outras para ela". Colby chegou à conclusão de que "as forças centrífugas são formadas de uma combinação de impulsos desarraigantes da zona central e qualidades atrativas na periferia, enquanto que as forças centrípetas se concentram na zona central e tornam essa zona o centro de gravidade para a área urbanizada inteira"

Mayer, num retrospecto do desenvolvimento dos primeiros estudos geográficos dos padrões internos das cidades, assinala que as três teorias do desenvolvimento da estrutura urbana "retratam o crescimento das cidades como uma expansão gradual das áreas funcionais desde o centro em direção à periferia. Esta expansão, e portanto o tamanho e a forma de uma cidade numa dada época, podem ser considerados como resultantes de duas forças opostas: uma força centrífuga, derivada das atrações da periferia e da repulsão da área central; e uma força centrípeta, derivada da conveniência de proximidade em relação à área central (cf. Colby 1933). Embora as forças centrífugas estejam crescendo de intensidade na maioria das cidades norte-americanas, devido ao aumento do congestionamento do centro da cidade e à flexibilidade do transporte por automóvel, as forças centrípetas são geralmente mais fortes. A tendência das grandes cidades de reter, e mesmo aumentar, sua primazia é evidência da intensidade das forças de centralização" (Mayer 1954: 153-4).

Após a formulação de Harris & Ullman de 1945, a maior parte dos trabalhos de geógrafos sobre a estrutura urbana se dirigiu para a caracterização de certos tipos de áreas das cidades (como os centros comerciais central e externos, as áreas residenciais e as área de indústrias leves e pesadas); Nelson 1969 oferece um balanço desses trabalhos. Embora numerosos estudos tenham sido feitos nas décadas de 1950 e 1960, nenhuma nova proposta de teoria da estrutura urbana chegou a ser feita, os trabalhos que visavam o tema sendo sobretudo detalhamentos ou revisões, por vezes críticas, das formulações anteriores. A contribuição mais notável talvez seja a de Murdie 1969, que consagra como tendência uma abordagem parcelada da estrutura urbana, a partir de uma

---

(*ibid.*). Colby achou "aconselhável reconhecer três divisões de uma área urbana, quais sejam, uma zona interna ou nuclear, uma segunda zona ou zona média e uma zona externa ou periférica" (*ibid.*). Poucos esclarecimentos adicionais são dados no restante do artigo, infelizmente, para uma caracterização clara e criteriosa dessas zonas.

reinterpretação do esquema de análise de áreas sociais de Shevky e seus colaboradores. Por outro lado, desde Berry & Garrison 1958, numerosos estudos procuraram aplicar o esquema de Christaller da análise da hierarquia dos lugares centrais a áreas urbanas; Mayer 1976 dá um levantamento temático e bibliográfico desses desenvolvimentos da geografia urbana norte-americana.

É ainda o caso de destacar que a década de 1950 viu se estabelecer também uma colaboração entre geógrafos e economistas, representada, entre outros, pelos textos publicados pela *Regional Science Association*, patrocinada por um grupo multidisciplinar liderado por Walter Isard, e também, noutro exemplo, pelo fato de que metade da coletânea organizada por Leahy, McKee e Dean 1970 sobre *A Economia Urbana* é composta por artigos de geógrafos.

A década de 1970 trouxe abordagens mais críticas e até marxistas da estrutura urbana: Castells 1979 e 1972, Harvey 1973, Lojkine 1977, Topalov 1984, estão entre os que têm tentado desenvolver perspectivas críticas sobre o tema, baseadas em maior ou menor ênfase em pontos de vista marxistas em relação às análises urbanas feitas até a década de 1960 — e a esse respeito não se pode deixar de mencionar a importância das reflexões pioneiras e muito originais de Henri Lefebvre. Há pontos de vista críticos — mesmo quando não marxistas — interessantes e penetrantes, também, em Smith 1979, Johnston 1980, Herbert & Smith 1979, por exemplo; infelizmente não poderemos tratar dessas abordagens aqui.

Dessa forma, essencialmente originada numa perspectiva ecológica, a teoria da estrutura urbana passou a se vincular também a outra perspectiva interpretativa, que lhe deu sentido com maior vigor; não é uma perspectiva única ou unitária, e não teríamos ainda por ora todos os elementos para reconstruí-la — nem seria necessariamente imprescindível fazê-lo aqui —, mas já podemos indicá-la, em Hoyt, num caso, e em Harris & Ullman, em outro, pelo menos de início. É suficiente aqui constatar que nos dois casos há uma perspectiva interpretativa que não supõe a ecologia humana e pressupõe tanto variáveis como uma dinâmica de natureza socioeconômica na justificação dos processos subjacentes à formação e ao desenvolvimento da estrutura urbana. Tal constatação assinala a mudança de pressupostos que nos interessa identificar e viabiliza a discussão que queremos propor da interpretação ecológica, enquanto distinta da interpretação socioeconômica, como uma tradição interpretativa vinculada a um esquema-base de fundamentação da investigação sociológica peculiar que nela cumpriu importante papel. Tal é a tarefa que cabe empreender, em seguida, nos próximos capítulos.

Parte IV

TRADIÇÕES DE PESQUISA, TEORIAS E EXPLICAÇÕES DA ESTRUTURA URBANA: UMA ANÁLISE METODOLÓGICA

A distinção que cabe estabelecer entre, por um lado, a teoria ecológica da estrutura urbana de Burgess, e por outro lado, a corrente da ecologia humana teorizada por Park, Burgess e McKenzie é a distinção que se pode estabelecer entre uma dada teoria específica e um conjunto dado de seus pressupostos. A teoria ecológica da cidade e a ecologia humana de Chicago constituem duas modalidades diferentes de formulações, situadas em níveis distintos de abstração no interior da linguagem da sociologia e cumprindo funções diferentes no contexto global do conhecimento sociológico.

Em relação ao mérito, à procedência e à validade teórica e explicativa da interpretação dos processos da vida humana social propiciada pela ecologia humana, é preciso salientar mais uma vez que repousam numa aceitação reflexiva de pressupostos hipotéticos que buscam apontar a existência de um nível simbiótico a-social de relações envolvido naqueles processos e não em qualquer corroboração efetiva e positiva da existência desse nível de relações. Tal nível de relações foi postulado a partir do que tem sido apresentado ou sugerido como sendo seus efeitos manifestos e significativos, numa demonstração, pois, mais indireta e indicativa do que concludente e irretorquível. No âmbito da sociologia de Chicago, da qual cobrimos um aspecto até 1940, a postulação da interpretação ecológica proposta para a teoria da estrutura urbana nos parece claramente desnecessária, em termos explicativos, e redundante no melhor dos casos.

A consideração das teorias socioeconômicas da estrutura urbana como teorias não ecológicas justifica e reforça este ponto de vista. É digno de nota o uso do termo 'filtração', por Hoyt, alternativamente aos de 'invasão' e 'sucessão', por exemplo, como conceitos da ecologia humana clássica que Burgess usara, para os processos de substituição dos residentes de uma área da cidade: na formulação de Hoyt, a filtração é o processo mais central da dinâmica do desenvolvimento urbano e não exige necessariamente, de modo algum, a pressuposição de processos ecológicos subjacentes, quer se interpretado em termos de comportamento de indivíduos ou famílias, quer se interpretado como característica ou resultado do comportamento de grupos de determinados estratos ou classes sociais, na sociedade moderna.

Do mesmo modo, na formulação de Harris e Ullman, embora haja uma aceitação mais direta de elementos particulares na estruturação de cada cidade e de processos socioeconômicos se refletindo sobre sua dinâmica, não há também necessidade de pressuposição de processos ecológicos subjacentes, já que seria a interação econômica (numa escala mais próxima da macroanálise que de microanálise) socialmente consciente — de um modo que certamente se poderia admitir, em termos de Weber, como racional com relação a fins — que promoveria a conformação e as alterações dos padrões urbanos.

Parece, pois, inútil e desnecessariamente complicador introduzir uma interpretação ecológica dos processos socioeconômicos envolvidos na estrutura da cidade e seu desenvolvimento, que estariam ao invés sujeitos às perspectivas de análise ensejadas pelas teorias da sociedade, mais gerais ou mais parciais, proporcionadas pelas teorias sociológicas (ou, de modo mais amplo, pelas teorias da sociologia, da economia, da geografia) contemporâneas.

A persistência da interpretação ecológica, porém, não se deveria a sua capacidade explicativa, mas antes à dimensão heurística de sua função na prática de investigação em ciências sociais, ao nível de programas de investigação, ao sugerir e dar sentido a teorias específicas de relações, processos e instituições sociais — das quais estudamos aquela provavelmente mais eminente, que é a da estrutura urbana. É o que procuraremos elucidar, a seguir, numa análise mais rigorosa e especificamente metodológica, que permitirá tornar mais precisas as diferentes naturezas dessas formulações e suas relações.

16.
O ESQUEMA DAS RECONSTRUÇÕES METODOLÓGICAS NAS CIÊNCIAS SOCIAIS E A IDEIA DE TRADIÇÃO DE PESQUISA

Numa primeira aproximação, poderia-se-ia caracterizar a análise metodológica como o processo de identificação dos elementos constituintes dos discursos científicos (termos, enunciados, argumentos e formulações) quanto a sua estrutura, funções e relações em vários níveis e aspectos — ou, em outras palavras, o estabelecimento dos modos de ocorrência e de relações entre esses elementos, estrutural e dinamicamente, em sua hierarquia, suas articulações, suas funções e validade "finais" — e sua interpretação e avaliação metateóricas objetivas. Nesse sentido, os capítulos até aqui expostos representam um exemplo de desenvolvimento de uma abordagem de identificação de aspectos estruturais, preponderantemente, de diversas teorizações — que, todavia, já permitiu até o exercício de certas perspectivas críticas em relação a algumas questões relevantes consideradas.

Para que possamos apresentar claramente as análises metodológicas que esta parte de conclusão do presente estudo objetiva, devemos inicialmente expor o esquema metodológico ou metateórico de tratamento que até aqui tivemos em mente; ele permitirá situar num contexto metodológico preciso as análises de formulações teóricas anteriormente empreendidas e as interpretações metateóricas — e suas implicações — que pretendemos lhes atribuir.

Existe atualmente certo número de esquemas de análise de fundamentos concebidos para cumprir as funções de descrição, interpretação, avaliação e crítica metodológicas nos vários campos de conhecimento científico. Tornados possíveis desde que

Frege propiciou a introdução da noção de metalinguagem através da semântica triádica que propôs em "Sobre o Sentido e a Referência" (1892), efetivamente só durante a primeira metade deste o século passaram a ser propostos e postos em aplicação num grau considerável de detalhamento e rigor.

O presente trabalho se associa explicitamente — ainda que numa tentativa de aplicação apenas parcial — à perspectiva do esquema metodológico proposto por Oliveira Filho 1976, o qual compartilha com outros esquemas contemporâneos de certo número de elementos essenciais; não tem, decerto, o detalhamento e a sofisticação do esquema proposto por Radnitzky 1973, porém, por outro lado, é mais amplo, em determinados aspectos, do que o proposto por Madsen 1970 e que o incompletamente formulado por Piaget 1967, por exemplo. Na América Latina, somente um outro pesquisador, de que pudemos ter conhecimento, chegou quase a ponto de propor um esquema metodológico também original, não tendo, entretanto, lhe dado forma definida (Musso 1970, esp. cap. II).

O ponto de partida de Oliveira Filho é a ideia de delimitação nítida de três níveis de abstração integrando o conhecimento científico nas ciências sociais (o empírico-descritivo, o teórico-conceitual e o metateórico), aos quais correspondem três níveis de linguagem científica (a observacional, a teórica e a metateórica), dotados cada um de expressões próprias (respectivamente operativas, teóricas e de fundamentação). Nesse esquema em que a ciência social é tida "como *produto* e *processo* de uma atividade historicamente constituída" (Oliveira Filho 1976: 265), os produtos discursivos da investigação científica (os textos científicos, isto é, os artigos, livros, ensaios, comunicados, teses, relatórios etc.), além de serem passíveis — como qualquer elaboração linguística — de uma análise semiótica como a proposta por Morris 1938, em termos sintáticos, semânticos e pragmáticos, são também passíveis, de maneira mais ampla, de uma análise dos seus distintos aspectos — complementares, mas até certo ponto autônomos — lógicos, epistemológicos e ontológicos constituintes.

Cada empreendimento de pesquisa social é visto como uma atividade incorporada a um projeto de investigação teoricamente orientado que, se valendo de um delimitado conjunto de instrumentos intelectuais de investigação, escolhidos seletivamente de um variadamente amplo "repertório instrumental de época", aplica-o a um universo de pesquisa (integrante de um universo de disciplina que, nas ciências sociais, apresenta uma delimitação que, a nosso ver, é mais convencionada historicamente que estabelecida logicamente) em função de uma "problemática" tanto empírica quanto teórica e mobilizando um sistema operativo (de um arsenal de técnicas de pesquisa) e um sistema teórico-conceitual (a partir de um conjunto de esquemas teóricos instaurados durante a evolução da disciplina); certas expressões de fundamentação (tomadas do vasto contexto intelectual do instrumental de época disponível) são apresentadas para justificar, então, decisões de procedimentos adotados.

Os produtos discursivos dessas atividades de investigação podem ser estudados especificamente quanto a suas técnicas de pesquisa (como "Métodos e Técnicas de Pesquisa em Ciências Sociais", por exemplo) e quanto a suas sistematizações teóricas (em "Teorias Sociológicas" etc.) e metodologicamente em termos de suas expressões de fundamentação; investigações deste último tipo geram produtos discursivos que são discursos metodológicos e que Oliveira Filho propõe chamar, devido seu caráter de avaliação ativa, de *reconstruções metodológicas* (assumindo, assim, uma tradição reconstrutiva em metodologia cujas origens se encontram em perspectivas metodológicas tão diversas como as de Reichenbach, Carnap, Dewey, Kaufmann e, mais recentemente, Lakatos e Nowak, para citar apenas alguns autores). Vemos como sendo seu pressuposto básico o de que nunca há descrição metodológica estrita: também na investigação metodológica há "demonstração identificadora" — uma "descrição e análise" de um objeto num nível delimitado que se assinala (Oliveira Filho 1972: 8), a que veio a se referir como uma "demonstração reconstrutora" (*ibid.*: 12); os aspectos envolvidos nesse procedimento, conquanto propostos para a abordagem no processo de investigação empírica — e cuja aplicação também defendemos para a investigação metodológica — podem ser encontrados em Oliveira Filho 1976: 268. Tal procedimento é ao mesmo tempo descrição estrutural (identificação) e interpretação semântica (demonstrativa), o que justifica essa postura metodológica reconstrutiva, por sua vez, como radicalmente antinormativa.

Em termos de seus elementos e características mais gerais, pode-se resumir este esquema metodológico como incluindo:

1. A pressuposição de três níveis na linguagem da ciência — empírico, teórico e metateórico — ou seja, é uma "metateoria hierárquica", como diz Madsen 1970;[22]

2. A postulação de uma rica análise metodológica, ao se propor como uma atividade de reconstrução metodo-

---

[22] A intenção de Oliveira Filho é a de "estabelecer uma estratégia de investigação em metodologia teórica das ciências sociais" (Oliveira Filho 1976: 264). Afirmando que a racionalidade presente na atividade científica "ocorre numa intervenção entre níveis de conhecimento científico: *universo de pesquisa, sistema tecnológico* [ou de verificação] (métodos e técnicas de pesquisa), *sistema teórico* (hipóteses, conceitos, esquemas conceituais e teorias) e [*sistema*] *metateórico* (fundamentos lógicos, epistemológicos e ontológicos da ciência social)" (*ibid.*: 268), e elucidando que "o objeto ao qual se aplicam os conceitos e teorias são os universos de pesquisa e consequentes universos de disciplina, conforme estratégias construídas" (*ibid.*: 269), Oliveira Filho entende que "as atividades de investigação empreendidas pelos cientistas sociais em universos de pesquisa e disciplina, na construção de seu objeto, se instauram [...] em objeto da metodologia que tem a linguagem da ciência social como sua linguagem-objeto" (*ibid.*).

O tratamento de Madsen se dá num contexto ligeiramente diferente, mas na mesma época, pois a primeira redação do artigo programático de Oliveira Filho 1976 encontra-se em Oliveira Filho 1971; a ideia de metateoria hierárquica corresponde à concepção de que os discursos científicos (Madsen, de fato, fala apenas em teorias) "consistem em três 'níveis de abstração' ou 'estratos', cada um dos quais contem uma 'linguagem' separada": o *descritivo* ("que emprega uma linguagem de dados"), um *hipotético* ("que emprega uma linguagem hipotética") e um *metateórico* ("um metaestrato [...] que emprega uma *metalinguagem*" (Madsen 1970: 139-40).

254   Tradições de pesquisa, teorias e explicações da estrutura urbana

lógica, operando sobre expressões operativas, teóricas e metateóricas dos discursos científicos com instrumental de interpretação — i.e., de reconstrução — adequado, tomado de campos de estudos científicos e filosóficos que subsidiam a metodologia (sem reduzi-la a eles, porém);

3. A distinção entre "instrumental de época de fundamentação" de um processo ou conjunto de processos de investigação científica e "esquemas-base de uma [linha de] reconstrução metodológica";[23]

4. A previsão da possibilidade de estruturação das reconstruções metodológicas em termos de "esquemas-base" e em termos de "características do processo de investigação"; e

5. A proposição da análise ou reconstrução metodológica dos pressupostos de fundamentação em termos das relações relevantes entre elementos dos produtos da atividade de investigação científica considerados *a posteriori* segundo os correspondentes aspectos cognitivos (lógicos, epistemológicos e ontológicos) e dimensões linguísticas (sintáticas, semânticas e pragmáticas).

---

[23] Na consideração dos fundamentos, "o conjunto de pressupostos lógicos, epistemológicos e ontológicos das atividades científicas de investigação", a metodologia teórica, segundo Oliveira Filho, classifica os enfoques teórico-metodológicos que orientam a pesquisa, entendendo-os como "dotados de pressupostos últimos racionais da investigação social, os princípios e hipóteses que tendem a se estruturar, com maior ou menor grau de complexidade [...] [e] participação consciente do investigador empírico", e propõe-se a denominá-los "esquemas-base (esquemas [meta]teóricos de fundamentação), cuja natureza será definida pelos recursos lógicos, epistemológicos e ontológicos de que lança mão a atividade científica em determinado momento de seu exercício e de sua história" (Oliveira Filho 1976: 270-1); os esquemas-base "estão dotados de uma 'sintaxe' própria dos seus elementos, estão ou tendem a estar estruturados" (*ibid.*: 271).

Figura 30
O esquema de Oliveira Filho das reconstruções
metodológicas de processos de investigação social
(extraído de Oliveira Filho 1976: 273)

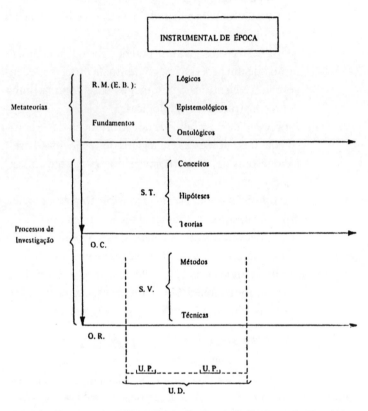

R. M.: Reconstruções Metodológicas; E. B.: esquemas-bases; S. T.: sistema teórico; S. V.: sistema de verificação; O. R.: objeto real; O. C.: objeto construído; U. P.: universo de pesquisa; U. D.: universo de disciplina.

A Figura 30 ilustra os elementos mais gerais desse esquema.

A análise metodológica dos fundamentos é entendida como uma investigação, dotada de recursos adequados, dos pressupostos racionais da atividade científica; objetiva efetuar reconstruções metodológicas e analisar descritiva e criticamente as reconstruções metodológicas existentes, clássicas e contemporâneas e visa a crítica e a justificação de decisões entre diferentes alternativas de procedimentos e meios de investigação, numa função reorientadora dos processos de investigação, "facilitando a elaboração de novos programas de investigação" (*ibid*. 270) e "das próprias reconstruções, a partir de esquemas-base que operam em determinado momento da histórica da ciência de modo indireto, parcial ou descontínuo para com a atividade de investigação que deles se utiliza e os instaura" (*ibid*.: 271).

A "racionalidade ativa que qualquer atividade científica se pretende" (*ibid*.: 267) seria acessível, nessa abordagem metodológica, graças a certas perspectivas básicas que admite.

Seu ponto de vista de um caráter reconstrutivo e seletivo, "aberto e sempre provisório" da análise metodológica evita o normativismo e o dogmatismo. "Uma reconstrução metodológica é adequada e significativa" na medida em que consiste na análise descritiva, interpretativa e avaliativa, em termos de recursos metateóricos, de determinado processo ou conjunto de processos de investigação social, identificados por temas ou procedimentos comuns. Devido ao caráter seletivo do uso do instrumental de reconstrução, em qualquer nível do conhecimento científico abordado restarão sempre "enunciados, operações e informações da atividade científica não presentes nas reconstruções, ou presentes apenas parcialmente", ou, em alguns casos, distorcidos, o que "reconstruções posteriores poderão corrigir, por aproximação [...], conseguindo-se, então, maior grau de adequação da reconstrução com os processos de investigação" (cf. *ibid*.: 270 e 272). "Não se trata a atividade reconstrutiva de uma exaustiva, parcial ou enumerativa descrição de como os cientistas operam. Reconstruir é, aqui, agir sobre" (Oliveira Filho 1978: 27), ou seja, é agir sobre os produtos de investigações empreendidas. Com a postura reconstrutiva "evita-se tanto a atitude normativista" legisladora e dogmática, com seus efeitos esterilizantes, "quanto a descritivista ingênua na colocação das questões mais abstratas de método" (*ibid*.).

Reconstruções metodológicas e tradição de pesquisa

Sua perspectiva instrumentada, oriunda da ideia de necessidade de instrumental de reconstrução metodológica, propicia uma substancial análise interpretativa e avaliativa e evita a descrição reprodutiva de uma análise metodológica pobre e sem possibilidades de crítica, cujo maior equívoco é julgar os processos de investigação em ciências sociais como desprovidos de pressupostos racionais, ou que estes são triviais.

E há a especificação de duas abordagens básicas possíveis de análise metodológica: a estrutural ou sincrônica (que efetua "um levantamento da linguagem científica em termos de sintaxe e significado", num "determinado 'momento' da história da ciência, [...] o processo sendo obtido como resultado de 'momentos' estruturais" sequentes); e a genética ou diacrônica (que busca "a estrutura do conhecimento científico através da gênese histórica dos conceitos, teorias, explicações e técnicas científicas", o que redunda numa "história da ciência [...] não retida numa concepção linear, necessariamente"). Da combinação dessas duas abordagens é possível uma terceira abordagem, "como na tradição da filosofia da ciência constituindo-se em teoria da história da ciência", em vários casos (Oliveira Filho 1976: 265). Sua perspectiva própria de análise metodológica histórico-estrutural conjugada está representada na abordagem dos *pressupostos racionais* da atividade de investigação nas ciências sociais, que, atingindo "tanto a elaboração das teorias quanto das técnicas de operacionalização" (*ibid.*: 265-6), propõe um levantamento desses pressupostos na construção racional do conhecimento científico, em suas várias decisões nos vários níveis e aspectos, configurados em seus produtos discursivos (cf. *ibid.*: 266-7).

O esquema de Oliveira Filho é uma contribuição para um crescente desenvolvimento da racionalidade do conhecimento científico, isto é, de seu caráter de comunicação e controle intersubjetivos, na medida em que indica os procedimentos e atitudes adequados em face de metodologias, sobretudo implícitas, na história das ciências sociais, no sentido de se empreender sua explicitação; representa, assim, um convite à clara formulação e plena reconstrução das estratégias teórico-metodológicas de investigação, um objetivo em que estão empenhados alguns dos mais importantes metodólogos contemporâneos, como por exemplo Radnitzky, Habermas e Apel. Sob esse aspecto, incorpora-se ao estágio atual das preocupações e discussões mais significativas da reflexão metodológica.

Por outro lado, pretendemos agora indicar, aqui, uma distinção complementar naquele esquema, propondo discernir, ao nível das formulações teórico-conceituais, as formulações identificáveis como teorias individuais — o que o esquema já faz[24] — e ao nível dos pressupostos de fundamentação, um subconjunto de expressões ou enunciados de pressupostos ontológicos de investigação que, nas ciências sociais, oferecem uma "imagem" ou "concepção" da sociedade, uma representação não experimental — não testável —, mas que orienta e dá sentido às construções teóricas, tendo uma função heurística e interpretativa. Trata-se de uma modalidade de formulação identificável a uma *Weltanschauung* (ou a parte de uma *Weltanschauung*; entretanto, não se visa aqui especificamente o sentido em Dilthey da expressão)[25] que não é parte das teorias que estimula e patrocina, nem é posta a prova nos testes destas ou alterada pelas suas transformações diretamente. É a este último caráter de formulações que, no caso que estudamos, propomos identificar a concepção da ecologia humana e, para designá-lo num esquema de análise metodológica,

---

[24] Para uma caracterização numa perspectiva analítica das formulações que ocorrem tipicamente nos sistemas teórico-conceituais das ciências sociais — classificações, esquemas conceituais, esquemas definicionais, tipologias, teorias — veja-se Rudner 1966: 10-1 e 21-40.

[25] Dilthey emprega não só o termo '*Weltanschauung*', mas também '*Weltkonzeption*' e '*Weltansicht*', por vezes indistintamente (Cf. Dilthey 1954: 17 e 104, p. ex.). Com efeito, entretanto, o conceito de *Weltanschauung* de Dilthey abrange aspectos bem mais amplos e inclusivos (em que "representações gerais" nas ciências são apenas uma parcela) que os que visamos ao fazer referência às tradições de pesquisa, de modo mais restrito e situado.

Reconstruções metodológicas e tradição de pesquisa

parece-nos adequado o uso do termo e, em parte, do conceito de "tradição de pesquisa", emprestado de Laudan, embora venhamos, aqui, a descontextualizá-lo em certa medida.

Em sua obra de 1977, Laudan propõe distinções conceituais voltadas a instrumentar uma análise da história da ciência que permita abordar o processo do desenvolvimento do conhecimento científico nas diversas disciplinas, adotando como critério a perspectiva da efetividade de conceitos, argumentos e formulações na resolução de problemas teóricos e empíricos e uma postura polêmica em relação às análises de Kuhn e Lakatos.

Para Laudan, "toda atividade teórica ocorre dentro do contexto de uma tradição de pesquisa [...] que restringe, inspira e serve para justificar as teorias" nela incluídas (Laudan 1977: 93-4). Uma tradição de pesquisa é, para ele, uma formulação de "compromissos metafísicos e metodológicos que, no conjunto, [a] individualizam [...] e distinguem de outras" (*ibid.*: 79); é dotada de "certo número de teorias específicas que a constituem parcialmente e a exemplificam" (*ibid.*: 78), sendo algumas contemporâneas e outras suas subsequentes; além disso, diferentemente de uma teoria específica, "passa por certo número de formulações diferentes e detalhadas [...] e geralmente tem uma longa história" (*ibid.*: 79).

Numa definição, Laudan afirma que "uma tradição de pesquisa é um conjunto de pressupostos gerais acerca das entidades e processos de um domínio de estudo e acerca dos métodos apropriados a serem usados na investigação dos problemas e na construção das teorias nesse domínio" (*ibid.*: 81); Laudan esclarece que, "com frequência, a tradição de pesquisa também especificará certos modos de procedimento que constituem os métodos de investigação legítimos que se abrem ao pesquisador dentro dessa tradição. Esses princípios metodológicos serão de um escopo de amplo alcance, voltando-se para técnicas experimentais, modos de teste e avaliação teóricos e coisas semelhantes" (*ibid.*: 79).

Do conjunto de linhas de orientação para o desenvolvimento de teorias específicas que uma tradição de pesquisa oferece, uma parte "constitui uma ontologia que especifica, de modo geral, os tipos de entidades que existem no domínio ou domínios em que a tradição de pesquisa está embutida" (*ibid.*) e, assim, "a tradição de pesquisa delineia os diferentes modos pelos quais aquelas entidades podem interagir" (*ibid.*). Situadas no interior de uma tradição de pesquisa, as teorias específicas têm por função "explicar todos os problemas empíricos de seu domínio, 'reduzindo-os' à ontologia da tradição de pesquisa" (*ibid.*).

Laudan defende a distinção entre componentes ontológicos e técnicos de uma tradição de pesquisa alegando que "frequentemente os dois estão intimamente relacionados [...] porque os pontos de vista de alguém sobre os métodos de investigação apropriados são geralmente compatíveis com seus pontos de vista sobre os objetos de investigação" (*ibid.*: 80); entretanto, assinala que pode acontecer, excepcionalmente, não "serem a ontologia e a metodologia de uma tradição de pesquisa tão estreitamente entrelaçadas" (*ibid.*: 81).

Quanto a nós, estamos interessados na componente ontológica com que Laudan define as tradições de pesquisa e estamos dispostos, senão simplesmente a descartar, seguramente a deixar em segundo plano a necessidade de utilizar a componente das técnicas de pesquisa que Laudan defende. A nosso ver, no estado atual do desenvolvimento das ciências sociais, o princípio da "efetividade na resolução de problemas" que Laudan postula é mais adequado que uma tese de incomensurabilidade em relação às técnicas de pesquisa empírica que, ademais, podem ser modificadas ou mesmo substituídas. Assim, vemos a componente técnica como a componente mais fraca na caracterização de Laudan das tradições de pesquisa.

Laudan destaca que "as teorias individuais que constituem a tradição geralmente serão empiricamente testáveis" pois implicarão em predições precisas sobre o comportamento dos objetos em seus domínios; "em contraste, as tradições de pesquisa não são nem explicativas, nem preditivas, nem diretamente testáveis", pois "sua própria generalidade, bem como seus elementos normativos, impedem-nas de conduzir a considerações detalhadas de processos naturais específicos" (*ibid.*: 81-2). Elucida que "exceto no nível abstrato de especificação do que constitui o mundo e de como ele deve ser estudado, as tradições de pesquisa não proporcionam respostas detalhadas a questões específicas" (*ibid.*: 82). Não obstante, uma tradição de pesquisa pode ser avaliada como bem-sucedida "[se] conduz, através de suas teorias componentes, à solução adequada de um âmbito crescente de problemas empíricos e conceituais" (*ibid.*).

Apesar disso, uma tradição de pesquisa pode ser enormemente bem-sucedida em gerar teorias férteis e ser, todavia, defeituosa em sua ontologia ou metodologia" (*ibid.*) e rejeitar uma tradição de pesquisa como malsucedida numa época não é relegá-la "ao olvido permanente; ao contrário, podemos estipular explicitamente condições que, se satisfeitas, iriam revivê-la e ressuscitá-la" (*ibid.*: 83), pelo que, ao rejeitar uma tradição, "estamos meramente tomando tentativamente uma decisão de não utilizá-la no momento porque há uma alternativa a ela que se provou mais bem-sucedida na resolução de problemas" (*ibid.*).

Para Laudan, nunca é possível deduzir "a totalidade de uma tradição de pesquisa de uma ou mesmo de todas as teorias que se aliam a ela" (*ibid.*: 85); não é uma relação de implicação a que existe entre uma tradição de pesquisa e suas teorias. "Há pelo menos dois modos específicos pelos quais as teorias e as tradições de pesquisa estão relacionadas: um é histórico e o outro é conceitual. É uma questão histórica de fato que a maior parte, senão todas, as teorias importantes da ciência emergiram quando o cientista que as inventou estava trabalhando dentro de uma ou outra tradição de pesquisa científica" (*ibid.*).

Laudan assinala que cada tradição de pesquisa "opera negativamente uma restrição dos tipos de teorias que podem ser desenvolvidos em seu domínio" (*ibid.*: 89). Ao estabelecer uma ontologia geral e uma metodologia geral para o tratamento dos problemas de um dado domínio ou conjunto de domínios, ela impede que os cientistas que nela trabalham adotem teorias específicas incompatíveis com sua metafísica ou sua metodologia.

Por outro lado, "ao postularem certos tipos de entidades e certos métodos de investigar as propriedades dessas entidades, as tradições de pesquisa podem desempenhar um papel heurístico vital na construção de teorias científicas especiais" (*ibid.*: 89-90), oferecendo pistas imprescindíveis para a construção das teorias ou sugerindo de modo heurístico uma teoria *inicial* para um dado domínio (*ibid.*: 91). E se as teorias constituintes exigirem alguma modificação, por dificuldades em solucionar problemas, "qualquer tradição de pesquisa sólida conterá linhas de orientação importantes a respeito de como suas teorias podem ser modificadas e transformadas, de modo a melhorar sua capacidade de resolução de problemas" (*ibid.*: 92).

Ainda outra função das tradições de pesquisa seria a de racionalizar ou justificar teorias: "as teorias específicas fazem muitas pressuposições a respeito da natureza" ou da sociedade, as quais geralmente "não são justificadas ou na própria teoria ou pelos dados que confirmam a teoria" (*ibid.*). Essas pressuposições "normalmente são a respeito de entidades e processos causais básicos, cuja existência e operação as teorias específicas tomam 'como dadas'" (*ibid.*). "Ao sancionar certas pressuposições antecipadamente, a tradição de pesquisa libera o cientista que nela trabalha de ter de justificar todas as suas pressuposições e lhe dá tempo para enfrentar problemas específicos interessantes" (*ibid.*: 93): sua audiência primeira (isto é, os outros pesquisadores na mesma tradição) "não irá achar suas pressuposições de trabalho problemáticas", embora críticos de fora possam censurá-lo por construir teorias baseadas nessas pressuposições.

Antes de prosseguir, é o caso de destacar que o tema não é novo na metodologia, nem a solução de Laudan inteiramente original. Lakatos nota que, no fim da seção 4 da *Lógica da Investigação Científica* (1934), Popper já tocava no assunto, voltando a fazê-lo no volume I de seu *Postscript*, quando assinala que "O atomismo era um sistema metafísico não só no sentido de que não era testável, mas também no sentido de que concebia o mundo em termos de uma vasta generalização, à maior escala possível.

[...] O atomismo é um [...] excelente exemplo de uma teoria metafísica não testável cuja influência excedeu a de muitas teorias testáveis. [...] Cada uma dessas teorias metafísicas funcionou, bem antes de se tornar testável, como um programa de investigação para a ciência. Indicou a direção em que teorias científicas explicativas satisfatórias poderiam ser encontradas e tornou possível alguma coisa como uma apreciação em profundidade de uma teoria. Na biologia, a teoria da evolução [...], na psicologia, o sensualismo [...] e a psicanálise devem ser mencionados como programas metafísicos de investigação [...]" (Popper 1987: 206-7, modificado). O próprio Lakatos mencionaria o assunto em seu fundamental ensaio sobre "A Falseação e a Metodologia dos Programas de Investigação Científica" (1970). Também Madsen o faz: apesar de distinguir ao nível de metalinguagem os tipos de argumentos de justificação dos métodos empíricos utilizados na pesquisa, os de justificação do procedimento de construção teórica e os argumentos filosóficos acerca de problemas epistemológicos e os acerca de problemas ontológicos (cf. Madsen 1970: 148-9), apenas é capaz de dizer que "[os cientistas] têm certas pressuposições filosóficas e elas influenciam o seu modo de construção de teorias e sua seleção dos métodos, da linguagem de dados e do campo de pesquisa" (*ibid.*: 149). Reconhece que nas ciências naturais e sociais tem-se "a construção de teorias e o uso de métodos empíricos, assim como a seleção dos problemas de pesquisa sendo influenciados pelas pressuposições filosóficas, a '*Weltanschauung*'". Porém, sua conclusão é apenas normativa: "Os cientistas devem [...] sempre formular suas pressuposições filosóficas explicitamente, porque esta é a condição necessária para uma crítica intersubjetiva e um desenvolvimento heurístico da pesquisa científica e dos (seus) produtos (i.e., as teorias)" (*ibid.*: 150).[26]

---

[26] Em Radnitzky, Laudan poderia ter encontrado uma inspiração importante: "[...] Certos modos de considerar a ciência podem ser apropriadamente conceituados como *tradições intelectuais* ou *escolas de pensamento*. Enquanto os empreendimentos científicos em metaciência, assim como na

Para Laudan, são três as classes de pressuposições que as tradições de pesquisa identificam para o cientista que trabalha em seu interior:

a) "as que não são problemáticas, porque são justificadas pela tradição de pesquisa;

b) "as que são proibidas pela tradição de pesquisa; e, naturalmente,

c) "as que, embora não proibidas pela tradição de pesquisa, exigem definidamente um fundamento racional dentro da teoria (pois a própria tradição de pesquisa não proporciona fundamento racional para elas)" (Laudan 1977: 93).

---

ciência como tal, constituem sistemas inovadores, as tradições de pesquisa no interior das disciplinas interessadas constituem um tipo de estabilizador; operam em favor de certa continuidade e de certa 'uniformidade dentro da diversidade' num dado campo de estudo. Qualquer escola dada, então, é caracterizada por um programa e um método, por sua exploração de tarefas, características que são comuns ao trabalho de seus representantes" (Radnitzky 1973, xv). Um pouco adiante, apresentando "Uma nota acerca do ciclo de vida típico de uma tradição intelectual", Radnitzky ainda diz: "A ciência — o empreendimento de se produzir conhecimento — é um sistema muito inovador. Contudo, a longo prazo, para um alto grau de desenvolvimento, mecanismos estabilizadores são tão necessários quanto mecanismos inovadores. As tradições intelectuais (bem como as organizações formais de pesquisa) constituem os principais mecanismos estabilizadores da ciência. Numa tentativa de estilizar o desenvolvimento de uma tradição intelectual, pode ser útil representar o ciclo de vida típico de uma tradição por uma sequência de estágios. Para começar: considere-se um grupo de investigadores que possui uma 'filosofia' comum, isto é, um conhecimento prévio a respeito do território a ser estudado e que tem uma imagem e um ideal da X-logia em questão. Com isso em mente e com a ajuda das ideias criativas de algum membro excepcional desse grupo, pode-se formar a concepção de um novo programa para pesquisa em X-logia: chamemos esta fase de fase pioneira. Nesse estágio a tradição é um fator de inovação. De agora em diante a tradição tende cada vez mais a se tornar um fator de estabilização — ela obteve um 'nicho' próprio. Procura-se recursos e importa-se ou desenvolve-se instrumentos intelectuais. Então vem a implementação de parte do programa. Aqueles que

Entre os cientistas de uma tradição de pesquisa haverá um amplo consenso a respeito de como se caracteriza qualquer enunciado dado em relação a essas classes de pressuposições, segundo Laudan.

Laudan alega que as teorias raramente existem por si sós e "quando o fazem é somente por curtos períodos de tempo": nunca se autolegitimam, porque "invariavelmente fazem pressuposições a respeito do mundo para as quais não oferecem nenhum fundamento racional", função que é proporcionada por uma tradição de pesquisa. Uma teoria poderá se separar de uma tradição de pesquisa de origem que inicialmente a inspirou e justificou só se puder ser absorvida (i.e., "assumida, intacta ou com

---

sustentam a tradição produzem um conhecimento novo. Se parte do programa foi realizada, existirão alguns trabalhos excepcionalmente prezados pelos membros da tradição — avaliados como obras-primas. De agora em diante a tradição pode se tornar 'introvertida': a emulação das obras-primas pode dominar e essas então podem proporcionar critérios para avaliação do que constitui resultado aceitável para os membros da tradição. Isso quer dizer que domina a crítica interna. Não é mais um bom esporte colocar o próprio programa em questão ou mesmo se engajar em trabalho fora da 'esfera de prestígio' limitada. Assim, um processo de 'envelhecimento' ou mesmo de petrificação pode-se iniciar — a tradição se torna 'acadêmica'. Uma tradição bem estabelecida pode ser mantida socialmente viva muito tempo depois de ter deixado de servir a qualquer função mais útil no empreendimento de se produzir conhecimento — graças a ter se tornado institucionalizada na organização formal da pesquisa. Note-se o *feed-back* positivo: quanto maior a produção de uma tradição, mais adeptos ela atrairá e portanto maior será o aumento de sua produção, pelo menos quantitativamente falando. Isso significa que, se a política de pesquisa é deixada para o sistema universitário, este irá — *a menos* que compensado por autorreflexão metacientífica — favorecer as tradições de pesquisa dominantes mesmo se essas estiverem consideravelmente envelhecidas. Na prática se sabe muito bem como ocorre, associado ao treinamento de adeptos, um processo de enculturação para a tradição; e os critérios usados estão ligados ao sistema de sanção acadêmica. A internalização dos critérios pelos adeptos é favorecida. A tradição, em consequência, se fecha para impulsos de fora. Os problemas que vêm a ela de fora são processados de modo tal que podem ser tratados com as *técnicas*

modificações de pequena escala") dentro de uma outra tradição de pesquisa alternativa mais bem-sucedida, "suficientemente rica conceitualmente" e cujos partidários sejam "suficientemente imaginosos para permitir que ela justifique e racionalize" essa teoria antes ligada a uma tradição metafísica e metodológica diferente (cf. *ibid.*: 93-5).

As tradições de pesquisa são "criaturas históricas [...] criadas e articuladas no interior de um *milieu* intelectual particular, ajudam na geração de teorias específicas" (*ibid.*: 95) e "do mesmo modo que [...] nascem e florescem, morrem e deixam de ser consideradas seriamente como instrumentos para promover o progresso da ciência" (*ibid.*: 95-6). As mudanças que ocorrem no interior de uma tradição de pesquisa em desenvolvimento podem se dar pela modificação de algumas de suas teorias específicas subordinadas, pois as lealdades cognitivas de um cientista se baseiam mais na própria tradição que em qualquer de suas teorias específicas, pelo que "ele geralmente não tem qualquer interesse

---

que a tradição possui, alguma coisa que torna possível que o resultado produzido irá satisfazer os critérios empregados dentro da tradição para avaliar produtos [...]" (*ibid.*: xxiii-iv). Então, após citar como exemplo um fenômeno ocorrido no empirismo lógico para ilustrar o que tem em mente, Radnitzky prossegue: "Contudo, impulsos de fora podem eventualmente vir a impressionar alguns dos membros da tradição. Em particular aqueles membros que são ao mesmo tempo membros também de outra(s) tradição(/ções). Desse modo, a tradição pode mais uma vez se tornar suscetível de crítica: crítica de fora e crítica de dentro — que formam um contínuo na medida em que qualquer tradição é uma unidade dialética — e que podem eventualmente vir a erodir a tradição em grau crescente. [...] O ciclo de vida intelectual de alguns investigadores, na ciência como na metaciência, se assemelha ao dos corais no mar: quando jovens nadam pelo oceano; depois tornam-se sedentários e a calcificação se inicia. Mas vivem num nicho bem seguro. Este nicho apresenta semelhança com a situação do investigador altamente especializado dentro de uma tradição de pesquisa. Ele tem uma posição segura: reduziu seu influxo de informação àquilo que circula dentro da tradição de pesquisa a que pertence e sua produção a produtos que são avaliados por membros da tradição" (*ibid.*: xxiv).

Reconstruções metodológicas e tradição de pesquisa

fixo em perseverar nessas teorias" (*ibid.*: 96); ou podem se dar pela mudança de alguns de seus elementos centrais mais básicos. Ao se acumularem anomalias e problemas conceituais básicos que modificações nas teorias específicas da tradição não possibilitarem eliminar, seus partidários tentarão explorar as pequenas mudanças "que podem ser feitas a nível profundo da metodologia ou da ontologia dessa tradição" para eliminá-los (*ibid.*: 98). Se pequenas modificações em algumas pressuposições já parecerem bastar, podem "se tornar uma forte base para o abandono da tradição de pesquisa"; se houver alguma outra tradição alternativa à vista; entretanto, em geral, resolvidos os problemas conceituais e as anomalias mais notáveis, os cientistas tenderão "a preservar a maioria das pressuposições de uma tradição de pesquisa intacta" e então se terá uma evolução natural da tradição através de uma mudança que não implica o seu repúdio e a criação de uma nova (cf. *ibid.*).

Laudan reconhece a dificuldade, em muitos casos, de se dizer "como é que os cientistas decidem num dado momento quais elementos de uma tradição de pesquisa ou maxiteoria devem ser tratados como 'irrejeitáveis'", o que Lakatos e Kuhn também não dizem (*ibid.*: 100). Para ele, a boa fundamentação conceitual de qualquer elemento componente de uma tradição de pesquisa é um fator de dimensão de escolha racional, mais do que o do "processo longo e preliminar de tentativa e erro" que Lakatos indicou. "As pressuposições centrais de qualquer tradição de pesquisa dada estão continuamente passando por um escrutínio conceitual"; em certo momento, algumas serão vistas como "fortes e não problemáticas e outras serão consideradas como menos claras e menos bem fundamentadas. Na medida em que emergem novos argumentos que reforçam ou criam dúvidas quanto aos diferentes elementos da tradição de pesquisa, o grau relativo de entranhamento dos diferentes componentes irá mudar" (*ibid.*). Assim, com Lakatos, Laudan "sugere que certos elementos [...] são sacrossantos e não podem ser rejeitados" sem repúdio da tradição; mas discordando de Lakatos, insiste "em que o conjunto de elementos que cai nessa classe (irrejeitável) muda no tempo" (*ibid.*: 99).

Laudan ressalta que "tradições de pesquisa e teorias podem encontrar sérias dificuldades cognitivas se forem incompatíveis com certos sistemas amplos de crenças dentro de uma dada cultura"; mas por outro lado, "uma tradição de pesquisa altamente bem-sucedida" pode vir "a conduzir ao abandono daquela visão do mundo; [...] é precisamente dessa maneira que muito sistemas científicos radicalmente novos vem a ser eventualmente 'canonizados' como parte de nosso 'senso comum' coletivo" (*ibid.*: 101). Como exemplos aponta os "reajustes" ocorridos "em resposta às tradições de pesquisa darwinista e marxista no fim do século XIX", quando as "crenças centrais 'não científicas' das pessoas [...] foram modificadas" (*ibid.*). Mas Laudan destaca que não é correto "imaginar que a visão de mundo ou '*Zeitgeist*' de qualquer época sempre desempenha um papel puramente conservador suprimindo a inovação intelectual e encorajando a manutenção do *status quo* científico; [...] não há razão, em princípio, para que uma visão de mundo firmada não possa oferecer um fundamento racional mais conveniente para um desenvolvimento teórico inovador do que para uma teoria tradicional" (*ibid.*: 102-3).

Laudan propõe que a avaliação racional e a comparação das tradições de pesquisa podem ser feitas de dois modos (os dois *critérios* "mais comuns e decisivos"). O da avaliação da adequação num dado momento é sincrônico; ela pode ser feita pela combinação das apreciações que se fazem da efetividade das suas teorias individuais "para constatar a adequação da tradição de pesquisa, mais ampla" (*ibid.*: 106-7). O outro é diacrônico e considera o desenvolvimento, pela determinação do aumento ou diminuição da efetividade na resolução de problemas das componentes de uma tradição de pesquisa no decorrer do tempo: é uma questão "inevitavelmente temporal" que exige "um conhecimento da história da tradição de pesquisa". O progresso geral da tradição é determinado pela comparação da adequação dos conjuntos de teorias que constituem suas versões mais antiga e mais recente; e a taxa de progresso é representada pelas mudanças na adequação de momento da tradição durante qualquer período de tempo identificado.

Como algumas vezes essas avaliações apontarão em direções contrárias, Laudan recomenda atentar para os dois *contextos* diversos em que se pode fazer avaliações cognitivas de tradições de pesquisa, em cada um dos quais se colocariam tipos diferentes de questões quanto às credenciais cognitivas de uma teoria. E dadas suas divergentes metas, atividades científicas que pareceriam irracionais analisadas num contexto podem se revelar altamente racionais se consideradas no outro. No contexto da *aceitação* se considera a opção de um cientista de aceitar uma teoria ou uma tradição de pesquisa, dentre um grupo de rivais, tratando-as como se fossem verdadeiras (sobretudo onde experimentos e ações práticas estejam envolvidos): precisando se comprometer pelo menos tentativamente com a aceitação de um grupo de teorias e tradições de pesquisa, deve, para Laudan, escolher a teoria com mais alta adequação na resolução de problemas (em vez de aquela com mais alto grau de confirmação ou mais alta utilidade, como para um indutivista, ou a com o mais alto grau de falseabilidade, como para um falseacionista etc.), escolha que, nessa medida, será progressiva (e, assim, racional). No contexto da *busca* ou do prosseguimento [*pursuit*], considera-se o procedimento de um cientista de investigar teorias ou tradições de pesquisa patentemente menos aceitáveis e dignas de crença que suas rivais (Feyerabend identificou casos históricos desses tipos), explorando uma tradição de pesquisa nova bem antes que seu sucesso na solução de problemas (ou seu apoio indutivo, ou seu grau de falseabilidade, ou suas novas predições) a qualifique a ser aceita face a suas rivais mais antigas e bem-sucedidas; as novas técnicas conceituais e empíricas e novas abordagens que proporcionam constituem boas razões para os cientistas trabalharem com essas teorias que não aceitam.

Laudan defende, mesmo, uma ligação entre progresso relativo e busca racional, representada pela "promessa" ou "fecundidade" com que uma tradição de pesquisa acena: "as determinações de verdade e falsidade são irrelevantes para a aceitabilidade ou o prosseguimento [*pursuitability*] de teorias e tradições de pesquisa" (*ibid.*: 120). O quanto é efetiva ou progressiva uma teoria ou tradição de pesquisa só tem um sentido num contexto relativo, na comparação com suas rivais (cf. *ibid.*).

Cabe esclarecer que não pretendemos sustentar qualquer compromisso com o ponto de vista de Laudan do critério ou função de resolução de problemas que associa às formulações em ciência e às regras metodológicas e, mesmo, à própria atividade de investigação científica. Nem, tampouco, é nossa intenção assumir uma perspectiva de análise que implique a redução da metodologia à história da ciência ou a uma de suas teorias particulares, por mais que possa conter elementos sugestivos. E também não estamos interessados em reter a concepção do papel que Laudan originalmente atribuiu às tradições de pesquisa para a análise da história da ciência, ou a componente associada às técnicas de pesquisa empírica com que as concebeu. Só nos interessa a "componente ontológica", ou seja, o que para Laudan seria uma parte de uma tradição de pesquisa é o que queremos considerar como seu núcleo constituinte fundamental: visamos apenas uma aplicação atenuada e parcial, muito adaptada, que nos convém, da concepção proposta das tradições de pesquisa, no que parece conter de mais aproveitável para este trabalho. Não pretendemos explorar toda a variedade de elementos e a multiplicidade de detalhamentos que Laudan propôs ou pôde inspirar com seu modelo.

Reconstruções metodológicas e tradição de pesquisa

17.
A ECOLOGIA HUMANA COMO UMA
TRADIÇÃO DE PESQUISA SOCIOLÓGICA
E A TEORIA DA ESTRUTURA URBANA

A exposição precedente permite propor a introdução de uma precisão complementar no esquema de Oliveira Filho 1976; nele, os recursos de fundamentação de teorias e técnicas tendem a se estruturar em esquemas-base, originando metodologias — ou correntes metodológicas, ou reconstruções metodológicas — analíticas, hermenêutico-fenomenológicas e dialéticas, por um lado, ou, levando em conta os elementos ou meios de investigação (pelas "famílias" que articulam, a partir de sua organização interna de procedimento no universo de disciplina, seu instrumental utilizado de fundamentação), a se estruturar em termos de reconstruções metodológicas, segundo os processos de investigação numa disciplina (sociologias empírica, fenomenológica, funcionalista, etnometodologia etc.). A essas duas possibilidades de classificação de reconstruções metodológicas é possível associar a ocorrência eventual de tradições de pesquisa: como um subconjunto discernível particular de proposições ao nível de abstração dos fundamentos ontológicos, que, por um lado, associadas aos esquemas-base de reconstruções metodológicas, ou, por outro lado, associadas a reconstruções metodológicas de processos de investigação disciplinares (e talvez até com maior ênfase nesses casos), podem constituir formulações de princípios metateóricos vinculados a subcorrentes específicas. Constituem, assim, subformações específicas de pressupostos ontológicos, ao lado daqueles mais amplos e muitas vezes não inteiramente explicitados do instrumental de época, mas claramente assumidas e com um papel ativo na história de uma disciplina científica.

Assim, em ciências sociais, ter-se-ia um conjunto de enunciados que expressam uma concepção da natureza do mundo social, regras metodológicas que discriminam o caráter geral da realidade social que se considera, então, a partir delas. Para a abordagem e explicação dessa realidade social, se propõem, no programa de investigação que abrem, esquemas conceituais, classificações, tipologias, teorias, enfim, aplicáveis a subdomínios sociais específicos, que não mais estarão propondo interpretações gerais postuladas *a priori* ou a partir de ideias gerais advindas de generalizações de hipóteses bem-sucedidas em algum domínio científico, mas ensejando explicações de eventos, relações e processos específicos, interpretações de realidades empíricas teoricamente orientadas em parte por essas próprias formulações e, além disso, por outra parte sacramentadas pela perspectiva de interpretação da *Weltanschauung* (a visão ontológica disciplinar do mundo social) da tradição de pesquisa, que pressupõem mais efetivamente quando de sua formulação original, mas podendo dela se autonomizar com o tempo. A tradição de pesquisa é não testável no duplo sentido de que é constituída de hipóteses não experimentais, não verificáveis ou falseáveis diretamente por procedimento de teste empírico, e de que é imune a teste porque não se destina a ser posta a prova diante de quaisquer fatos, mas visa oferecer a eles uma perspectiva de interpretação e um sentido gerais, dogmatizados, "trans-teóricos", que suas teorias devem assumir.

Nessa tentativa de incorporar ao contexto do esquema das reconstruções metodológicas o conceito de tradição de pesquisa do esquema de análise de história da ciência, parece-nos oportuno que esse conceito permita nomear um conjunto de pressupostos que, na ciência social, tem sido tomado como uma teoria de um modo que justamente implica que não é uma teoria, mas outro tipo de formulação. Não é problemático admitir que seja resultado de certa "teorização"; a questão é que não tem o status metodológico, a estrutura lógica e a função cognitiva de uma teoria (ou de uma formulação teórico-conceitual), mas serve, antes, como referência heurística na geração de teorias e outras formulações teórico-conceituais, como as tipologias, por exemplo.

Não é possível ignorar esse tipo de formulação de fundamentos ontológicos na análise metodológica de um caso como o da ecologia humana na sociologia. A ecologia humana constitui-se numa formulação de uma tradição de pesquisa sociológica, que veicula antes uma filosofia da sociedade que uma teoria específica de determinado aspecto da vida social. Ainda que sua origem possa sugerir que se trataria talvez de uma formulação típica de uma sociologia filosófica tardia (o que não estamos pretendendo defender, porém), sua sobrevivência ao longo de três ou quatro décadas, pelo menos, do século XX coloca-a como uma tradição de pesquisa num contexto de sociologia como ciência social contemporânea desenvolvida e emancipada da filosofia, enquanto campo disciplinar de estudo.

Quando se caracteriza dessa maneira a ecologia humana como uma tradição sociológica de pesquisa torna-se claro porque não é explicativa, nem preditiva, nem sequer testável, e compreende-se melhor porque não há proposições de tradução que façam a ponte ou a correspondência entre seus pressupostos ontológicos *a priori* e os domínios empíricos a que seus esquemas conceituais e tipologias se aplicam. Assim, a ecologia humana é uma "concepção de mundo" sociológica que surgiu, no desenvolvimento da disciplina, em certo contexto e durante certo tempo sugeriu certo número de formulações teórico-conceituais individuais, das quais seguimos uma, apenas, em suas transformações até que se separou dessa tradição de pesquisa que a originou.

"Uma tradição de pesquisa, no melhor dos casos, especifica uma ontologia geral para a natureza [e, acrescentaríamos, para a sociedade (MAE)], e um método geral para resolver problemas naturais dentro de um domínio natural [ou social]. Uma teoria, por outro lado, articula uma ontologia muito específica e um certo número de leis específicas e testáveis a respeito da natureza [ou da sociedade]" (cf. Laudan 1977: 84).

É o caso, entretanto, de ressaltar aqui que o ponto de vista original integral das tradições de pesquisa de Laudan *pode ser* sustentado em face da ecologia humana: muitos sociólogos entendem, implícita ou mesmo explicitamente, que o que dá identidade à ecologia humana é o conjunto de pressupostos acerca da natureza da realidade social geral desenvolvidos por Park, Burgess e McKenzie e também certos tipos de procedimentos de pesquisa que foram seguidos nos estudos de casos levados a efeito nas décadas de 1920 e 1930, sobretudo, pelos pesquisadores que trabalharam sob a orientação de Park e Burgess em Chicago. Assim, certo ponto de vista consagrado da ecologia humana em sociologia é compatível *a fortiori* com o ponto de vista original de Laudan das tradições de pesquisa. Quanto a nós, procuramos claramente considerar ambas, tanto a ecologia humana como as tradições de pesquisa, de um modo que nos parece mais apropriado, mais de acordo com os fatos de seu desenvolvimento real e — só assim, com as modificações que apontamos — mais defensável. De fato, cremos que se pode considerar a ecologia humana (e as teorias que ensejou: da estrutura urbana, das relações raciais, da diferenciação e integração cultural, da família, da criminalidade, das culturas sociais, das migrações etc.) independentemente, em termos de análise metodológica, das técnicas de pesquisa que seus investigadores criaram e consagraram, instaurando-as para cumprir seu programa de investigação — embora, é claro, em termos de uma análise mais estritamente histórica, tal consideração deva ser diferente. E cremos também, além disso, que, pelo menos nas ciências sociais de modo bem nítido, não é necessário associar a uma tradição ontológica de pesquisa disciplinar conjuntos específicos de técnicas de pesquisa empírica — que, por um lado, aliás, pelo menos nessas ciências, podem claramente ser compatíveis com outras correntes metodológicas, outras tradições de pesquisa e outras teorias; e por outro lado, podem ser substituídas por outras técnicas que possam cumprir melhor seu papel, como constantemente acontece. As relações decisivas que os primitivos de uma teoria mantém são com seus

A tradição ecológica e a teoria da estrutura urbana

pressupostos de fundamentação, não com as técnicas de pesquisa eventualmente utilizadas.

Assim, além de postular certo tipo de entidade, as comunidades humanas, e eventualmente certos métodos para a investigação das propriedades dessas entidades, a ecologia humana mantém com a teoria da estrutura urbana apenas uma relação histórica e conceitual, advinda da qual funcionou de modo heurístico sugerindo uma versão inicial daquela teoria, como demonstramos; não há justificação comprovável de outra associação entre esses dois tipos de formulação, situadas em níveis distintos do pensamento sociológico, a não ser por uma lamentável falácia genética, em que muitos insistem.

A mais séria e danosa consequência da adoção dessa falácia é que se passa a considerar o estudo da organização espacial da cidade — de fato, das relações espaciais na sociedade, de modo geral — como necessariamente vinculado à adoção de uma perspectiva de interpretação ecológica. Esta pode ser designada como uma segunda falácia ecológica, de base metateórica, que aqui apontamos e denunciamos,[27] e se funda numa consideração in-

---

[27] A "falácia ecológica" tradicionalmente reconhecida é uma forma de falácia da divisão, pela qual se conclui distributivamente que todo membro de uma classe possui uma propriedade porque a classe coletivamente tem essa propriedade (v., por exemplo, Salmon 1973: 56; Copi 1978: 114-7); assim, consiste basicamente em aplicar interpretações de dados obtidos em termos coletivos (isto é, a respeito de uma classe, mas não a respeito de cada um de seus membros) a um contexto distributivo (i.e., a respeito de cada membro individual da classe). Tal transposição tem como base uma consideração operativa não válida de dados empíricos, que conduz a uma interpretação teórica equivocada. Em sociologia foi apontada pela primeira vez por Robinson 1950 e desde então tem sido abordada, sobretudo, por especialistas em técnicas de pesquisas; Alker 1969 expôs uma tipologia que permite um tratamento de conjunto das falácias ecológicas. Estatísticos, cientistas políticos e geógrafos também vieram a se interessar pela questão, estes últimos como um "problema de escala" (v., p. ex., Taylor 1977: 219-23 e 225) por vezes embaraçoso. A que estamos indicando como uma "segunda falácia

suficiente, se não num sério desconhecimento, das formulações da ecologia humana e das teorias da estrutura urbana. Na medida em que se rejeita a tradição de pesquisa da ecologia humana, a admissão dessa segunda falácia ecológica leva ao repúdio da teoria da estrutura urbana e conduz ao alijamento da dimensão espacial na investigação sociológica da realidade social e no próprio pensamento sociológico contemporâneo.

As teorias da estrutura urbana passaram da interpretação ecológica para as interpretações socioeconômicas num desenvolvimento contínuo e definido.

Na versão inicial da teoria da estrutura urbana de Burgess, as proposições referentes a diferenciação, segregação, organização, desorganização, metabolismo, estimulação, movimento, mobilidade, em princípio não são problemáticas quanto à sua aceitação, no contexto da sociologia de Chicago em 1922-25, porque são justificadas pela tradição da pesquisa, que então se iniciava com vigor, da ecologia humana.

Na versão final dessa teoria, de 1929, as pressuposições daqueles tipos quase não mais aparecem: foram substituídas por hipóteses provisórias testáveis e descobertas confirmadas quanto a relações e processos mais específicos, que não mais repousavam em pressuposições ecológicas legitimadoras, mas em estudos empíricos que comprovavam sua validade (a formação de subcentros

---

ecológica", ou falácia ecológica teórica, enquanto distinta da falácia ecológica operativa, corresponde à concepção EH-4 da ecologia humana e se baseia na falácia genética (i.e., o erro de tratar itens do contexto da descoberta — em nosso caso, a ecologia humana — como se pertencessem ao contexto da justificação — o da teoria da estrutura urbana) de considerar que, como a primeira teoria da estrutura urbana ocorreu dentro da tradição da ecologia humana, toda teoria da estrutura urbana é necessariamente ecológica. Assim, numa extrapolação indevida, uma formulação de pressupostos ontológicos de fundamentação é considerada no mesmo nível de abstração de formulações teórico-conceituais, como uma sua componente, e a dimensão metateórica da ecologia humana é reduzida à dimensão teórica de formulação acerca da estrutura urbana.

A tradição ecológica e a teoria da estrutura urbana

comerciais em áreas periféricas da cidade, a dinâmica do valor do solo e do seu uso, as áreas de primeira fixação dos imigrantes etc.). Assim, a própria teoria da estrutura urbana passou a fornecer fundamento racional para essas novas proposições, num processo, semelhante ao apontado por Popper na seção 23 do *Postscript*, de tornar testáveis teorias metafísicas que funcionaram como um programa de investigação para a ciência.

O advento das tradições de pesquisa socioeconômicas possibilitou questionar como duvidosa a confiante e especiosa interpretação ecológica dos processos urbanos, substituindo-a por uma interpretação mais de acordo com as concepções mais correntes das ciências sociais — e as do próprio senso comum — de que a dinâmica da estruturação das cidades se deveria a forças sociais e econômicas e não a forças ecológicas a-sociais de sutil compreensão e problemática comprovação — a não ser por aceitação dogmática da doutrina ecológica.

Entre os autores ecológicos subentendia-se uma tradução dos termos ecológicos a termos socioeconômicos que nunca se concretizava. O próprio Burgess, na "Introdução" do volume de Faris & Dunham 1939, para citar ainda mais um documento importante, não apresenta nenhuma tradução que legitime a pretendida interpretação ecológica dos "fatos descobertos pelos autores" cujo resumo faz, e que "indica a maneira definida e indubitável pela qual se relaciona o número de casos das principais psicoses com a organização da cidade" (Burgess *1970*-B: 397). Ao contrário, o próprio Burgess não utiliza, nessa ocasião, o termo 'ecologia humana' ou 'ecológico' e seus cognatos nem uma só vez; seu uso dos termos 'acomodação', 'isolamento', 'desorganização', associado a áreas ou comunidades locais, não implica numa interpretação ecológica definida, por mais que sugerida ou por ele pressuposta. Ainda mais, adverte para o fato de que "é importante ao estimar a contribuição dos autores, distinguir entre os fatos descobertos e a sua interpretação" (*ibid.*: 396) e admite que "quem coloque em dúvida a adequação da interpretação teórica [ecológica] apresentada pelos autores pode formar sua própria interpretação dos fatos em termos de acordo com os seus sistemas conceituais preferidos" (*ibid.*). As sugestões que faz nos parecem indicar claramente, se não um recuo de interpretação ecológica, pelo menos um sentido de integração da perspectiva ecológica à socioeconômica, que já se anunciava.

Cada teoria da estrutura urbana que se seguiu representou um passo adiante em relação à anterior, em algum sentido: a de Burgess em relação à de Hurd e McKenzie; a de Hoyt em relação à de Burgess; a de Harris e Ullman em relação à de Hoyt. Se ressaltada a ênfase que cada uma dá aos diferentes aspectos da estrutura urbana, podem ser vistas não como mutuamente excludentes, mas como teorias complementares, representando as de Hoyt e de Harris e Ullman modificações melhoradas da estrutura proposta por Burgess.

Sua complexidade crescente refletiu o desenvolvimento das cidades norte-americanas de cuja investigação se originaram; essa complexidade, acentuada cada vez mais pelos sociólogos, economistas e geógrafos que as retomaram, se afastou muito da consideração inicial simples dos ecologistas, de uma vinculação da competição à distribuição da população no território e na divisão do trabalho, como uma ordem ecológica, ou seu correlato.

A tradição ecológica e a teoria da estrutura urbana

18.
OS REQUISITOS TEÓRICO-METODOLÓGICOS DAS EXPLICAÇÕES DA ESTRUTURA URBANA

As partes II e III do presente estudo representam uma tentativa de combinação das abordagens genética e estrutural em metodologia, em que se procede ao estabelecimento da identidade da estrutura — ainda que informal — de certo número de formulações, em torno da ideia de ecologia humana e do conceito de estrutura urbana, tendo em mente sua relação com alguns de seus pressupostos racionais enquanto tradições de pesquisa, ao longo de um período de trinta anos da história da ciência social norte-americana.

Entretanto, resta ainda detalhar como as formulações teórico-conceituais a respeito da estrutura urbana podem cumprir sua função explicativa, o que permitirá ao mesmo tempo esclarecer como isso não é possível para a ecologia humana como tradição sociológica de pesquisa, hoje praticamente abandonada. Para isso, precisaremos mais uma vez voltar a fazer menção às formulações de Burgess, cuja estrutura já identificamos.

Burgess expôs seu ponto de vista da ecologia humana em 1924, 1951 e 1964, pelo menos; talvez a exposição mais explícita seja a que se encontra em seu artigo de 1924, embora a de 1951, mais concisa, seja também claríssima.

Em 1924, Burgess interpretou em seus próprios termos uma distinção estabelecida por Park entre fatores e forças: os fatores seriam os elementos que cooperam para constituir uma situação, as causas concretas de um evento individual; as forças seriam fatores típicos, que operam em situações típicas, causas abstratas para eventos em geral na medida em que estes são semelhantes; a explicação científica lida com forças, não com fatores (cf. Burgess 1924-B: 143).

Nos termos em que Burgess apresentou a distinção com que operou, entre fatores e forças sociais ("A ciência [...] não está interessada em fatores, mas em forças": *ibid.*: 143) que vimos, é possível reconstruir, pelo menos em esboço, a concepção de estrutura da explicação sociológica tal como Burgess a subentende, tendo como base o modelo nomológico-dedutivo (D-N) de explicação de Hempel. Segundo essa concepção, uma explicação científica "pode ser concebida como um argumento dedutivo da forma":

$$(\text{D-N}) \quad \begin{array}{l} \text{Dedução} \\ \text{lógica} \end{array} \quad \longrightarrow \quad \frac{\begin{array}{l} C_1, C_2, ..., C_k \quad \text{Sentenças} \\ L_1, L_2, ..., L_r \quad \textit{explanans} \end{array}}{E \qquad \begin{array}{l} \text{Sentença} \\ \textit{explanandum} \end{array}}$$

onde: C_1, C_2, ... C_k constituem os enunciados ou sentenças que descrevem as condições antecedentes específicas ou os fatos particulares evocados; L_1, L_2, ..., L_r representam as leis gerais sobre as quais a explicação se fundamenta; esses dois conjuntos de sentenças formam o conjunto das sentenças *explanans*, as sentenças explicativas "que são aduzidas para dar conta do fenômeno" a ser explicado; E, a sentença *explanandum*, descreve o fenômeno a ser explicado (cf. Hempel & Oppenheim 1948: 247-9; Hempel 1965: 336-7).

Apesar de sumária, esta apresentação do esquema D-N de Hempel nos será suficiente para permitir vincular os termos "F", que referem a forças sociais, aos enunciados de tipo L naquele esquema, e os termos "f", referentes a fatores sociais, aos enunciados de tipo C, da estrutura da explicação. Assim, em consequência, a explicação sociológica da estrutura espacial das comunidades (EC) em Burgess poderia ser representada por um esquema da seguinte forma:

$$(EC) \quad \frac{\begin{array}{c} C_1^{f_1}, C_2^{f_2}, ..., C_k^{f_k} \\ L_1^{F_1}, L_2^{F_2}, ..., L_r^{F_r} \end{array}}{E}$$

Ter-se-ia eventualmente explicações ecológicas de eventos da estrutura espacial da comunidade quando: (num sentido mais fraco) ocorrerem termos f de natureza ecológica nas sentenças C; e (num sentido mais forte) quando ocorrerem termos F de natureza ecológica nas sentenças L; em qualquer outro caso em que os termos f e F representarem respectivamente fatores ou forças sociais — e não simbióticos subsociais — a explicação será propriamente social, ou, como também a designaremos, socioeconômica, para destacar que f e F, nesses casos, designam fatores ou forças sociais e econômicos, que se associam na explicação sociológica da estrutura urbana.

Embora se trate da esquematização abstrata de um critério metateórico de classificação, é possível colocar em seus termos o problema da existência ou não de uma explicação genuinamente ecológica da estrutura urbana: se for possível identificar termos ecológicos f ou F em proposições sociológicas descritivas C ou teóricas L, será possível (e, então, defensável) identificar explicações ecológicas legítimas; caso contrário, não há como sustentá--las, em sentido literal e estrito.

Dado que vemos as proposições "P..." e "F..." na formulação de Burgess de 1924-25 (a mais bem-elaborada com a finalidade de propor uma interpretação ecológica da estrutura urbana) como abreviações cômodas e transitórias de processos socioeconômicos mais complexos que necessitariam de desdobramentos e investigações ulteriores — como o próprio Burgess já avança em 1929 e como as empreendidas por Hoyt em 1939 de modo notável —, não consideramos sustentável a existência de explicações ecológicas da estrutura urbana, mas tão somente a das explicações socioeconômicas, o que, aliás, se confirma pelo desenvolvimento das teorias a respeito desse assunto.

Assim, a questão passa a ser a de se é possível indicar, no contexto da justificação da teoria de Burgess, isto é, da validação dos enunciados que a constituem, termos f ou F de natureza ecológica que lhes deem caráter ecológico. Claramente, entre as sentenças "E...", "Z..." e "A..." não é possível indicar termos desse tipo. Termos ecológicos só aparecerão entre as sentenças "P..." e "F...", mas é necessário destacar que podem ser interpretadas como meras abreviações (i.e., com as palavras sendo usadas em sentido metafórico) de processos socioeconômicos (e demográficos etc.) de transferência, estratificação, ascensão social e mobilidade etc., envolvendo as populações ou grupos sociais que integram as diferentes partes assinaladas da cidade. E a tese de um modo de comportamento típico próprio a cada área da cidade, não importando o grupo que a ocupe, poderia ser interpretada em termos de psicologia social e de antropologia cultural, relacionando padrões de comportamento e culturas urbanas, sem apelo necessário a suposições de relações competitivas simbióticas.

Uma vez descartada a legitimidade pretendida de explicações genuinamente ecológicas pela impossibilidade de apontar termos ecológicos F em sentido EH-6 nas sentenças fundamentais das formulações de teorias ecológicas da estrutura urbana, como pretendidas pelos autores de Chicago da década de 1920, como entender o significado efetivo das teorizações ecológicas? Em que sentido pode se ter como procedentes os argumentos ecológicos e como compreender sua função?

Naturalmente, o grande problema é o da possibilidade de se poder indicar leis L^F para a explicação da estrutura urbana em que F represente forças ecológicas que sejam leis legítimas empiricamente comprováveis de regularidades ecológicas da estrutura da comunidade humana e não num sentido metafórico convencionado. Para Burgess, a tendência à expansão radial a partir do centro seria uma lei deste tipo. Mas o problema é encontrar a confirmação dessa tendência em termos ecológicos. Caberia aqui frisar que não há nenhuma proposta clara de tradução ou correspondência entre termos teóricos ecológicos de tipo *F* a termos descritivos de tipo *f*, mas apenas indicações indiretas esparsas e sugestões não justificadas e convincentes de como se poderia estabelecer tal equivalência, na literatura da ecologia humana de Chicago até pelo menos 1941. Após essa época, tendo as várias retomadas da tradição de pesquisa ecológica chegado à oclusão, não se obteve êxito maior em defini-la, o que responde em grande parte pelo seu abandono. O malogro em se estabelecer essas regras de correspondência seria talvez o maior responsável pela insolvência da ecologia humana e de seu fracasso até agora.

Acerca do artigo de Burgess de 1929, pode-se dizer duas coisas perfeitamente verdadeiras, porém aparentemente contraditórias: *é* um artigo ecológico porque é o texto em que Burgess leva mais longe a realização que buscou de seu esquema de análise das comunidades econômicas, culturais e políticas e a postulação do alcance dos processos e forças ecológicas que nelas estariam agindo. Mas *não é* um artigo ecológico porque nesse detalhamento minucioso da formação, estrutura, organização e composição das áreas da cidade, Burgess acaba comprovando vários processos socioeconômicos fundamentais, nenhum dos quais perfeitamente adequado às concepções ecológicas. Pode ser visto como um artigo limítrofe, porque a partir dele não houve como sustentar a pretensão interpretativa da ecologia humana quanto à organização espacial socioeconômica da cidade através de comprovações empíricas, embora estudos de caso nessa orientação tenham sido empreendidos constantemente ainda por mais de dez anos, pelo menos.

Nesse sentido, é preciso então reconhecer um papel à concepção da ecologia humana, um papel heurístico que permitiu a Burgess montar um esquema razoavelmente unificado, em que o que ocorre no centro e na zona de transição tem relação com o que ocorre na zona dos *commuters*. Foi além de Hurd e de Park ou McKenzie, graças a isso, e só Hoyt o ultrapassou graças à incorporação de seu esquema, à rejeição (ou pelo menos a não utilização) da interpretação da ecologia humana e chegando a superá-lo através de uma consideração dos processos propriamente socioeconômicos na estruturação da cidade.

Certamente estamos supondo, com base nas investigações empíricas que mencionamos, que se pode vir a indicar efetivamente termos f ou F em explicações da estrutura urbana que pertençam à sociologia ou à economia (ou à geografia humana, ou à antropologia cultural etc.) — isto é, termos que integrem suas teorias — e que não sejam redutíveis a termos da biologia. Cremos que esta análise pode trazer uma contribuição adicional à interpretação do ocaso da ecologia humana, como um exemplo de tradição sociológica de pesquisa, por impossibilidade de continuidade. Dado que a vertente de tradição de pesquisa socioeconômica se mostrou mais bem-sucedida que a tradição de pesquisa ecológica, devido à debilidade progressiva desta última e ao enfraquecimento do tratamento do tema na sociologia, a teoria da estrutura urbana acabou por ser absorvida pela tradição de pesquisa socioeconômica.

Observemos que, como idealizações contingentes, os termos ecológicos que ocorrem na teoria da estrutura urbana de Burgess apresentam "a importante característica de ser simplesmente uma técnica taquigráfica conveniente para fazer referência a um conjunto bastante complexo de condições conexas, ou para representar o conjunto de enunciados que descrevem tais condições" (cf. Rudner 1966: 57). Em sua formulação, cada conceito seria introduzido por um recurso equivalente à definição, sendo seu *definiens* um conjunto de enunciados que pretenderiam descrever justamente as condições necessárias e suficientes para a ocorrência do que com eles se pretende referir. Mas como idealizações sentenciais contingentes, não conseguem cumprir o requisito semântico da referência, segundo o qual, se expressos numa sentença

$$\forall x (fx \rightarrow gx)$$

é possível indicar um enunciado correspondente da forma

$$\exists x(fx)$$

verdadeiro em termos referenciais (ou da concepção clássica da verdade por correspondência). Também não conseguem cumprir o requisito pragmático da eficácia explicativa ou preditiva, enunciadas como generalizações que possam obter uma inclusão em teorias mais gerais e provadas independentemente, uma atribuição de valores extremos a suas variáveis e uma clareza operacional que permita interpretações operacionais relativamente precisas para muitos de seus valores realmente exemplificados (cf. Rudner 1966: 57-62). Os conceitos socioeconômicos são candidatos mais fortes a serem aprovados na crucial aplicação desse rigoroso critério metodológico.

Assim, o esquema (EC) se trata de um esquema padrão para as explicações da estrutura urbana de modo geral, não só ecológicas, mas também, e de modo mais importante, as socioeconômicas, pois é na direção dessas últimas que se definiu o desenvolvimento das teorias da estrutura urbana mais recentes.

CONCLUSÃO

Em conclusão, cabe apresentar duas considerações fundamentais, substanciadas pelas análises desenvolvidas nos capítulos precedentes deste estudo.

Em primeiro lugar, é impossível exagerar a proporção do equívoco que chamamos de falácia ecológica teórica, que consiste na identificação da análise ecológica com o estudo da organização espacial das comunidades, e da cidade, de maneira especial: há tão somente uma relação de gênese histórica no tratamento do tema da estrutura urbana com a perspectiva da interpretação ecológica. Há teorias da estrutura urbana não ecológicas que subsistem sem redução de termos sociológicos a termos biológicos. Desde Engels, claramente, e de Hurd a Hoyt e a Harris e Ullman, pelo menos, sem contar os desenvolvimentos posteriores, as análises da estrutura urbana se multiplicaram nas ciências sociais prescindindo da interpretação ecológica. Assim, não é necessária a pressuposição da ecologia humana para a construção de teorias explicativas da estrutura urbana. Entretanto, sob análise minuciosa, a teoria ecológica da estrutura urbana revelou-se muito mais rica, sugestiva e multiforme do que têm pretendido considerações ingênuas, mal informadas e que a distorcem reiteradamente. Sua revisão a partir de perspectiva metodológica instrumentada assume, assim, pertinência especial.

Na discriminação dos componentes do esquema-base de um processo ou conjunto de processos de investigação em ciências sociais, é possível discernir uma subparte relativamente organizada e estruturada, como "tradições de pesquisa" disciplinares.

Conclusão

Os elementos lógicos e epistemológicos podem não estar explicitados em sua formulação — ou podem estar apenas excepcionalmente, como no caso da ecologia humana — entretanto, parte importante dos elementos ontológicos, nessa "macroteoria", é identificada e utilizada na fundamentação de processos de investigação como proposições que discriminam a natureza da realidade social estudada a nível geral, dos seus elementos componentes e da dinâmica de suas relações, na medida em que são apresentadas como subjacentes aos fenômenos, processos, relações e instituições sociais estudadas de modo mais específico e são tornados objetos de teorias particulares de sua estrutura e dinâmica na sociedade global.

O esquema proposto para identificação da estrutura da explicação da estrutura urbana permitiu constatar que a incomensurabilidade relevante, nesse âmbito de investigação, se dá, por conseguinte, entre tradições disciplinares de pesquisa mais do que entre formulações teóricas individuais, pois a tradutibilidade entre seus termos teóricos é um pressuposto constante.

Se aqueles conjuntos de pressupostos estruturados são ou não sempre efetivos na solução de problemas — como indica Laudan —, ou se contribuem direta, ou mesmo indiretamente, para isso, é algo que precisa ser retomado em uma série de investigações e discussões, que conduzam a uma comprovação mais concludente; todavia, é certo que têm um papel heurístico importante e indiscutível, o que nos parece ter ficado patente, até em parte *contra* Laudan. Constituem, assim, um elemento que deve ser levado em conta e incorporado na análise metodológica nas ciências sociais.

BIBLIOGRAFIA

ALIHAN, Milla Aïssa (1938) *1961*. "'Community' and Ecological Studies" (pp. 81-91 de: *Social Ecology*. Columbia University Press, N. York, 1938). Reproduzido *in* Theodorson 1961, pp. 93-7.

ALKER Jr., Hayward R. 1969. "A Typology of Ecological Fallacies". Cap. 4 de Dogan & Rokkan 1969, pp. 69-86.

ALONSO, William 1964. *Location and Land Use. Toward a General Theory of Land Rent*. Harvard University Press, Cambridge.

BARROWS, Harlam H. 1923. "Geography as Human Ecology". *Annals of the Association of American Geographers*, vol. 13, n° 1, pp. 1-14.

BARTHOLOMEW, Harland 1932. *Urban Land Uses: Amounts of Land Used and Needed for Various Purposes by Typical American Cities, an Aid to Scientific Zoning Practice*. Harvard University Press, Cambridge.

BARTHOLOMEW, Harland 1955. *Land Uses in American Cities*. Harvard University Press, Cambridge.

BERRY, Brian J. L. & GARRISON, William L. 1958. "The Functional Bases of the Central Place Hierarchy". *Economic Geography*, vol. 34, pp. 145-54.

BERRY, Brian J. L. & REES, Philip H. 1969. "The Factorial Ecology of Calcutta". *American Journal of Sociology*, vol. 74, n° 5, Março 1969, pp. 445-91.

BERRY, Brian J. L. & KASARDA, John D. 1977. *Contemporary Urban Ecology*. Macmillan, N. York, xiv + 497 p.

BOGUE, Donald J. 1949. *The Structure of the Metropolitan Community: A Study of Dominance and Subdominance*. University of Michigan Press, Ann Arbor.

BOURNE, Larry S. (ed.) 1971. *Internal Structure of the City: Readings on Space and Environment*. Oxford University Press, N. York, viii + 528 p.

BRAUDE, Lee 1970. "'Park & Burgess': An Appreciation". *American Journal of Sociology*, vol. 76, n° 1, Julho 1970, pp. 1-10.

BULMER, Martin 1984. *The Chicago School of Sociology: Institutionalization, Diversity and Rise of Sociological Research*. University of Chicago Press, Chicago, xx + 285 p.

BURGESS, Ernest W. [1922] (1924) 1925. "The Growth of the City: An Introduction to a Research Project". *Proceedings of the American Sociological Society*, XVIII, 1924, pp. 85-97. Reproduzido *in* Park, Burgess & McKenzie 1925, cap. II, pp. 47-62 (citações a partir desta edição). Traduzido *in* Pierson *1970*, pp. 353-68.

BURGESS, Ernest W. 1924-B. "Can Neighborhood Work Have a Scientific Basis?". *Proceedings of the National Conference of Social Work*. University of Chicago Press, Chicago, pp. 406-11. Reproduzido *in* Park, Burgess & McKenzie 1925, cap. VIII, pp. 142-55.

BURGESS, Ernest W. (ed.) 1926. *The Urban Community: Selected Papers from the Proceedings of the American Sociological Society, 1925*. University of Chicago Press, Chicago, xii + 268 p.

BURGESS, Ernest W. 1926-B. "The Family as a Unity of Interacting Personalities". *The Family*, vol. 7, n° 1, Março 1926, pp. 3-9. Reproduzido *in* Burgess 1973, pp. 81-94. Traduzido *in* Pierson *1970-B*, cap. 34, pp. 558-65.

BURGESS, Ernest W. 1928. "Residential Segregation in American Cities". *Annals of the American Academy of Political and Social Science*, vol. 140, pp. 105-15. Reproduzido *in* Burgess 1973, pp. 50-64.

BURGESS, Ernest W. 1929. "Urban Areas". Cap. VIII *in* Smith & White 1929, pp. 113-38.

BURGESS, Ernest W. 1930. "The New Community and Its Future". *Annals of the American Academy of Political and Social Science*, vol. 149, pp. 157-64.

BURGESS, Ernest W. & NEWCOMB, Charles (eds.) 1931. *Census Data of the City of Chicago, 1930*. University of Chicago Press, Chicago.

BURGESS, Ernest W. 1953. "The Ecology and Social Psychology of the City" *in* Donald J. Bogue (ed.). *Needed Urban and Metropolitan Research*.

Scripps Foundation/Miami University & University of Chicago Press, Oxford & Chicago.

BURGESS, Ernest W. & BOGUE, Donald J. 1964. *Contributions to Urban Sociology*. The University of Chicago Press, Chicago, xii + 673 p.

BURGESS, Ernest W. 1964. "A Short History of Urban Research at the University of Chicago Before 1946". 2ª Seção de Burgess & Bogue 1964 (Introdução), pp. 2-13.

BURGESS, Ernest W. 1970-B. "O Estudo Ecológico de Faris & Dunham sobre Perturbações Mentais". Cap. XXVI de Pierson *1970*, pp. 396-405. Tradução da "Introduction" por E. W. Burgess a Faris & Dunham 1939).

BURGESS, Ernest W. 1973. *On Community, Family and Delinquency* (selected writings, edited and with introductions by Leonard S. Cottrel Jr., Albert Hunter & James F. Short Jr.). University of Chicago Press, Chicago, x + 337 p.

CASTELLS, Manuel 1972. *La Question Urbaine*. Maspero, Paris, 452 p. (2ª ed. ampliada com um posfácio: 1975). Tradução brasileira: *A Questão Urbana*. Paz e Terra, Rio de Janeiro, 1983, xiv + 506 p.

CASTELLS, Manuel 1979. *Problemas de Investigação em Sociologia Urbana: Ensaios Reunidos*. Presença/Martins Fontes, Lisboa, 2ª ed.

CHORLEY, Richard J. & HAGGETT, Peter (eds.) 1967. *Models in Geography*. Methuen, Londres, 816 p.

COLBY, Charles C. 1933. "Centrifugal and Centripetal Forces in Urban Geography". *Annals of the Association of American Geographers*, vol. 23, Março 1923, pp. 1-20. Reproduzido *in* Mayer & Kohn 1959, pp. 287-98.

COOLEY, Charles Horton 1884. "The Theory of Transportation". *Publications of the American Economic Association*, vol. 9, nº 3, Maio 1884, pp. 223-371. Reproduzido *in* Ch. H. Cooley. *Sociological Theory and Social Research*. N. York, Henry Holt, 1930, pp. 117-8.

COPI, Irving M. 1978. *Introduction to Logic*. Macmillan, N. York, 5ª ed., xiv + 595 p.

COSER, Lewis A. 1980. "Tendências Americanas". Cap. 8 (pp. 379-420) de Tom Bottomore & Robert Nisbet (orgs.). *História da Análise Sociológica*. Zahar, Rio de Janeiro, *1980*, 936 p.

Bibliografia

COULOU, Alain 1992. *L'École de Chicago* (Col. "Que Sais-Je?", vol. 2639). P.U.F., Paris.

DAVIE, Maurice R. 1937. "The Patten of Urban Growth", *in* G. P. Murdock (ed.). *Studies in the Science of Society*. Yale University Press, New Haven, pp. 133-61.

DICKINSON, Robert E. 1969. *The Makers of Modern Geography*. Routledge & Keegan Paul, Londres, xiv + 305 p.

DICKINSON, Robert E. 1976. *Regional Concept: The Anglo-American Leaders*. Routledge & Keegan Paul, Londres, xxii + 408 p.

DILTHEY, Wilhelm 1954. *Teoria de la Concepción del Mundo* (tradução de Eugenio Imaz, *Obras de Wilhelm Dilthey*, vol. VIII). Fondo de Cultura Economica, México.

DOGAN, Mattei & ROKKAN, Stein (eds.) 1969. *Quantitative Ecological Analysis in the Social Sciences*. M.I.T. Press, Cambridge, xvi + 607 p.

DUNCAN, Otis Dudley & SCHNORE, Leo F. 1959. "Cultural, Behavioral, and Ecological Perspectives in the Study of Social Organization". *American Journal of Sociology*, vol. 65, nº 2, Setembro 1959, pp. 132-49.

ENTRIKIN, J. Nicholas 1980. "Robert Park's Human Ecology and Human Geography". *Annals of the Association of the American Geographers*, vol. 70, nº 1, Março 1980, pp. 43-58.

EUFRASIO, Mário A. 1981. *A Estrutura da Teoria dos Lugares Centrais de W. Christaller*. Contendo em apêndice uma tradução para o português de W. Christaller, *Die zentralen Orte in Suddeutschland ("I. Theoretischer Teil")*, pp. 11-138, sob o título: *Os Lugares Centrais na Alemanha do Sul, 1ª Parte ("Parte Teórica")*. Dissertação de Mestrado, São Paulo, iv + 56 + vi + 256 p. (mimeo.)

FARIS, Robert E. L. & DUNHAM, H. Warren 1939. *Mental Disorders in Urban Areas*. University of Chicago Press, Chicago.

FARIS, Robert E. L. 1947. "La Sociologie Américaine". Cap. XVIII, pp. 546-68, de Georges Gurvitch & Wibert E. Moore (orgs.). *La Sociologie au XXᵉ Siècle*. Vol. II: *Les Études Sociologiques dans les Différents Pays*. P.U.F., Paris.

FARIS, Robert E. L. 1970. *Chicago Sociology, 1920-1932*. The University of Chicago Press, Chicago. xvi + 137 p. (1ª ed.: Chandler, San Francisco, 1967).

FARIS, Robert E. L. 1980. "Foreword", *in* LEWIS & SMITH 1980, pp. xi-xvii.

FIREY, Walter 1945. "Sentiment and Symbolism as Ecological Variables". *American Sociological Review*, vol. 10, Abril 1945, pp. 140-8.

FIREY, Walter 1947. *Land Use in Central Boston*. Harvard University Press. Cambridge.

FREGE, Gottlob 1892. "Sobre o Sentido e a Referência". cap. II de Gottlob Frege. *Lógica e Filosofia da Linguagem* (volume organizado e traduzido por Paulo Alcoforado). Cultrix/EDUSP, São Paulo, 1978, pp. 59-86. Ed. original: "Über Sinn und Bedeutung". *Zeitschrift für Philosophische Kritik*, N.F., 100, 1892, pp. 25-50.

GARNER, B. J. 1967. "Models of Urban Geography and Settlement Location". Cap. 9 *in* Chorley & Haggett 1967, pp. 303-60.

GRAFMAYER, Yves e JOSEPH, Isaac (orgs.) *1984*. *L'École de Chicago: Naissance de l'Écologie Urbaine*. Champ Urbain/Aubier, Paris.

GREEN, Howard W. 1932. "Cultural Areas in the City of Cleveland". *American Journal of Sociology*, vol. 38, pp. 356-67.

HALBWACHS, Maurice 1932. "Chicago, Expérience Ethnique". *Annales d'Histoire Économique et Sociale*, t. IV, n° 13, Janeiro, pp. 11-49.

HARRIS, Chauncy D. & ULLMAN, Edward L. 1945. "The Nature of Cities". *Annals of the American Academy of Political and Social Science*, vol. 242, Novembro 1945, pp. 7-17.

HARRIS, Chauncy D. 1978. "Patterns of Cities". Cap. 6 (pp. 66-79) *in* John D. Eyre (ed.). *A Man for All Regions: The Contributions of Edward L. Ullman to Geography*. University of North Carolina, Chapel Hill.

HARVEY, David 1973. *Social Justice and the City*. Arnold, Londres, 336 p. Tradução brasileira: *A Justiça Social e a Cidade*. Hucitec, São Paulo, 1980.

HARVEY, Lee 1986. *Myths of the Chicago School of Sociology*. Avebury, Aldershot.

HAUSER, Philip M. & SCHNORE, Leo F. (eds.) 1965. *The Study of Urbanization*. Wiley, N. York. x + 554 p. Tradução brasileira: Hauser & Schonore *1976*.

HAUSER, Philip M. & SCHNORE, Leo F. (orgs.) *1976. Estudos de Ur-banização.* Pioneira, São Paulo, xii + 520 p. Tradução de Hauser & Schnore 1965.

HAWLEY, Amos Henry 1950. *Human Ecology: A Theory of Community Structure.* Ronald, N. York, xvi + 456 p.

HAWLEY, Amos Henry 1968. "Introduction" a McKenzie 1968, pp. vi-xxii.

HAWLEY, Amos Henry 1984. "Human Ecological and Marxian Theories". *American Journal of Sociology,* vol. 89, n° 4, Janeiro 1984, pp. 904-17.

HAWLEY, Amos Henry 1986. *Human Ecology: A Theoretical Essay.* University of Chicago Press, Chicago, viii + 168 p.

HAWTHORNE, Geoffrey 1976. *Enlightnment and Despair: A History of Sociology.* Cambridge Press, Cambridge, vii + 295 p.

HERBERT, David T. & SMITH, David M. (eds.) 1979. *Social Problems and the City: Geographical Perspectives.* Oxford University Press, Oxford, xii + 273 p.

HEMPEL, Carl G. & OPPENHEIM, Paul 1948. "Studies in the Logic of Explanation". *Philosophy of Science,* vol. 15, pp. 135-75. Reproduzido *in* Hempel 1965-B, pp. 245-95 (citações a partir desta edição).

HEMPEL, Carl G. 1965. "Aspects of Scientific Explanation". Cap. 12 de Hempel 1965-B, p. 331-496.

HEMPEL, Carl G. 1965-B. *Aspects of Scientific Explanation and other Essays in the Philosophy of Science.* Free Press, N. York, vii + 504 p.

HOLLINGSHEAD, August B. 1939. "Human Ecology and the Social Sciences", pp. 65-74 de Robert E. Park (ed.). *An Outline of the Principles of Sociology,* Barnes & Noble, N. York, 1939.

HOOVER Jr. Edgar M. 1937. *Location Theory and the Shoe and Leather Industries.* Harvard University Press, Cambridge, xvii + 323 p.

HOOVER Jr. Edgar M. 1948. *The Location of Economic Activity.* McGraw-Hill, N. York.

HOUSE, Floyd Nelson 1936. *The Development of Sociology.* McGraw-Hill, N. York, viii + 456 p.

HOYT, Homer 1939. *The Structure and Growth of Residential Neighborhoods in American Cities.* Federal Housing Administration, Washington (DC), vi + 178 p.

HOYT, Homer (1939) 1959. "The Pattern of Movement of Residential Rental Neighborhoods", *in* Mayer & Konh 1959, pp. 499-510. Reproduzido de Hoyt 1939, cap. IV da Parte II, pp. 112-22.

HOYT, Homer 1964. "Recent Distortions of the Classical Models of Urban Structure". *Land Economics*, vol. 40, n° 2, Maio 1964, pp. 199-212. Reproduzido *in* Bourne 1971, pp. 84-96.

HUNTER, Albert & GOLDMAN, Nancy 1973. "Introduction (on "Community")", *in* Burgess 1973, pp. 3-15.

HURD, Richard M. 1903. *Principles of City Land Values*. Record & Guide, N. York.

ISARD, Walter 1956. *Location and Space Economy: A General Theory Relating to Industrial Location, Market Areas, Land Use, Trade, and Urban Structure*. M.I.T./John Wiley, Cambridge/N. York.

JANOWWITZ, Morris 1966. "Introduction" a Thomas 1966, pp. vii-lviii.

JOHNSON, James H. 1972. *Urban Geography: An Introductory Analysis*. Pergamon, Oxford, 2ª ed., xvi + 203 p.

JOHNSTON, R. L. 1980. *City and Society: An Outline for Urban Geography*. Penguin, Harmondsworth, 284 p.

KURTZ, Lester R. 1984. *Evaluating Chicago Sociology: A Guide to the Literature, with an Annotated Bibliography*. University of Chicago Press, Chicago, x + 303 p.

LAKATOS, Imre 1970. "Falsification and the Methodology of Scientific Research Programmes", *in* Lakatos, I. & Musgrave, A. (eds). *Criticism and the Growth of Knowledge*. Cambridge University Press, Cambridge, 1970, pp. 91-196.

LAUDAN, Larry 1977. *Progress and Its Problems: Toward a Theory of Scientific Growth*. University of California Press, Berkeley, x + 257 p.

LEAHY, William H., McKEE, David L. & DEAN, Robert D. (eds.) 1970. *Urban Economics: Theory, Development and Planning*. Free Press, N. York, x + 339 p.

LEWIS, J. David & SMITH, Richard L. 1980. *American Sociology and Pragmatism: Mead, Chicago Sociology, and Simbolic Interaction*. University of Chicago Press, Chicago, xx + 356 p.

LINK, Arthur S. 1965. *História Moderna dos Estados Unidos*. Vol. I. Zahar, Rio de Janeiro.

LOJKINE, Jean 1977. *Le Marxisme, l'État et la Question Urbaine*. P.U.F., Paris. Tradução brasileira: *O Estado Capitalista e a Questão Urbana*. Martins Fontes, São Paulo, 1981, 337 p.

LÖSCH, August 1938. "The Nature of Economic Regions". *Southern Economic Journal*, vol. 5, n° 1, Julho 1938, pp. 71-8.

LÖSCH, August 1940. *The Economics of Location*. Yale University Press, New Haven, 1954. Tradução de: *Die räumliche Ordnung der Wirtschaft*. Fischer, Iena, 1940 (3ª ed.: Stuttgart, 1962, xvi + 380 p.).

MADSEN, K. B. 1970. "The Languages of Science". *Theory and Decision*, vol. 1, pp. 138-54.

MARSAL, Juan F. 1977. *La Crisis de la Sociologia Norteamericana*. Barcelona, Peninsula.

MATTHEWS, Fred H. 1977. *Quest for an American Sociology: Robert E. Park and the Chicago School*. McGill-Queen's University Press, Montreal, x + 278 p.

MAYER, Harold M. & KOHN, Clyde F. (eds.) 1959. *Readings in Urban Geography*. University of Chicago Press, Chicago, viii + 625 p.

MAYER, Harold M. 1954. "Urban Geography". Cap. 6 *in* James, Preston E. & Jones, Clarence F. (eds.). *American Geography: Inventory and Prospect*. Association of American Geographers/Syracuse University Press, Syracuse, pp. 142-66.

MAYER, Harold M. 1979. "Urban Geography and Chicago in Retrospect". *Annals of the Association of American Geographers*, vol. 69, n° 1, Março 1979, pp. 114-8.

McKENZIE, Roderick D. 1921(-2). "The Neighborhood: A Study of Local Life in the City of Columbus, Ohio". *American Journal of Sociology*, vol. 27, n° 2, Setembro 1921, pp. 145-68 (Parte 1-I e II); n° 3, Novembro 1921, pp. 344-63 (Parte 1-III e IV); n° 4, Janeiro 1922, pp. 486-509 (Parte 2-V a VIII); n° 5, Março 1922, pp. 588-610 (Parte 2-IX a XII); n° 6, Maio 1922, pp. 780-99 (Parte 3-XIII).

McKENZIE, Roderick D. 1924. "The Ecological Approach to the Study of The Human Community". *American Journal of Sociology*, vol. 30, n° 3, Novembro 1924, pp. 287-301. Reproduzido *in* Park, Burgess & McKenzie 1925, cap. III, pp. 63-79, e em McKenzie 1968, cap. I, pp. 3-18 (citações a partir desta edição). Traduzido *in* Pierson *1970*, cap. VI, pp. 95-111.

McKENZIE, Roderick D. 1926. "The Scope of Human Ecology". *American Jounal of Sociology*, vol. 32, n° 1, Julho 1926, pp. 141-54. Reproduzido em McKenzie 1968, cap. 2, pp. 13-32. Traduzido *in* Pierson *1970*, cap. II, pp. 38-52.

McKENZIE, Roderick D. 1933-A. *The Metropolitan Community*. McGraw--Hill, N. York.

McKENZIE, Roderick D. 1933-B. "The Rise of Metropolitan Communities", pp. 443-96 *in Recent Social Trends: Report to the President's Research Committee on Social Trends*, vol. I, McGraw-Hill, N. York.

McKENZIE, Roderick D. 1934. "Demography, Human Geography and Human Ecology", *in* L. L. Bernard (ed.). *The Fields and Methods of Sociology*. Lang & Smith, N. York, cap. 4, pp. 52-66. Reproduzido *in* McKenzie 1968, cap 3, pp. 33-48.

McKENZIE, Roderick D. 1968. *On Human Ecology* (selected writings, edited and with an introduction by Amos H. Hawley). University of Chicago Press, Chicago, xxii + 308 p.

McKINNEY, John C. *1968. Tipología Constructiva y Teoría Social*. Amorrortu, Buenos Aires, 242 p. Tradução de *Constructive Tipology and Social Theory*. Appleton-Century-Crofts, N. York.

MEADOWS, Paul & MIZRUCHI, Ephraim H. (eds.) 1969. *Urbanism, Urbanization and Change: Comparative Perspectives*. Addison-Wesley, Reading, x + 579 p.

MELLOR, J. R. 1977. *Urban Sociology in a Urbanized Society*. Routledge & Keegan Paul, Londres, xvi + 309 p.

MITCHELL, G. Duncan *1973. História de la Sociología*. Guadarrama, Madri, 1973, 2 vols.: 344 + 153 p. Tradução espanhola de *A Hundred Years of Sociology*, Duckworth, Londres, 1958.

MITCHELL, Robert B. 1945. "Foreword". *Annals of the American Academy of Political and Social Science*, vol. 242, Novembro 1945, pp. vii-viii.

MORRIS, Charles 1938. "Foundations of the Theory of Signs", *in* Neurath, Otto, Carnap, Rudolf & Morris, Ch. (eds.). *Foundations of the Unity of Science*, vol. I. Chicago University Press, Chicago, pp. 77-137.

MUKERJEE, Radhamal 1928. "Social Ecology of a River Valley". *Sociology and Social Research*, vol. 12, Março 1928, pp. 241-347.

MURDIE. Robert A. 1969. "The Social Geography of the City: Theoretical and Empirical Background", pp. 279-90, *in* Burne 1971. Ed. original: Cap. 2 de R. E. Murdie. *Factorial Ecology of Metropolitan Toronto, 1951-1961*. University of Chicago Press, Chicago, 1969.

MUSSO, J. Ricardo 1970. *Problemas y Mitos Metodologicos de la Psicología y la Psicoterapia: Introducción a la Metodología de la Investigación Psicologica*. Psique, Buenos Aires, 310 p.

NELSON, Howard J. 1969. "The Form and Structure of Cities: Urban Growth Patterns". *Journal of Geography*, LXVII, n° 4, Abril 1969, pp. 198-207. Reproduzido *in* Bourne 1971, pp. 75-83.

OBERSCHALL, Anthony 1972. "The Institutionalization of American Sociology", *in* A. Oberschall (ed.). *The Establishment of Empirical Sociology*. Harper & Row, N. York, pp. 187-251.

ODUM, Howard W. & MOORE, Harry E. 1938. *American Regionalism*. Holt, N. York.

ODUM, Howard W. 1951. *American Sociology: The Story of Sociology in the United States through 1950*. Longmans Green, N. York, viii + 501 p.

OLIVEIRA FILHO, José Jeremias de 1972. *A Obra e a Mensagem: Representações Simbólicas e Organização Burocrática na Igreja Adventista do Sétimo Dia*. Tese de Doutoramento. São Paulo, (mimeo).

OLIVEIRA FILHO, José Jeremias de 1971. *O Objeto da Metodologia: Considerações a Respeito da Metodologia das Ciências Sociais*. Tese subsidiária ao Doutoramento, São Paulo, 23 p. (mimeo).

OLIVEIRA FILHO, José Jeremias de 1976. "Reconstruções Metodológicas de Processos de Investigação Social". *Revista de História*, (FFLCH--USP), n° 107, pp. 263-76.

OLIVEIRA FILHO, José Jeremias de 1978. "Metodologia Analítica e Positivismo". *Anais do Simpósio sobre Filosofia da Ciência, São Carlos, 1978*. Secretaria da Cultura e Tecnologia do Estado de São Paulo, Academia de Ciências do Estado de São Paulo, São Paulo, pp. 23-8.

PARK, Robert E. 1915. "The City: Suggestions for the Investigation of Human Behavior in the City Environment". *American Journal of Sociology*, vol. 20, n° 5, Março 1915, pp. 577-612. Nova versão: Park 1925.

PARK, Robert E. 1918. "Education in Its Relation to the Conflict and Fusion of Cultures". *Publications of the American Sociological Society*, vol. 13, pp. 38-63. Reproduzido *in* Park 1950, pp. 261-83.

PARK, Robert E. & BURGESS, Ernest W. 1921. *Introduction to the Science of Sociology*. University of Chicago Press, Chicago. 2ª ed., c/ pequenas modificações e acréscimos: 1924, xxiv + 1040 p.

PARK, Robert E., BURGESS, Ernest W. & McKENZIE, Roderick D. (& WIRTH, Louis) 1925. *The City*. University of Chicago Press, Chicago. Reimpressões: 1967 e 1984; x + 239 p.

PARK, Robert E. 1925. "The City: Suggestions for the Investigation of Human Behavior in the Urban Environment" (nova versão, com modificações e acréscimos, de Park 1915). Cap. I de Park, Burgess & McKenzie 1925, pp. 1-46. Reproduzido *in* Park 1952, pp. 13-51.

PARK, Robert E. 1925-B. "The Urban Community as a Spatial Pattern and a Moral Order" (publicado originalmente sob o título: "The Concept of Position in Sociology"). *Publications of the American Sociological Association*, vol. 20, 1925, pp. 1-14. Reproduzido como a "Introdução" a Burgess 1926, pp. 3-20, e em Park 1952, pp. 165-117. Traduzido *in* Pierson *1970*, pp. 127-42.

PARK, Robert E. 1929. "The City as a Social Laboratory". Cap. I de Smith & White 1929, pp. 1-19. Reproduzido *in* Park 1952, cap. 4, pp. 73-87.

PARK, Robert E. 1929-B. "Urbanization as Measured by Newspaper Circulation". *American Journal of Sociology*, vol. 35, nº 1, Julho 1929, pp. 60-75. Reproduzido *in* Theodorson 1961, pp. 548-57.

PARK, Robert E. 1929-C. "Sociology, Community and Society", *in* Wilson Gee (ed.). *Research in the Social Sciences*. Macmillan, N. York, pp. 3-49. Reproduzido *in* Park 1952, cap. 15, pp. 178-209.

PARK, Robert E. 1933. "Newspaper Circulation and Metropolitan Regions", *in* R. D. McKenzie (ed.). *The Metropolitan Community*. McGraw-Hill, N. York, pp. 98-110. Reproduzido *in* Park 1952, cap. 16, pp. 210-22.

PARK, Robert E. 1936. "Human Ecology". *American Journal of Sociology*, vol. 42, Julho 1936, pp. 1-15. Reproduzido *in* Park 1952, cap. 12, pp. 145-58. Traduzido *in* Pierson *1970*, cap. I, pp. 21-37.

PARK, Robert E. 1939. "The City as a Natural Phenomenon" (ensaio inédito, escrito em 1939). Cap. 10 de Park 1952, pp. 118-27.

Bibliografia

PARK, Robert E. 1939-C. "Book Review of Mila Aïssa Alihan' *Social Ecology*". *Annals of the American Academy of Political and Social Science*, vol. 22, Março 1939, pp. 264-5.

PARK, Robert E. 1940. "Physics and Society". *Canadian Journal of Economics and Political Science*, vol. 6, n° 2, Maio 1940, pp. 135-52. Reproduzido *in* Park 1955, cap. 20, pp. 301-21.

PARK, Robert E. 1950/2/5. *The Collected Papers of Robert Ezra Park* (edited by Everett C. Hughes, Charles S. Johnson, Kitsuichi Masuoka, Robert Redfield & Louis Wirth). Vol. I: *Race and Culture: Culture and Civilization, Race Relations, Racial Attitudes and The Marginal Man*. Free Press, Glencoe, 1950. Vol. II: *Human Comunities: The City and Human Ecology*. Free Press, Glencoe, 1952. Vol. III: *Society: Collective Behavior, News and Opinion, Sociology and Modern Society*. Free Press, Glencoe, 1955.

PARK, Robert E. 1973. "Life History". *American Journal of Sociology*, vol. 79, n° 2, Setembro, pp. 251-60.

PIAGET, Jean (org.) 1967. *Logique et Connaissance Scientifique* (Encyclopédie de la Pléiade, vol. 22). Gallimard, Paris, xvi + 1.345 p.

PIERSON, Donald (org.) *1970. Estudos de Ecologia Humana*. Martins, São Paulo, 2ª ed. revista, 595 pp. (1ª ed.: 1948).

PIERSON, Donald (org.) *1970-B. Estudos de Organização Social: Leituras de Sociologia e Antropologia Social*. Martins, São Paulo, 2ª ed., iv + 672 p. (1ª ed.: 1947).

POPPER, Karl R. 1934. *Logik der Forschung*. Springer, Viena. Tradução brasileira de Leonidas Hegenberg & Octanny S. da Mota: *A Lógica da Pesquisa Científica*, Cultrix/EDUSP, S. Paulo, 1975, 567 p.

POPPER, Karl R. *1987. O Realismo e o Objetivo da Ciência*. 1° Vol. do "Pós--Escrito à Lógica da Descoberta Científica". Organizado por W. W. Bartley III. Dom Quixote, Lisboa, 418 p. Ed. original: *Realism and the Aim of Science*, Hutchinson, Londres, 1983.

QUINN, James A. 1939. "The Nature of Human Ecology: Re-examination and Redefinition". *Social Forces*, vol. 18, Dezembro 1939, pp. 161-8. Reproduzido *in* Theodorson 1961, pp. 135-41.

QUINN, James A. 1940. "Human Ecology and Interactional Ecology". *American Sociological Review*, vol. 5, n° 5, outubro 1940, pp. 713-22. Traduzido *in* Pierson 1970, pp. 77-91.

QUINN, James A. 1950. *Human Ecology*. Prentice-Hall, N. York, xii + 561 p.

RADNITZKY, Gerard 1973. *Contemporary Schools of Metascience*. Regnery, Chicago. (1ª ed.: 1968; 2ª ed.: 1970; 3ª ed. revista e ampliada, 3 vols. em 1, xiii + 446 p.).

RECKLESS, Walter C. 1926. "The Distribution of Commercialized Vice in the City: A Sociological Analysis", pp. 192-205 *in* Burgess 1926. Reproduzido *in* Theodorson 1961, pp. 50-6.

RICHARDSON, Harry W. *1975. Economia Regional: Teoria da Localização, Estrutura Urbana e Crescimento Regional*. Zahar, Rio de Janeiro, 421 p.

ROBINSON, William S. 1950. "Ecological Correlations and the Behavior of Individuals". *American Sociological Review*, vol. 15, Junho 1950, pp. 351-7. Reproduzido *in* Theodorson 1961, pp. 115-20.

ROBSON, B. T. 1971. *Urban Analysis: A Study of City Structure with Special Reference to Sutherland*. Cambridge University Press, Cambridge, xi + 302 p.

RUDNER, Richard 1966. *Philosophy of Social Science*. Prentice Hall, Englewood Cliffs, x + 118 p.

SAINT-ARNAUD, Pierre 1984. *William Graham Sumner et les Débuts de la Sociologie Américaine*. Presses de l'Université Laval, Québec, 235 p.

SALMON, Wesley C. 1973. *Logic*. Prentice-Hall, Englewood Cliffs, 2ª ed., x + 150 p.

SCHNORE, Leo F. 1958. "Social Morphology and Human Ecology". *American Journal of Sociology*, vol. 63, pp. 620-34.

SCHNORE, Leo F. 1976. "Sobre a Estrutura Espacial das Cidades nas Duas Américas". Cap. 10 de Hauser & Schnore *1976*, pp. 319-67.

SHAW, C. R. (& ZORBAUGH, F. M. McKAY, H. D. & COTTRELL, L.) 1929. *Delinquency Areas*. University of Chicago Press, Chicago.

SHEVKY, Eschereff & WILLIAM, Marilyn 1949. *The Social Areas of Los Angeles: Analysis and Typology*. University of California Press, Berkeley, xvi + 172 p.

SHEVKY, Eshereff & BELL, Wendell 1955. *Social Area Analysis: Theory, Illustrative Application and Computational Procedures*. Stanford University Press, Stanford, vi + 70 p.

Bibliografia

SHILS, Edward 1970. "Tradition, Ecology, and Institution in the History of Sociology". *Daedalus*, vol. 99, n° 4, Fall 1970, pp. 760-825.

SJOBERG, Gideon 1960. *The Pre-Industrial City: Past and Present*. Free Press, Glencoe.

SJOBERG, Gideon 1965. "Theory and Research in Urban Sociology", cap. 5 (pp. 157-89) de Hauser & Schnore 1965.

SMITH, David M. 1979. *Where the Grass is Greener: Living in an Unequal World*. Penguin, Harmondsworth, 386 p.

SMITH, Dennis 1988. *The Chicago School: a Liberal Critique of Capitalism*. Macmillan, Londres.

SMITH, T. V. & WHITE, Leonard D. (eds.) 1929. *Chicago: An Experiment in Social Science Research*. University of Chicago Press, Chicago, x + 283 p.

SMITH, Wallace F. 1964. "Filtering and Neighborhood Change", pp. 170-9 *in* Bourne 1971. Ed. original: Cap. 1, "A Review of the Filtering Controversy", de: *Filtering and Neighborhood Change*. University of California Press, Berkeley, 1964.

SUPPE, Frederick 1974. "The Search for a Philosophic Understanding of Scientific Theories", pp. 1-232 de Frederick Suppe (ed.). *The Structure of Scientific Theories*. University of Illinois Press, Urbana.

TAYLOR, Peter J. 1977. *Quantitative Methods in Geography: An Introduction to Spatial Analysis*. Houghton Mifflin, Boston, x + 386 p.

THEODORSON, George A. (ed.) 1961. *Studies in Human Ecology*. Row, Peterson & Co., Evanston, xiv + 626 p.

THOMAS, William I. & ZNANIECKI, Florian 1918-20. *The Polish Peasant in Europe and America*. The University of Chicago Press/Badger, Chicago/Boston.

THOMAS, William I. 1966. *On Social Organization and Social Personality* (selected papers, edited and with an introduction by Morris Janowitz). University of Chicago Press, Chicago, lviii + 311 p.

THOMAS, William I. 1973. "Life History". *American Journal of Sociology*, vol. 79, n° 2, Setembro 1973, pp. 246-50.

THOMPSON, Wilbur R. 1976. "Crescimento e Desenvolvimento Econômico Urbano no Sistema Nacional Nacional de Cidades". Cap. 12 de Hauser & Schnore 1976, pp. 401-59.

TIMASHEFF, N. S. *1960. Teoria Sociológica.* Zahar, Rio de Janeiro, 453 p.

TIMMS, Ducan W. G. 1975. *The Urban Mosaic: Towards a Theory of Residential Differentiation.* Cambridge University Press, Cambridge, viii + 277 p.

TOPALOV, Christian 1984. *Ganancias y Rentas Urbanas: Elementos Teóricos.* Siglo Veintiuno, x + 274 p.

ULLMAN, Edward 1941. "A Theory of Location for Cities". *American Journal of Sociology*, vol. 46, n° 6, Maio 1941, pp. 853-64.

VERNON, Raymond & HOOVER Jr. Edgar M. 1976. "Aspectos Econômicos da Pesquisa Urbana". Cap. 6 de Hauser & Schnore *1976*, pp. 175-93.

WARREN, Roland L. 1978. *The Community in America.* Rand McNally, Chicago, 3ª ed., x + 448 p.

WEBER, Adna Ferrin 1899. *The Growth of Cities in the Nineteenth Century.* Macmillan, N. York. Reimpressão: Cornell University Press, Ithaca, *1963*, xxvi + 495 p.

WILLHEM, Sidney M. 1962. *Urban Zoning and Land-Use Theory.* Free Press, Glencoe, xii + 244 p.

WIRTH, Louis 1928. *The Ghetto.* University of Chicago Press, Chicago, xii + 298 p. Reimpressão: 1956.

WIRTH, Louis 1933. "The Scope and Problems of the Community". *Publications of the American Sociological Society*, vol. 27, n° 2, Maio 1933 pp. 61-73. Traduzido *in* Pierson *1970*, pp. 112-26.

WIRTH, Louis 1938. "Urbanism as a Way of Life". *American Journal of Sociology*, vol. 44, Julho 1938, pp. 1-24. Traduzido *in* Pierson *1970-B*, pp. 618-44.

WIRTH, Louis 1945. "Human Ecology". *American Journal of Sociology*, vol. 50, n° 6, Maio 1945, pp. 483-8. Traduzido *in* Pierson *1970*, pp. 64-76.

ZORBAUGH, Harvey W. 1926. "The Natural Areas of the City", *in* Burgess 1926, pp. 219-29. Reproduzido *in* Theodorson 1961, pp. 45-9.

ZORBAUGH, Harvey W. 1929. *The Gold Coast and the Slum.* University of Chicago Press, Chicago.

ESTE LIVRO FOI COMPOSTO EM SABON, PELA
BRACHER & MALTA, COM CTP DA FORMA
CERTA E IMPRESSÃO DA BARTIRA GRÁFICA E
EDITORA EM PAPEL PÓLEN SOFT 80 G/M² DA
CIA. SUZANO DE PAPEL E CELULOSE PARA A
EDITORA 34, EM JUNHO DE 2013.